政治學的科學探究（二）

政治文化與政治生活

胡　佛　著

三　民　書　局　印　行

國家圖書館出版品預行編目資料

政治學的科學探究(二)政治文化與政
治生活／胡佛著. -- 初版二刷. -- 臺
北市：三民，民89
　　面；　　公分
ISBN 957-14-2749-7(平裝)

1.政治-哲學,原理-論文,講詞等
2.政治-研究方法-論文,講詞等

570.107　　　　　　　86016017

網際網路位址　http://www.sanmin.com.tw

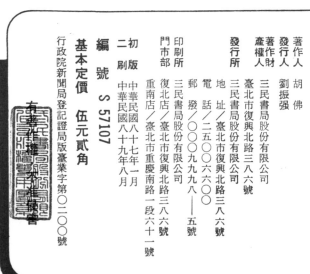

© 政治學的科學探究(二)政治文化與政治生活

著作人　胡　佛
發行人　劉振強
著作財
產權人　三民書局股份有限公司
發行所　三民書局股份有限公司
　　　　地址／臺北市復興北路三八六號
　　　　電話／二五○○六六○○
　　　　郵撥／○○○九九九八─五號
印刷所　三民書局股份有限公司
門市部　復北店／臺北市復興北路三八六號
　　　　重南店／臺北市重慶南路一段六十一號
初版一刷　中華民國八十七年一月
二　刷　中華民國八十九年八月
編　號　S 57107
基本定價　伍元貳角
行政院新聞局登記證局版臺業字第○二○○號

有著作權·不准侵害

ISBN 957-14-2749-7 (平裝)

自 序

　　政治學不僅是一門學科(discipline)，更重要的是一門科學(science)。但在所有的社會科學中，政治學的科學性質，常常不易彰顯，甚至受到扭曲。簡單地說，主要的原因可能來自兩方面，其一是社會的現實。何以說呢？我們不必從歷史，就從自身的經歷，即可清晰地看到，在一個政治權勢不容懷疑的威權社會，統治階層的特殊觀念，透過政治權力的行使，就會籠罩一切，政治的知識不過是信仰與奉行而已，那裡還有可能容忍政治學者，自由地根據學術求真的精神，運用嚴謹的分析方法，作科學性的探究呢？其二是學術的環境。我們也可試想，如政治學者本身的觀念就流於封閉，不能接納科學的新知，又如何能產生開放及開創的態度，拓展科學研究的學術天地呢？實際上，社會的現實與學術環境每是互為表裡的。威權政治愈是強烈，政治學者愈會受到牽制，但在另一面，也愈會有人刻意迎合，弄得政學不分。這樣的惡性循環，使得政治學的科學探究，益發不易開展。處於這樣的環境，還要堅持學術自由的原則，從事政治學的科學性與開創性的研究，那就不是一件輕易而輕快的事了。

　　我在上面對政治學的科學研究可能發生的一些困境，作了一些說明，主要的用意就是要指出，在過去的數十年間，我國正值威權政治極盛的時代，政治學的研究環境受到重重束縛，作為一個力求突破禁制，熱愛科學探究的政治學者，如不經歷種種的磨練與奮鬥，是不可能累積一些成果的。我最近檢點過去的若干學術著述，擬編輯成書，一些曾經引起爭議，甚至被查禁的研究與論文，又來到眼底。想到以往所遭遇的困阨與苦況，以及奮力對抗所滋生的激情，當時不易為人所知，現時人恐怕更難體會。而我自己，作為一段歷史人生的見證，則不能不在此一記。對於過去的境遇，我有時難免有點抱屈，但又覺

得十分幸運。想到身處威權統治，豈不是適逢其會，我還能有所突破，開展若干科學性的研究，對今日學術風氣的開放，總算提供了一點貢獻，這對一個政治學者來說，不也是非常難得的際遇麼！

相對於其他社會學科，政治學具有非常明確而獨特的觀察領域，即：權力。但傳統的政治學研究，特別在國內，多著重國家與政府體制的分析，而且常以正式的法令規章為主。權力的概念僅是隱藏其中，並不成為刻意探討的對象。對規制的解析當然是必要的，不過，如不能進入到權力的結構與運作的觀察，恐祇能得一個形式的瞭解，有時還不脫一種表象。要從形式進而探究政府體制實質而動態的運作，就必須包羅多種權力結構，尋覓交互影響的互動關係，這種關係的規律、類型，以及因果，才是科學性探究的對象。我在 1960 年代之初，就嘗試運用這樣的方法研析憲政結構。值得一提的是，在 1964 與 1965 年間，我們臺大政治學系的同仁，合作進行監察院的研究，我乃選擇政黨及利益團體對監察功能的影響，從事實質的動態觀察。我們初次運用問卷，並進行訪談，望能發現互動的規律，結構的實質類型，以及對整體監察體制的影響。不意這一學術研究竟觸犯了政治的現實，我們大多是執政國民黨的黨員，不僅受到黨紀的懲處，更進一步受到政治性的調查與影響。所寫作的著作，皆被收繳，成為禁書。這是科學研究所引來的一場政治風暴，餘波歷久不息，現祇能簡略在此順筆一述罷了。

從權力結構觀察政治體制是政治學科學探究的一面，但權力結構不能離開人的活動而獨存。因之，對人的政治行為的觀察，應是科學探究的另一面，並且是根本的一面。我的基本看法是，人的政治行為與活動來自政治生活的需要，而政治生活則是在政治體系內進行。我認為政治體系是由認同、結構與功能三者所組合而成，三者的內部及相互之間的互動，才是決定體系的穩定與變遷的主因。在另一面，群體的政治文化影響到個人的政治人格，又構成政治體系的認同、結構

與功能的基礎；如文化不能達到共識，整體政治體系就會發生動搖，終而影響到政治生活的經營。以上是非常簡單地從政治體系的立體面，加以剖解，其實學者間對此類政治體系的主張與理論，也多采多姿，並不少見。但我總是覺得，無論在體系的縱的層次及橫的環節上，若干論點，似未能緊密地掌握住政治的權力本質。就因如此，一些有關的理論，即有欠周延，而嫌鬆散。我從 1970 年代的初期，決心試建以權力關係為核心概念的整體理論架構，並發展各種假設，設計量表及問卷，進行經驗性觀察，加以驗證。這種嘗試當然要投入相當的心力、人力與物力。在研究的過程上，我先對權力的概念加以檢視，然後在演繹的推理上，將體系內組成份子的權力關係分成三類，即：組成份子或成員相互之間的，成員與權威機構相互之間的，以及權威機構相互之間的。這一演繹性的權力分劃，可涵蓋各種權力關係，而構成類型建立的理論基礎。在這一基礎上，即能進一步運用認同、結構與功能的概念，分別從文化、態度及行動的層次，發展多層的概念與理論架構，作多種類型及因果關係的探索。

　　體系的功能屬價值分配的決定過程，我接受系統論從「投入」(input)，到「轉變」(conversion)，再到「產出」(output)的三種運作環節的演繹性劃分，但將權力的概念注入。這樣的融合，一方面可將政治體系的觀察範圍擴大至國家與政府之外，包括民間社會與政治社會的多種團體；一方面可從功能運作的性質，設定各種功能體系，如選舉體系、經濟體系等等，加以觀察。這些體系在上述三個環節的運作上，也可發展多類的概念與理論架構，探尋類型及因果的關係。貫串起來看，在權力的核心概念下，推論的過程可由政治人格及政治文化到政治態度與活動，並連結至體系的運作，然後再從體系的運作而到權力的結構與體系的維繫與發展。如此，一個整體的科學性探究架構就可清晰地呈現出來。這是運用特定的權力概念，由個體(micro)的行為發展到總體(macro)的體系，如說是一種自我設定的研究範型

(paradigm)，也就不妨了。

　　以上祇是一個大概，主要在說明致力科學探究的大方向，但我在困心衡慮之餘，也有一些自得。我覺得在發展研究架構的過程中，尚能作自主性及開創性的思考，並不一味沿襲西方學者的理論。我常想我們中國學者，對政治變遷大多皆有切身的經驗，如能善加體會，對政治運作的研析，應能更加深入、精當。不失自信，才能實踐自我，進而掌握方向。除此，我在概念的釐清上，亦尚能嚴格地加以定性，然後在架構中定其位，再在理論的假設上定其作用。我常在研究中作一些概念的檢討與自我的答辯，這在思辨上，也有助益，但有時會弄得自己能知，他人難讀，那就未免有些自憾了。

　　我在 1970 年代的中期，先就民主、法治等政治價值及社會化的過程，設計量表問卷，測量臺大法學院的學生。在 1976 與 1977 年間，我約同臺大政治學系同仁陳德禹教授及朱志宏教授，合力完成政治系統的權力價值取向及交互作用的整體架構，並進一步發展政治文化、政治態度、政治參與等數種概念架構及量表，在臺北市內湖區測量所有公務人員及公民的樣本。我們將公務人員與公民對比觀察，以探究體系的維繫與變遷的方向。在取樣上，我們自行設計兩層抽樣法，即先就第一母體的戶籍資料，隨機抽出相當實際觀察樣本十倍的第二母體，然後再從中隨機抽出十分之一的實訪公民樣本。如此，我們就存有多達九倍的預備樣本，可供隨機抽補，因之，訪問的成功率近於百分之百。我很高興當時參與討論及實地訪問的年輕同仁，現都進入教育及學術界，貢獻心力，如梁雙蓮教授、林嘉誠教授、彭懷恩教授、朱雲漢教授、徐火炎教授及陳明通教授等。

　　我們在內湖地區運用抽樣、統計等方法探究民眾的權力價值，這在國內是僅見的，當然會引起若干爭議。竟有學術主管站在政治現實的立場，認為權力是不能成為觀察的對象，更有人反對以統計的量化來研析政治。1980 年底，在中美斷交後，國內恢復中央民意代表的增

額選舉，我覺得選舉參與及投票行為，關係到政治體系的變遷，在我們的總體研究架構中是極為重要的，我下定決心，連同研究同仁，進行實證觀察。當時國內的政治體制無論在政黨結構、政見範圍及競選過程等，皆與西方民主國家不盡相同，於是我們乃重新發展概念架構，用以探索我國選舉的特色。但我們在籌劃研究時，一再遇到困擾，特別在經費的申請上，受到多方抵制。但幾經折衝，總算克服，我們對政治學的科學探究從此又進了一大步。

　　自 1980 年代以來，我們對國內重要的選舉，皆進行實證研析。對政治學者來說，這真是極為難得，而且可供定期觀察比較的實證場地。我們除觀察選舉行為，也根據總體的研究架構，一併觀察政治文化，政治態度，以及政治參與與變遷等，所以我們的問卷是整體結構的，並不限於選舉的一端。我們的抽樣，僅初次在臺北市，其後就擴展到全省地區。我們先要南北奔波抽樣，然後再作全省性的施測，每次皆要動員數十人。我們當然也有一些甘苦談，記得大批問卷回收，但我的研究室十分狹窄，祇能排列在地板上，我與陳德禹教授及其他年輕同仁，也只好列坐地板，俯身加以檢視、復查。當時尚年輕的同仁游盈隆教授，尤為辛勤。另要特別感念的是另一位年輕同仁高朗教授，在一次選舉研究中，數位同仁出國進修，他特來相助，作了這段緊要時期的義工。

　　我們不斷地在全省抽樣作實證性的科學研究，我們的研究小組也就很自然地形成了一個工作室，就稱為「政治體系與變遷研究工作室」。我們進一步探究候選人與地方派系，嘗試尋覓臺灣社會及政治流動的軌跡。這也關連到政治變遷，因之，我們的觀察就朝向臺灣政治體系威權結構的形成、鞏固、鬆散與轉型。這些皆需要發展新的概念與理論架構，我們都作了規劃，並完成對政治人物作深度訪談的問卷。我們更收集了極為珍貴的有關派系人物的資料，並設計估量的方法，加以轉錄及分析。在 1992 年，我與研究室的數位同仁，根據我們在臺灣

探究政治文化與政治參與的研究架構與理論，與美國哥倫比亞大學、杜克大學、加州大學洛杉磯校區及香港中文大學的學者合作，進行中國大陸、臺灣及香港三地有關政治文化及政治參與的研究。1994 年我與朱雲漢教授應邀參加在四十餘國進行的國際性選舉體制與投票行為的比較研究。我很欣慰我們多年來的科學探究，逐漸受到國際的認可。

　　我與研究室同仁所開發的多種研究仍在繼續進行，且時時加以檢討、充實與改進。近些時來，我們將過去多達十多次的大量實證研究資料，重加整理，輸入電腦，送請中央研究院保存，公開提供學界使用。我轉而想到也可將自己過去若干的著述及研究，先印成書，這樣才易於檢閱。我一向將著作隨手放置，現費了一些時間，才能彙齊，恐仍有遺漏。整理之餘，不時想到多年執著科學研究的信念與往事，所以決定用政治學科學研究的總稱，按著作的性質，先編成五本專書。現將書名，分列如下：

　　一、政治學的科學探究（一）：方法與理論

　　二、政治學的科學探究（二）：政治文化與政治生活

　　三、政治學的科學探究（三）：政治參與與選舉行為

　　四、政治學的科學探究（四）：政治變遷與民主化

　　五、政治學的科學探究（五）：憲政結構與政府體制

　　我在前面說過，早年從事研究時，就在政治權力的核心概念下，發展總體的研究架構，所以各書的著作大多能脈絡相通，祇可能在個別架構的說明上，有一些重複。還有一些已成專書的研究，如選舉方面的，我就不再納入。

　　我原先並未預計要把五本專書出齊，正在躊躇之際，陳明通教授特來協助編輯及安排出版事宜，張佑宗學棣及研究室多位助理也從旁協助，事乃有成，真使我非常心感。

　　我的學殖生涯雖遇到若干波折，但終能幸運地在研究的道路上不斷前進，這要感謝國內外許多學術界朋友對我的呵護與支持。我更要

感謝這許多年來與我共同研究的研究室同仁，如沒有相互的切磋、問難，甚至爭執到相持不下，那是不會有今日的研究進展的。我們的實證調查每次都是多位研究助理率同數十位的訪員，不避寒暑、無分日夜，在全省各地進行，我每一念及，即感激不置。我不能一一列出所有對我錯愛及協助者的大名，但皆會銘記心版，不敢相忘。我很想在未來多寫一些學術研究的追憶，以鑒往知來。

最後要感念的當然是我的家人，我的小女胡蒓、胡蕙、胡芹，平時就幫我打字編稿，現更協助整理著作，令我頗感欣慰。我常常處在逆境，內人曉英則是最大的精神支柱。在電腦程式還未普及時，我試寫一些統計的計算程式，她在夜晚運用家庭的小電算機，登錄問卷，加以計算，而完成我最早的研究。數十年的時光轉眼即過，真可說歲月如流。我們有時在後山曲徑散步，夕陽、山風、溪水、鳥鳴，真覺得患難相扶，用「牽手」一語表意，實最為貼切。我雖不解音律，也即景生情，口占一首小詞，特錄在下面，作為序言之結：

牽　手 調寄浣溪沙

翠聳新篁半入天，水溢澗溪注枳園，道人心緒是啼鵑。
空山夕照留片刻，飛絮輕飄去無邊，拾階語住手相牽。

胡　佛
1997 年 12 月 5 日夜於大湖山莊

前　言

　　政治生活實際是權力關係的一種互動與經營，而政治文化則是政治生活的基礎。在作者看來，政治文化是對權力關係在主觀上的一種正當信念，可針對政治體系的特性，運用演繹性的推論，分成三個基本的類型，即：統攝性的、結構性的及功能性的。作者曾就此三種類型的政治文化發展概念與理論的架構，進行實證性的觀察。本集共包括作者的十二篇論述，皆是有關這些方面的探究與發現。現分數點，作一簡要的說明。

　　一、中國人常說政府或政府中的官員是「有權」如此做，或「無權」如此做，這種說法其實並不是指政府或官員真的沒有實權，而是指在權力行使上的是否具正當性。作者認為政治文化的基本概念就是對權力關係的一種正當的信念，並不是對實力或能力的實際評估。本書的數篇著述對這樣的文化意涵，皆有所辨識與解析。

　　二、政治的權力生活是在政治的體系內經營，因之，體系的組成份子，也就是成員，在主觀上是否覺得統合在一個體系之內，經營整體的政治生活為正當，就成為體系能否形成、維繫與發展的關鍵。作者將這樣的正當信念，稱之為統攝性的政治文化，並進一步就成員相互之間，成員與整體體系之間，以及體系相互之間的三種權力關係，分劃為三種統攝文化的類型，並加以驗證。此可見於本集的第一篇著述〈政治文化的意涵與觀察〉。

　　三、統合後的政治體系必須在結構的規範上運作，從而，體系的成員對政治結構的正當信念，就成為作者所稱的結構性的政治文化。這一文化則可根據成員相互之間、成員與權威機構之間，以及權威機構相互之間的三種權力關係，分劃為三種結構文化的類型。一般所習稱的民主文化、威權文化等，皆可納入這些類型之內。作者曾數次進

行經驗性的探究，加以觀察與比較，可見本文集的數篇著述。

四、在政治的結構之上，政治體系才能產生功能的運作，也就是作權威性的價值分配。體系成員對功能運作的權力關係，如具正當信念的共識，即成為作者所稱的功能性政治文化。功能的運作可分成三個環節，即：投入、轉變與產出；針對這三個環節，也可同樣地將功能性政治文化分成三個類型。作者的實證性探究，可見本集的著述〈系統功能的政治文化：臺灣地區民眾對政治參與的取向〉一文。

五、根據上述政治文化及政治體系的基本概念與架構，作者對我國傳統的政治文化與政治生活、我國大專學生的政治態度，以及在投票抉擇及政黨支持方面所受到的影響，皆在本集各有著述，加以探討。

六、政治風度是權力交往過程中的一種方式，作者認為對這類方式的正當信念，也屬政治文化的一種，可見本集有關政治風度的著作。作者近已發展進一步的概念架構及量表，作實證性的研析，但著述尚未完成，故未能納入本集。

政治學的科學探究（二）：政治文化與政治生活

目　　次

政治文化的意涵與觀察

一、概　說

　　政治文化在政治學科中成為一獨特的研究領域，為時較晚，要遲至 1950 年代。西方政治學者雖然指出，過去的重要政治理論家從 Aristotle，Plato 一直到 Montesquieu 及 Tocqueville 等都非常重視政治的習慣、風俗、傳統及規範等等，也就是都曾接觸到某些政治文化的意涵（參見：Pye 1991:489-90），但在我們看來，他們也都未能提出政治文化的概念，或發展出有關的理論。1930 及 1940 年代，政治學受到人類學、心理學及社會學的衝擊，產生所謂的政治行為革命，才為政治文化的探究，奠定初步的基礎。直到 1956 年，美國政治學者 Gabriel A. Almond(1956)才首先提出政治文化的概念。七年後(1963)，他與 Sidney Verba 共同完成五個國家政治文化的實證性探究，寫成《公民文化》(Civic Culture)一書(Almond and Verba 1963)。正如 Lucian W. Pye(1965)所指出的，政治學既要探究整體的國家與社會（總體的觀察），也要分析政治菁英及一般人民的個人行為（個體的觀察），而政治文化的探究正好能連結二者，填補一向難以克服的割裂。因之，Almond 及 Verba 對政治文化所作的開創性研究，非常受到政治學者的

重視。但在重視之餘，政治學者之間對政治文化，無論在概念的界定
上，以及在理論的建構與解釋上，皆有不同的看法。一時雖眾說紛紜，
但也未能重建完備而嚴謹的概念架構，進行實證性的研究。[1] 在各種
檢視與評論中，主要的觀點大致環繞著 Almond 及 Verba 對政治文化
的界定，但他們的界定不夠精確，且呈現所謂的「減約主義」
(reductionism)（參見：Pateman 1973; Lehman 1972; Rosenbaum 1975;
Dittmer 1977; Elkins and Simeon 1979; Patrick 1984）。Almond 及 Verba
自己也做過一些檢視，並提出若干進一步的觀點（參見：Almond and
Powell Jr. 1966, 1978; Almond 1980, 1983; Verba 1965, 1980），但也僅
止於此，未另建概念架構，作經驗性的驗證。換句話說，自《公民文
化》的探究後，有關的政治文化的經驗性研析，大多仍以《公民文化》
的基本概念及理論為基調，而形成所謂的 Almond 學派(Almond
school)。但值得注意的是，自 1970 年代以來，整體政治文化的研究，
不僅未見蓬勃的發展，反呈現相當的衰退，已不如《公民文化》初出
時所受到的重視。其中的原因當然是多方面的，從政治科學本身來看，
自 1960 年代的後期以來，西方政治學者對政治行為革命後，以政治行
為作為主流的研究動向，日漸不滿，先發展理性抉擇(rational choice)
的形式理論(formal theory)，再繼以依賴理論(dependency theory)（主要
在 1970 年代）及政治經濟學(political economy)（主要在 1980 年代）
的研究，這使得以政治行為為觀察基礎的政治文化學，受到很大的衝
擊。一般說來，無論形式理論、依賴理論或政治經濟學皆以經濟抉擇

---

[1] Lucian W. Pye 及 Verba 在美國「社會科學研究學會比較政治委員會」
(Committee on Comparative Politics of the Social Science Research Council)
的贊助下，曾編著 *Political Culture and Political Development*(1965)一書，
其中收入十篇探究歐、亞、非國家政治文化的著作，但所運用的資料，
雖引自各種來源，但並非實證性的探究。

的理性為中心概念，相當忽視，甚至排拒文化的作用。在這樣的研究趨勢下，政治文化學當然會被擠到一旁，受到冷落。[2]

在另一面，Almond 學派對政治文化的探究雖具有開創性的貢獻，但在概念及理論上，如前所述，皆存有若干問題與爭議。[3] 1970 年代以後，政治文化學既未有進展，這些問題與爭議也就未能獲得充分地討論及妥善的解決。政治文化學本身的弱點，使得政治文化被看成只是一種「剩餘的類別」(residual category)，也就是把其他原因所不能解釋的，推為政治文化的原因。這樣的推諉，就像 Michael Thompson，Richard Ellis 及 Aaron Wildavsky(1990:217-18)所指出的，等於說了一句：「不知道」。政治文化如成為「不知道」的一種推諉，所具的解釋能力及所呈現的形象也就非常微弱與模糊了。

最近的若干年，特別是進入到 1980 年代的後期以來，政治學者開始注意到世界各地政治及經濟結構的轉型與變遷，在比較各地區國家所發生的不同程度及方式的轉變以後，若干政治學者覺察到政治文化不僅不是一項推諉的原因，且是造成相互不同的最重要及最根本的因素。Ronald Inglehart(1988, 1989)即主張「政治文化的復興」(renaissance of political culture)並強調政治文化對經濟及社會所造成的影響。Harry Eckstein(1988)則認為政治變遷的理論可從政治文化中探索。[4] Samuel

---

[2] Almond(1987)本人對這些學科的觀點有所辯解，特別對依賴理論做了相當尖銳的抨擊。

[3] Glenda Patrick(1984)曾將政治學者對政治文化的各種界定及不同的意見，做了相當詳細的說明及比對，然後綜合各家的意見重加界定，認為政治文化是決定政治體系的性質及規範體系成員互動的一套基本信念、價值及態度。她的分析可供參考。

[4] Herbert H. Werlin(1990)對 Eckstein 的看法，不表同意，而認為政治變遷常是人為的政治規劃所造成，但 Eckstein 則辯說：人為的政治規劃本身仍然受到政治文化的影響。

Huntington(1987, 1993)也一再強調政治文化在比較政治及經濟探究上的重要性，並指出世界的政局已進入一個新的階段，未來國際間主要的衝突將是文化的衝突。政治學者對政治及經濟變遷的重視，的確將政治文化的探究復興了起來。有關的學者一方面主張形式理論、依賴理論及政治經濟學所根據的抉擇或決策的理性，一方面則認為這種理性，根本就是由文化所決定（參見：Barnes 1988; Gibbins 1989; Pye 1991）。目前政治學者研究的重點則是從比較及變遷的角度，進行區域性的研究。[5] 本文作者在臺灣大學所主持的「政治體系及變遷研究工作室」，自 1975 年以來即不斷進行政治文化的經驗性探究，我們認為 Almond 學派及其他研究政治文化的西方學者，大多不能擺脫西方國家在穩定的民主體制下所獲得的生活經驗，因而在概念的界定及理論架構的搭建上，難免受到限制，不能供作深入地觀察及區域性的研析。[6] 本文的主要目的即在說明我們對政治文化的一些基本看法，以及所發展的概念架構與經驗研究上的某些發現。

二、政治文化的概念：問題與辨識

---

[5] 如美國密歇根大學（The University of Michigan）與美國國務院（The U.S. Department of State）即合作進行 18 個國家政治與文化的研究，而由 Samuel H. Barnes 擔任叢書出版的主編（參見：Barnes, 1988）。

[6] 作者在 1975 年從事臺大學生政治文化研究時，大致從三個層面觀察，即(1)國家觀念及國際主義；(2)權力範圍；(3)功能評價（參見：胡佛 1975, 1977）。1976 年探究內湖地區民眾及公務人員的政治文化時，並進一步發展為三層文化體系，即(1)認同，(2)規範，(3)功能（決策過程）（包括：投入、轉變及產出），並以認同為根本，其次為規範，再次為功能（胡佛 1978）。1979 年再以此概念架構對全國大專學生進行實證性研究（胡佛 1979）。

近年來政治文化的探究，又重新受到重視，學者的研究活動也日益增多，但在概念及研究架構上仍然非常混淆。Samuel H. Barnes(1988)即非常感嘆地指出：

> 對文化與政治的研究既病於貧困，也病於龐雜。各種資料及形形色色的理論氾濫充斥，但對若干概念及研究範型(paradigms)又極少共識。

研究範型的建立對政治文化學的研究與發展，皆極關重要，但究竟要建立怎樣的範型？又如何才能贏取共識？皆必須對若干基本概念，作徹底的檢視，也就是要從多年所累積的混淆的概念中，找出問題，加以思辨，然後才能重建架構，從事理論的驗證，而建立研究的範型。在檢視的過程中，當然要跳出西方學者的成見與窠臼，但也要根據既有的成就，做綜合性的思考與運用。現將我們對政治文化的一些基本看法，分述如下：

（一）政治文化的內涵必須是「政治的」

我們認爲政治學者將政治二字放在文化之前，必得要考慮到對文化所具的特殊意義。這一獨特意義首先要避免兩項政治學者習慣性的或傳統性的觀念：(1)將政治輕易地看成國家、政府、政黨或其他政府體制（如文官制度）的組織與作用。這樣的看法往往使政治文化變成一種含混的觀念，譬如說我國的考試制度具有悠久的文化傳統，這一說明可能是指涉考試制度在我國行之多年，已形成相當穩固的政治制度，也可能是指涉一種正面的價值判斷，但並未對「政治」及「文化」的基本屬性有清晰的辨識。(2)將政治思想家的思想體系或對各類問題的意見籠統地看作一種政治的文化。如云儒家的政治思想與文化，這

一說明實際上也並未對政治思想與政治文化有一明確的辨識。

在我們看來，對政治文化獨特意義的了解，必須要掌握住政治觀察的特質與範圍。長期以來，政治學者大多同意政治觀察的特質是人際的權力關係，[7] 範圍則為互動關係的脈絡體系。權力關係是一種交互影響的能力作用。這種作用在價值觀念及行為規範的導向下，具有持續性及規則性，一面構成結構，一面發揮功能，綜合起來即成體系（參見：Parsons 1961; Parsons and Shils 1962; Easton 1953, 1965; Almond and Powell 1966）。所謂政治文化即是對這一性質體系的統攝、結構與功能所具的心理取向(orientations)。在這樣的認識下，我們對以權力關係為核心觀念的政治文化，可再作數點說明：

1.任何社會體系皆具目的。對目的價值的追求，乃形成組成份子或成員的行為交往或互動關係。這種關係必然是能力的影響作用，也就是在性質上，必然是政治的作用。因之，我們認為凡是社會體系，無論目的的性質（經濟的、社會的或文化的）或數量（單獨的或綜合的），皆為一政治體系，也皆具政治文化。當然目的的性質與數量會影響權力作用的性質與強弱，如國家，涵蓋的目的價值最廣，權力的作用既強大而絕對；一所研究機構，涵蓋的目的即較單純，所發揮的權力作用也較溫和而相對。但從權力關係的觀點看，則皆為政治體系。在這方面，我們不能同意 David Easton 將政治體系的觀察，僅限於國家社會的看法。[8]

---

[7] Aristotle 早就發現政治是規範我們的作為與不作為。我國古代思想家亦早就討論到政、治與權、勢的關係（參閱：胡佛 1982）。近三數十年來，政治行為學興起，但主要的政治行為學者如 Lasswell 及 Kaplan(1950)，Dahl(1957, 1963)，Simon(1957)等，皆以權力為政治現象的特質，儘管亦有學者如 Wagner 認為權力只是一名詞，欠缺動詞的作用語意，而主張以「相依的決定」的觀念取代(Bell, Edwards and Wagner 1969:1-9)。

[8] Easton(1965:52-56)將政治體系限於涵蘊最廣，握權最強的國家社會，其

2.從政治運作的過程看，任何政治體系的主要功能，的確如 Easton(1953)所說的，爲系統成員作社會價值的權威性分配。所謂權威性的分配，無疑地是一種權力的影響作用，此在國家即具絕對的強制力。但價值分配，無論在決定與執行皆是一種生產的「產出」(output)過程，除掉這一過程具有明顯的權力關係外，我們認爲整個體系的任一運作過程，皆具權力的交接作用，不能化約在產出的環節。我們可看「投入」(input)，民眾向政府所提出的要求，即具相當的影響力。在某些體系，特別是各級法院，民眾依訴訟程序所提出的任何訴求，皆具約束力，亦即法院皆必須接受，再作裁決（參見：胡佛 1973）。因之，我們對政治文化的觀察，實不應限於政府的決策與施政，而應擴展至權力交接的各個層面及每一環節。

3.政治系統所分配的社會價值，只是權力作用的結果，也就是一種政治的產物。此種產物可以是政治性的，也可以是非政治性的。政治性的產物在性質上仍是權力關係的維持與改變，像國家的統一、女權的提昇、參與權的擴大等等。這些產物所能反映的或促動的即是政治文化：國家的中心概念就是屬政治文化中認同的統攝，女權及參與權的中心概念則是屬政治文化中規範的結構。

4.一般說來，一個較爲穩定的政治體系，所產出的產物多爲非政治性的。這些產物無論爲經濟性的、社會性的或文化性的，從中所能反映的只是一種社會文化，而非政治文化。換句話說，政府的一般性政策，不必爲政治，更不必爲政治文化。

5.政治文化如以權力關係爲核心概念，我們就易於辨識與摒除若干根本不具權力特性的所謂政治文化。前面曾指出政府的政策或其他體系的產物，非必皆反映政治文化，我們現在要強調的是，若干人格

他團體只能視爲「類似的政治體系」(parapolitical systems)。

特質，以及超社會現實的形而上的文化，如對宇宙、自然、時間等等
的信念，也非爲政治文化。在這一辨識上，政治文化一方面可成爲解
釋變項，另一方面亦可成爲被解釋變項，取捨之間當視觀察對象的性
質，以及觀察者的目的與策略而定。David J. Elkins 及 Richard E. B.
Simeon(1979:127-32)著重政治文化在決策過程中的內心作用，視爲限
定行爲、問題及決定的範圍，但所建議的範圍包括對宇宙秩序及因果
律等等的看法。這些在屬性上，皆與政治的權力關係無關，很難看成
屬於政治文化的範圍。我們認爲內心的作用必須要有一明確的政治標
準，否則任何行爲、問題及決定皆可成爲政治文化所取向的對象，這
就會使得社會文化及政治文化的兩類作用，無從分辨。

（二）政治文化是具有層次的

我們在前面曾以系統成員的權力關係爲核心觀念，將政治文化分
爲三類基本取向：(1)統攝的，(2)結構的，(3)功能的。我們所指涉的統
攝的取向，作用在認同與聚合。一個政治體系的組成（如國家），必
須組成的分子，在心理上具有一種認同及聚合的感情與意願。組成分
子，也就是成員，對自身在整體的組合內居於怎樣的地位？具有怎樣
的歸屬感？對整體懷有怎樣的價值？這些皆關係到整體體系的凝固與
發展。

結構取向是指涉系統成員在行爲的交往上，究應具有怎樣的權力
關係，以作爲共守的規範。換句話說，系統的構成不僅是一群具共同
生活意願的人的結合，更要緊的是各種角色行爲的結合，因之，如無
角色的規範，整體政治體系即欠缺運作的軌道，成員的交往行爲亦將
無所適從，體系就易出現紛亂。中國傳統的政治體制，常強調「定份
止爭」，所謂「定份」意即釐定角色的權力地位與規範。對這類規範

的取向也就是我們所指涉的結構性政治文化。

　　與結構性政治文化取向相較，功能性的取向則非在規範，而在決策及執行過程中有關角色間的能力作用。規範是行為的準則，能力則是行為的發動。在規範的基礎上，決策與執行的過程始能進行，而能力取向則是進行的推動，並進而影響到過程的成效。如平等是一基本的規範取向，但對政府的決策自覺有無適當的影響能力，則為功能的取向。

　　在政治發展及變遷的過程中，認同與規範的變遷雖緩慢但所產生的作用卻非常激烈，原因即在認同與規範的改變，會影響到整體體系的整合與運作。我們亦可推論，統攝性及結構性政治文化的穩定，會關係到整體體系功能的穩定，因之，我們認為功能性的或過程性的政治文化必須奠基在結構性的文化之上，而結構性的政治文化又必須奠基在統攝性的文化之上，而政治文化則應為多層面的。現再就上述的分類作一些討論：

　　1.Almond 及 Verba(1963:12-19)將政治文化界定為政治取向，而政治取向則是對整體政治體系及其各環節，以及體系內自我角色的態度。他們將政治取向設定為四種（整體體系、投入、產出及自我參與），然後再將政治文化劃分為三個類型：(1)部落的政治文化(parochial political culture)：皆欠缺以上四種取向；(2)參與的政治文化(participant political culture)：皆具備以上四種取向；(3)子民的政治文化(subject political culture)：僅具備整體體系及產出取向，而欠缺投入及自我參與取向。在態度的施測上，則著重民眾所自覺的能力（公民的參與能力或子民的期待能力等）。我們覺得 Almond 與 Verba 的分類是以決策及執行的過程為主要的考慮，根本忽視統攝性文化及結構性文化對政治體系所產生的作用。在另一面，這一研究架構又將整體體系與決策及執行過程放在一個平面觀察，因而造成統攝、結構及功能等三類

政治文化在層次上的混淆，而不能細察政治文化的類型與相互之間的關係。西方民主國家的政治體系，無論在國家統合及政體規範上皆相當穩定，較少產生嚴重的問題，所以西方政治學者大多重視公眾利益衝突的調和與解決，也就是政治的過程與功能。Almond 及 Verba 的概念架構實際就本此而來，作者過去即曾有所檢視（胡佛 1977, 1978），David Gibbons(1971)及 Scott Flanagan(1978)亦發現 Almond 及 Verba 的分類有嫌簡略，並不能用以辨識及解釋某類文化類型。[9]

2.在統攝、結構及功能等三類政治文化中，我們認為統攝最為根本，結構及功能順居其次。在一個體系中，如成員尚具統攝的認同取向，縱結構及功能取向的共識欠缺，體系不僅仍能存續，且可維持某種程度的穩定。在具有歷史及文化傳統的國家中，成員大多具有統攝取向，如國家認同、愛國情操等皆是，但如進行現代化的建設，往往須作權力關係的改變，而產生結構性政治文化的變遷。這一變遷的過程必然關係到現代化建設的成敗，所以特別值得重視與探究。

3.無論統攝的、結構的或功能的政治文化，皆是一立體的層級建構。認同可以擴至全國，也可限於鄉里；規範可以針對普遍的國民角色，也可專限一專業團體的特殊角色；功能取向的層級可一如規範。在層級的關係中，我們認為是相涵相屬的，亦即局部的鄉里認同相涵相屬於整體的國家；特殊的角色規範與能力相涵相屬於普遍的國民。

（三）政治文化是一種正當的信念

[9] Gibbons(1971)發現在新加坡農民受訪者中，33%既取向整體體系，又取向投入及產出，但自身卻不認為是參與者，所以無法用 Almond 及 Verba 的分類歸類及解釋。在我們看來，這完全出於對認同及功能取向層次的混淆，以及對個人能力與功能取向的不分，否則，即易辨識。

Almond 及 Verba(1963:13-15)將政治文化的取向先看成一種態度 (attitude)，包括對政治體系主觀的認知(cognition)，感受(feeling)及估價(evaluation)。後來 Verba(1965:516)改用信念(belief)的概念代替態度，認為信念的思想型態植根較深且較具概括性。Pye(1966:104-05)再分為態度、信念及感情(sentiment)等三類。[10] Philip E. Converse(1964:213)則將信念視為一個體系，並界定為意見(ideas)及態度的一種結構，並進一步認為其中組成的各成份(elements)具有功能性的相互依恃，且每一意見成分中皆含有某種程度的中心(centrality)信念。Barnes(1988:2-3)贊同文化是一個群體共有的預存立場(assumptions)，但也認為這一界定相當不易用來從事實證性的觀察。對我們來說，Verba 及 Converse 對信念的觀念，較能符合我們對政治文化的看法。政治文化的各種取向既是層層相涵相屬，且由根本到分支，由原則到特定，也構成一全面及整體的結構，而凝聚在某些中心的取向。還有，政治文化應較持續、概括及深植，這些皆宜於適用信念的概念加以界定及解釋。

我們除掉適用信念的概念外，更重要的是要將這一信念進一步界定在正當性(legitimacy)之上。在我們看來，政治取向是系統中成員對權力作用自覺正當的一種信念。國人常說我們「有權」提出這樣的要求，或政府的某機構、某官員「無權」做出那樣的決定，這類「有權」及「無權」的概念，就是我們所指涉的權力作用的正當信念，也正是我們對政治文化所作的界定（參閱：胡佛 1982）。學者之間對正當的涵義，也有很多界說，如：「適當」(appropriate)(Lipset 1960:77)，「應當」（oughtness 或 ought to）(Merelman 1966:548; Almond and Powell 1978:30-31)，「正確」(rightness)(Merelman 1966:548)，「合理」

---

[10] Walter A. Rosenbaum(1975:5-6)曾指出政治學者對政治文化的內涵，意見分歧，有二十五種之多，他則引用 Verba 的界定與觀念。

(plausible)(Lehman 1972:369)等等。這些觀念皆可解釋。事實上，正當的信念應是內心中感覺是「對的」，而可以「接受的」一種反應。我們的這一界說有兩種意義：一是道德的，二是實際的；道德是「應然」，實際是「可行」，而文化的生活與學習，原就是取向於「可行的應然」。我們認為文化不是靜態的，而是如 Geertz 所主張的，是一套「控制的機能」(control system)（引自 Elkins and Simeon 1979:129），這一動態的涵意正可反映出我們所強調的「可行的應然」，亦即正當的信念。

我們將政治文化界定在權力取向的正當信念，這與 Almond 及 Verba 等西方政治學者具有基本的差異。如前所述，Almond 及 Verba(1963:84-85)在《公民文化》的探究中，根據單向的政治過程，建立研究架構，在另一面則把文化的概念界定為一種「能力」(competency)的主觀評估。如對受測者探詢：如認為中央及地方政府的措施不當，自覺是否具有影響的能力加以糾正。我們覺得從這種能力的自我評估中，很難推論出是屬於政治文化。處在經濟困境中的民眾，很可能低估自己影響政府施政的能力，但不一定認為自己「無權」去施加影響。「無能」及「有能」可能是在特定時、空下的一種現象反應，而「無權」及「有權」則是一種超越時、空的文化取向，兩者之間的差異並非是程度上的，而是性質上的。

我們早在 1976 年即主張政治文化應為權力取向的正當信念，並建立概念架構，從事實證性研究（胡佛，陳德禹，朱志宏 1976）。其後的二年，Almond 與 Powell(1978)對過去在《公民文化》中所發展的概念架構則有所檢視與修定，一方面主張政治文化應劃分為三個層次：「系統文化」(system culture)、「過程文化」(process culture)及「政策文化」(policy culture)，而《公民文化》中的政治文化則相當於「過程文化」，另一方面將正當性列為「系統文化」的主要內涵。但他們對能力與權力在政治文化特性上的差異，則並未做進一步的探究與分辨，

也未進一步建立嚴謹的概念架構從事實證的探究。我們認爲政治文化的正當信念，應據權力作用的性質，分屬具層級性的統攝、結構及功能等三類，似較併爲一「系統文化」來得清晰。

將政治文化界說爲對權力作用的正當信念，我們尚須再作幾點說明與討論：

1.政治文化所取向的權力價值，在性質上具有原則的概括性，爲一種深層結構，而不是某一時、空環境下系統成員的人格(personality)或態度的累加。換言之，政治文化具有超越個人人格特質及態度傾向的整體性與共同性，而在時間上具持續性，在空間上具周延性，非可隨系統中一時、一地的人的變動而變動；縱有變動也是一非常緩慢的程序。政治文化的這一性質猶如一個民族的語言體系：一方面在結構與功能的基礎上，具整體性與共同性，一方面則不隨時、空輕易變動，而成爲各地族人世代所共守與共用。權力價值取向的政治文化，就是具有這些特性的共同自覺的正當感，如系統成員只共同認爲具有某種取向，但不能辨認是否正當，充其量不過是一共同的觀感，不能成爲文化。權力的交互作用一旦被視爲正當，即不再是固有的「實力」(force)作用，而變爲象徵性的作用，因正當性含有原則性、共同性與持續性。Talcott Parsons(1969:256-57)曾比擬經濟學的理論，視權力如貨幣。貨幣的流通及持久，決非紙張或金屬的價值，而是象徵性的作用，否則，不過是以物易物，貨幣體系即告崩解。同理，政治體系亦靠象徵性權力作用而流通，不然，也會趨向潰散。[11] 所以本文作者曾強調：「我們研究貨幣體制，必須以貨幣的象徵性與正當性爲中心概念，從而，

---

[11] Parsons 曾指出許多政治學者對權力的界定，仍不出「實力」的範圍，此等於將觀察的範圍，限於錢幣爲何物所製造。他因而對 Robert A. Dahl 等將權力的作用界定爲實力的作用，不表同意。

我們研究權力體制，也必須以權力的象徵性與正當性爲中心概念。」
（胡佛 1978:12）

　　2.政治文化的正當信念可用於統攝的認同，如：愛國或同胞愛是
正當的；可用於結構的規範，如：平等的投票權是正當的；可用於功
能的能力，如：民意影響政府的施政是正當的。由此可知正當的信念
的本身即爲一種價值，一方面發生引導行動與思想的功用，一方面可
供政治學習，亦即政治社會化的內容。

　　3.我們認爲在性質上，政治文化應具相當程度的同質性
(homogeneity)，或相當程度的共識或共信(consensus)。這些共識或共
信「常體現出一個社會的中心政治價值」(Huntington 1975:15-16)。從
政治變遷與穩定的觀點看，我們在前面曾經分析過，統攝的取向最爲
重要，依次爲結構與功能取向。在層級的相屬相涵上，基本取向或信
念最爲重要。特定的次級體系或在某些特定的文化上出現差異，但仍
會融通貫穿在基本信念之上。當然，在一個以國家爲範圍的政治體系，
也會併存非代表政治中心價值的政治文化，如在統一的國度內要求獨
立（像加拿大的魁北克地區），在民主的結構內主張極權（如德國的
少數極右團體）等皆是。這些非爲中心價值的政治文化，如果共信的
成員日益增多，就會影響原有中心價值的穩定，甚至發生動亂。由動
亂再回穩定應是一更多及更深的共識或共信的建立過程。在近代史上，
最常見的變動則在統攝與結構的文化，我國尤其如此，所以特別值得
探究。

　　總之，我們所主張的政治文化是指社會體系內各種角色對權力交
往行爲所共具的正當信念。這些信念具超越、持久及概括的特性，而
正如 Lowell Dittmer(1977:557)所引錄 Hegel 的話，是一種「客觀的精
神」。

三、政治文化的概念架構

從以上的討論可知，我們所主張的政治文化具有數項基本的特性：(1)權力的特性，(2)體系的特性，(3)正當的特性，(4)層級的特性。現在可以在這些基本特性的基礎上，發展我們的概念架構與研究範型。在政治文化的結構上，我們認為政治文化是由統攝的文化、結構的文化及功能的文化等三類信念取向所組成，三者的關係可見表一：

表一　三層政治文化的分類

	面　向	內　涵	作　用	特　性
統攝的文化	整合的統攝	整體的權力	體系的凝聚	包容性
結構的文化	權力的結構	角色的權力	行為的規範	相對性
功能的文化	施政的功能	參與的權力	價值的分配	特定性

由表一所列三層文化的關係可以看出，政治體系如不能在文化的基礎上整合，權力的結構則無從產生；同樣地，權力的結構如不能在文化的基礎上建立，施政的功能即無法進行。再進一步看，如施政的功能無法在文化的基礎上進行，政治體系對價值分配的作用即難以發揮，整體體系即會陷入癱瘓。由上述可知，三層文化之間實具有互動的關係。

我們在前面曾強調政治文化以權力的正當取向為內涵，這一權力在統攝的文化則為整體，涵蓋所有的體系成員，如國家的國權即統攝所有的民眾，使國家的權力因統攝而能整合。民眾對這一整體權力的正當取向，當然會產生國家凝聚的作用。反之，如不視為一統攝的整體，即會產生認同的危機，而影響到體系的整合。許多殖民地的民眾

要求獨立，即在否定殖民國家的統治權，也就是拒絕合成一個權力的整體。從以上的分析可知，這一文化的權力取向，是凝聚體系內所有成員為一包容性的整體。對這樣的特性，我們不妨逕稱為包容性。結構性的文化所取向的權力則並非整體，而是取決於體系成員在構成體系結構中所擔當的角色：如相互之間、與權威機構之間、以及權威機構相互之間究應具有怎樣的角色權力。由此產生的作用即角色的行為規範。體系成員在體系的結構中，皆擔當某種角色，具有相對的關係，所以是相對性的。功能的文化所取向的則是影響權威機構或政府施政的參與權力，作用要謀求個人的「獲得」或價值的分配。在這範圍上僅限於成員與權威機構之間的影響過程，在對象上則為較具體的利益或價值，所以具特定性。

我們從上面對三層政治文化的比較可知，統攝文化所取向的權力最具整體的涵蓋性，也最為根本；結構的文化則分別取向不同的角色，而為結構所不可缺；功能文化的取向卻在於個人的參與，但為施政功能之所需，在體系運作中最為常見。我們在明瞭三層文化的整體脈絡後，就可進一步再作個別的觀察。

（一）統攝性的政治文化

在性質上，如前所述，統攝性的政治文化具概括的包容性，也就是將體系內的所有成員，看成一個不加分隔的整體，而不是像規範性的結構文化，著重體系成員相互之間，以及與權威機構之間的相對性。如這一政治體系是國家，統攝的政治文化就是以「國民」（一種總體的共名）為中心概念的一種正當信念，我們也可稱之為「國家文化」(state culture)。從而，我們對國家文化的觀察是針對國民（或人人）與整體的組合，亦即國家之間的關係，著重點在組合的特質。換句話說，我

們是從人人看人人所形成的組合，而非將人人分隔成不同的角色（如統治者與非統治者）再看相互之間的規範。我們可將統攝性或國家文化分成具演繹性的三類關係及五類對國家的信念取向，表列如下：

表二　統攝性政治文化的類型

	國家認同	國民中心	相對責任	地方分權	有限國家
多元統合取向	＋	＋	＋	＋	＋
現代集權取向	＋	○	－	－	○
傳統族群取向	－	－	－	－	－

說明：「＋」表示系統成員的具有眾數的積極取向。
　　　「－」表示系統成員的欠缺眾數的積極取向。
　　　「○」共列二項，表示其中的一項或二項可能為系統成員的眾數積極取向，其餘則非。

1.國民與國民之間的關係：國家是由人人所形成的，也就是所謂的「人之積」，但在形成後，就變成了一個權力的「共同體」。對這一共同體而言，我們國民應當融合進去，才具有特殊的價值，而成為一種正當的取向，還是「合則留，不合則去」，不覺具有特殊的價值，但也是一種正當的取向？這當然是一種信念上的選擇。共同體的形成是基於國民之間相互的接納與融合，而在特殊的環境及某種共同的意願與目的下，結合成一個「大我」的共同體。在大我中，我屬於共同體，而共同體也屬於我，且唯有我與大我的結合，生命才富有意義與尊嚴。這就產生了國家的認同感與國家意識。我們國民是否覺得國家尊嚴對國民生活具有意義？而我們的成就也同樣地對國家具有意義？還是對國民的凝聚與國家的組合，不加接受，否定具有意義，甚至抗拒？這些都屬國家認同與國家疏離之間的選擇。國民如欠缺國家的認同感，不具心理上的價值取向，國家能否存在及延續，即大成問題。

2.國家與國民之間的關係：我們可分成兩個面向加以觀察，一是國民的地位，另一是國民的責任。現分述如下：

(1)國民的地位：這牽涉到國權歸屬的問題，也就是應歸屬超越個人的整體國家，還是應歸屬居於國家主人翁地位的國民，而以國民為中心？如覺得人人都是主人翁，當然就成為國家的中心，具有最重要的地位，且認為沒有國民就沒有國家。反之，國家成為一切的中心，具有無比的崇高地位，且認為國民是為國家而生，如沒有國家，國民的生存就失去憑藉了。兩者之間當然也是一種信念價值的選擇。

(2)國家的責任：這是指涉國民與國家之間所應承擔的作為與不作為的權力關係。在取向上的問題是：國民對國家是否應盡絕對忠誠的責任，還是相對的？這是絕對與相對信念取向之間的選擇。

3.國家與其他政治組合之間的關係：這也可分成兩個層面，一是對內的，一是對外的。對內是指涉國家與地區在國家的權力結構上應如何組合：是中央集權的單一國家(monistic state)？還是地方可以分權，實行自治？還有，國家是否可分，可合？對外是指涉國權的外在交接，要點在：究應向外擴張，追求霸權？還是應有所限制，不追求國勢的向外擴張？這是擴張國家與有限國家之分。

以上是就三類國家關係及五類信念取向所作的分析，我們認為如在國民的相互關係上採「國家認同」，在國家與國民的關係上採「國民中心」及「相對責任」，並在國家的結構上採「地方分權」（對內）及「有限國家」（對外）等積極的取向，我們可視為多元統合取向的政治文化或國家文化。反過來看，在以上五類信念中，對國家認同等五類取向皆採消極取向，我們可視為傳統族群取向的政治文化或國家文化。至於徘徊在兩者之間，除對國家認同採積極取向外，一方面對「相對責任」及「地方分權」不作積極的取向，另一面則對「國民中心」，及「有限國家」等二類，作一項或二項的積極取向，我們不妨

視爲現代集權取向的政治文化或國家文化。

（二）結構性的政治文化

　　這一文化是指各體系成員在角色權力的規範上所持有的價值取向，亦即信念。我們可根據一個政治體系中權力規範的相對特性，區分出三類具演繹性的基本權力關係，再發展爲五類權力關係的結構與取向，表列如下：

表三　結構性政治文化的類型

	平等權	參與權	個人自由權	社會多元權	制衡權
自由民主取向	＋	＋	＋	＋	＋
現代威權取向	○	○	－	－	○
傳統極權取向	－	－	－	－	－

說明：「＋」表示系統成員的具有眾數積極取向。
　　　「－」表示系統成員的欠缺眾數積極取向。
　　　「○」共列三項，表示其中至少一項或以上爲系統成員的眾數積極取向，其餘則非。

　　1.成員與成員之間的權力關係：作爲政治體系的組成分子，相互之間，在每一個政治層級，應當相對地處於怎樣的權力地位：平等，還是不平等？這是平等與特權之間的選擇。

　　2.成員與權威機構之間的權力關係：從結構的觀點看，所謂權威機構是指擁有強制權力，爲體系進行決策，再加以執行的權力組織，而由一群具特殊權力的身份者所組成。這些權威機構的權力是否來自成員的授與？在決策及執行的權力行使上，對成員個人或所組織的團體，應否具有範圍？也就是成員的活動在某種範圍內，可否不受干擾？

上面的問題可分成三類，而形成三類權力關係的結構：

(1)權威機構權力的來源：如組成權威機構的特殊權力身份者「為民所舉」，而所行使的決策與執行權力復「為民所有」，則這些機構所設定的特殊身份及所行使的特殊強制權力，不過來自權力所有者即組成分子的授與與委託。如此，這些權力機構即須一方面要向成員負責，一方面要為成員服務，而不能不成為「為民所治」、「為民所享」。這樣的權力關係重點在「主權在民」，表現在成員的行為上則是政治權力或參與權的行使。反之，如果上述特殊權力身份者，非「為民所舉」，所行使的特殊權力非「為民所有」，這些權威機構乃成為專權及專制。由此可知，由權力來源所形成的權力關係乃是民權或參與權與專權之間的選擇。

(2)個人行使權力的範圍：相對於權力機構的權力作用來說，成員個人的各種活動應否具有自主活動的範圍，不受權威機構的干涉？換句話說：權威機構相對於成員的活動，而在權力的行使上應否也具有某種範圍，不能超越？再進一步看，權威機構縱對個人的各種活動可加限制，但應否經過一定的程序？這些問題所牽涉到的權力關係乃成為個人自由權，或人權與極權之間的選擇。

(3)社團行使權力的範圍：此是以成員組織的社團（包括政黨），相對於權威機構，應否具有自主活動的範圍所產生的權力關係。由此牽涉到的則是社會自由權或多元權與極權之間的選擇。

3.權威機構相互之間的權力關係：在決策及執行的過程中，各權威機構在特殊權力的行使上，應否分立制衡？如司法應否獨立？文官體系應否中立？這些問題都牽涉到制衡或分權與集權之間的選擇。

以上是就政治體系內三種基本的權力關係，再加分類而成的五種權力關係的選擇。如體系的成員對此五種權力，即平等權、參與權、個人自由權、多元權、制衡權，皆作積極的取向，具有積極的共識，

我們可稱之爲現代的民主政治或自由民主政治的價值取向或文化。反之，如皆不作積極的取向，不具積極的共識，即成爲傳統的極權政治的價值取向或文化。如徘徊在兩者之間，一方面對個人自由權及社會多元權不作積極的取向，不具積極的共識，一方面對平等權、參與權及制衡權三類，則作一項或數項的積極取向，而具有積極的共識，此可視爲現代威權政治的價值取向或文化。

（三）功能性的政治文化

體系成員在權益獲取上自覺對權威機構施加影響的權力正當性，即爲功能性文化所指涉的內涵。我們現可根據一個體系在價值分配，也就是施政過程中的三個環節：投入、轉變、產出，區分出具演繹性的三類基本權力關係，再發展爲五類權力關係的結構與取向：

1.投入取向：這一取向是體系成員自覺有權對權威機構提出需求，使能接受，而成爲可以實現的措施。但在過程上只限於需求的提出，並不介入權威機構對措施的制訂。需求的對象，也就所擬影響的措施，可包括：(1)施政（決策與執行）、(2)人事、(3)規範、(4)認同。對這些措施，體系成員常會持有兩種權力的取向：(1)消極的，也就是否定的取向。這是對權威機構的措施心懷不滿，而請求改變或革除，我們可稱之爲改革權。(2)積極的取向。這是對權威機構提出自己的需求，望能付諸實現，我們可稱之爲要求權。

2.轉變取向：權威機構對各種投入進行評議、選擇、增削，而決定產出的過程，即是轉變，主要的作用在措施的制訂。如體系成員自覺有權對這一過程加以干預，就成爲政治參與的干預權。在性質上，此一權力取向最爲積極，但也較爲難能。所干預的措施則如前述。

3.產出取向：這一取向並非著重有權對權威機構提出需求，請求

改革或加以干涉，但自覺有權「訴請」(appeal)及期待自身的需求能受到權威者的關注。這樣的影響不是取向於投入的作用，而是寄望於產出的結果，所常見的「訴請」的方式則是「陳情」，所以可稱之爲陳情權。很明顯地，陳情權的取向相當程度地呈現出一種被統治者或所謂的「子民」的心態。至於體系成員所訴請與期待的措施，亦如前述。

綜合以上的討論，我們就可對政治參與的功能性政治文化結構獲得一整體的概念，而可供理論探究的基本架構，現再列表如下：

表四　參與功能的文化結構

體系的過程	權力的取向	影響的對象				參與的作用
投　入	改革權	施政	人事	規範	認同	措施的否定
投　入	要求權	同上				措施的提出
轉　變	干預權	同上				措施的制訂
產　出	陳情權	同上				措施的期待

我們從以上的討論可知，在四種權力取向的結構內涵中，干預權對權威機構的影響最強，所取向的權力正當價值也最高；其次則爲改革權與要求權；再次則爲陳情權。我們再從政治發展的過程看，愈傳統的政治體系，權威機構愈享有絕對的權威，而體系成員的參與權力價值取向也愈低；反之，愈現代的政治體系，權威機構愈難享有絕對的權威，而體系成員的參與權力價值取向也愈高。這些傳統與現代的權力高、低價值取向，當然會反映在上述干預權等四種正當的權力價值取向之中，而構成某種類型。最後要強調的是：政治體系的運作視結構與功能的配合，因之，上述四種具功能性的權力價值取向自會受到結構性權力價值取向的影響，而形成某種相關的關係。

我們現可據民眾對上述四種權力價值取向，將功能性的政治文化，

分劃爲轉變、產出及投入等三個類型。在轉變的類型中，民眾對陳情權、改革權、要求權及干預權等四種取向，皆具積極的取向；在產出的類型中，民眾只對陳情權具有積極的取向，但對其餘三者（改革權、要求權及干預權）則不具積極的取向；在投入的類型中，民眾不僅對陳情權具有積極的取向，也至少對改革權及要求權二者之一具有積極的取向，但對干預權欠缺積極的取向。現將此三個類型列表如下：

表五　功能性政治文化的類型

	陳情權	改革權	要求權	干預權
轉變取向	＋	＋	＋	＋
投入取向	＋	○	○	－
產出取向	＋	－	－	－

說明：「＋」表示系統成員具有共識或眾數積極取向。
　　　「－」表示系統成員不具共識或眾數積極取向。
　　　「○」共列二項，表示其中至少有一項為系統成員的共識或眾數積極取向。

四、政治文化的觀察

本文的主要目的在討論政治文化的內涵及分類，在我們看來，如對政治文化的探究，不能在內涵與分類上做精確的界定與透闢的了解，就很難獲得具解釋力的理論。對政治文化的觀察，當然有很多途徑，我們多年所進行的研析，多著重在實證理論的試建，包括文化類型本身，以及與政治行爲（特別是選舉行爲及政治參與）及政治變遷之間的關係；所運用的方式爲抽樣訪問及體制機能的解析，並嘗試連接總體及個體觀察二者。本文所著重的既然在政治文化的內涵與分類，我們特就三個類型的實證觀察，分別作一說明，進一步充實我們的討論。

（一）統攝性的政治文化

我們對這一文化的分類及概念架構發展甚早（參見：胡佛 1975,
1979），但在早年因限於環境未能將前述的五種分類信念取向全部加
以驗證，只選擇國家認同部份，建立量表施測。1992 年我們完成全部
量表的制訂，並在臺灣地區進行全面施測，現將預測的結果，列表如
下：

表六　統攝性政治文化的類型（超過中間切點的人數及百分比）

	國家認同	國民中心	相對責任	地方分權	有限國家
n	195	178	161	194	193
%	76.4**	49.4	47.8	47.4	48.7

N=207

說　明：「**」表示其中百分值已超過75%
資料來源：根據 1992 年在全臺灣地區所作的訪問調查，樣本抽自七十一個村里投
　　　　　票區，對象為二十歲以上的公民。

我們曾強調政治文化是系統成員共同自覺的正當信念，具有相當
程度的同質性，而為社會的中心政治價值。這種共同或同質的「相當
程度」在統計學上是一眾數的趨向，我們將這一眾數的共同信念或共
識先依 Herbert McClosky(1964:363)的標準，訂在四分之三的絕對多數，
也就是不得低於 75%，再補以我們增訂的最低標準：五分之三的多數，
也就是不得低於 60%（參見：胡佛 1982；胡佛、徐火炎 1983）。在
統攝性政治文化的類型探測上，我們在前面曾推論在統攝文化的五類
取向中，如只對「國家認同」具有積極的眾數取向，而對其餘四項皆
欠缺積極的眾數取項，這一類型即為現代集權取向。從表六觀察，只

「國家認同」的 76.4%達到眾數積極取向的標準，因之，臺灣地區的統攝性政治文化即屬於現代集權的政治文化。現要說明的是，預測樣本為 207 個，代表性尚嫌不足。

（二）結構性的政治文化。

我們早在 1970 年代中期即對結構性的政治文化作全盤性的討論與規劃，並發展量表（即「民主量表」），在臺灣地區進行實證性探究（參見：胡佛 1975, 1977, 1978；胡佛、陳德禹、朱志宏 1978, 1980）。其後大致每隔二至三年再作一次後續性的實證研析，迄今從未間斷。所發展的民主量表，也經若干學者沿用。我們認為如要擺脫政治文化的實證研究只是片面而靜態（參見：Inglehart 1988:1203-04; Thompson, Ellis and Wildavsky 1990:217-19），就必須進行長期的比較觀察，我們現選擇兩個年份的五種權力取向，加以比較分析，可見下表：

表七　結構性政治文化的類型（超過中間切點的人數及百分比）

		平等權	參與權	自由權	多元權	制衡權
1983	n	1445	970	646	376	825
	%	85.4**	57.3	38.2	22.2	48.8
1992	n	1166	1009	700	626	724
	%	83.4**	72.2*	50.1	44.8	51.8
1992-1983		-2.0	14.9	11.9	22.6	3

N=1692(1983), 1398(1992)

說　　明：「**」表其中百分值超過 75%
　　　　　「*」表其中百分值超過 60%
資料來源：根據 1983 年及 1992 年在全臺灣地區所作的訪問調查，所施測的民眾樣本涵蓋所有的村里，樣本對象為二十歲以上的公民。

　　我們在前面曾經推論在結構性政治文化的五類取向中，如對自由權及多元權欠缺眾數的共識取向，而對平等權、參與權及制衡權等三類取向，至少具有其中之一或二的眾數共識，即成為「現代威權取向」的結構性政治文化。表七的資料顯示臺灣地區從 1983 年到 1992 年的九年間，皆屬於這一文化類型。但非常值得注意的是：以兩個年度比較，在 1992 年不但在參與權取向上達到眾數的共識，而且在自由權取向及多元權取向上呈現相當幅度的增加（各增 11.9%及 22.6%），此反映出目前的「現代威權取向」正逐漸地轉型，有轉向「自由民主的取向」的趨勢。

（三）功能性的政治文化。

　　我們在發展結構性政治文化類型與量表的同時，也完成功能性政治文化的類型與量表的規劃，而在臺灣地區一併施測。其後也隔三至四年作一次後續性的探究，供比較觀察，現亦選擇兩個年份的四類取向，加以分析，詳見下表：

表八　功能性政治文化的類型（超過中間切點的人數及百分比）

		陳情權	改革權	要求權	干預權
1983	n	1381	623	1514	725
	%	84.2**	37.8	91.4**	45.5
1986	n	1072	602	1223	514
	%	80.0**	44.8	90.6**	41.2
1986-1983		-4.2	7	-0.8	4.3

N=1692(1983), 1430(1986)

說　　明：「**」表其中百分值已超過 75%

資料來源：根據 1983 年及 1986 年在全臺灣地區所作的訪問調查，所施測的民眾樣本涵蓋所有的村里，樣本對象為二十歲以上的公民。

　　我們在前面也曾推論功能性政治文化的「投入取向」類型為：在陳情權、改革權、要求權及干預權的四類取向中，不僅對陳情權具有眾數的積極共識，也至少對改革權及要求權的二者之一具有眾數的積極共識。現就表八的資料觀察，臺灣地區的功能性政治文化，從 1983 年至 1986 年即屬這一類型。在將兩個年度的取向，加以比較，改革權雖增加 7%，但幅度不算很大，其餘的差距皆不出 4.3%，並不具解釋上的多大意義。自 1986 年來，前述的結構性政治文化已明顯地呈現轉化，這與功能性的政治文化可能有所關連。我們現對功能性的政治文化正進行後續性的實證探究，不久即可再作進一步的比較，觀察近年來是否也有轉化的趨勢。

五、結　論

　　政治文化的探究，在 1960 年代經 Almond 學派的倡導，成為政治科學一獨特的研究領域，但其後在概念、內涵及觀察上皆產生若干爭議，而未有重大的進展。自 1980 年代的後期以來，政治學者強調「政治文化的復興」，而再度受到重視。本文作者及所主持的「政治體系及變遷工作室」的同仁，自 1970 年代初期即進行政治文化的研究，本文特根據我們對政治文化的看法，就其中重要的問題，作一檢視，並強調政治文化在本質上應為權力關係的正當信念，再進而將政治文化分成統攝性、結構性及功能性三個基本類型，作實證性的觀察。我們認為對政治文化作這樣的界定與分類後，應有助於政治文化在理論上進一步的探求。我們最後要說明的是：(1)上述的三個基本類型的政治文化，相互影響，呈現互動的關係（參見：胡佛 1988:347-48），構成一有機的文化結構。(2)在政治變遷的過程中，政治文化既是自變項，也是依變項，而與政治體系及成員的政治行為形成交互而連續性的影

響。(3)對成員的行爲來說，政治文化的解釋能力雖是最根本的，卻不是直接的或唯一的。個人的人格，各種態度，特別是行動傾向與功效意識，以及現實環境與歷史因素，[12] 皆會對一個人的政治行爲造成影響。（原載：喬健，潘乃谷編，《中國人的觀念與行為》，天津人民出版社，1995，頁：389-410。作者略作增刪。）

---

[12] 政治文化與人格，以及行動傾向及功效意識之間的關係，可參見胡佛1982，胡佛、陳德禹、朱志宏 1980 及徐火炎 1980。

參考文獻

胡佛，1973，《民初國民黨與政黨政治》，國科會專題研究報告，臺北。

胡佛，1975，《我國大學生對民主法治的態度》，國科會專題研究報告，臺北。

胡佛，1977，《人格特質與政治權力的價值取向》，國科會專題研究報告，臺北。

胡佛，1978，〈我國大學生對民主的態度〉，載：楊國樞、葉啓政編，《當前臺灣社會問題》，臺北：巨流圖書公司。

胡佛，1979，〈大專學生對國內政治現狀的態度〉，載：《大專學生對當前生活環境的看法》，臺北：自由青年社。

胡佛，1982，〈有權與無權：政治價值取向的探討〉，《中央研究院民族學研究所專刊》，乙種之 10，頁 381-416。

胡佛，1988，〈臺灣地區民眾對政治參與的態度：系統功能的權力價值取向〉，《中央研究院民族學研究所專刊》，乙種之 20，頁 327-54。

胡佛、徐火炎，1983，〈結構性的政治文化：概念、類型及面向的探討〉，《第三次社會指標論文集》，中央研究院三民主義研究所，頁 47-85。

胡佛、陳德禹、朱志宏，1976，《政治系統的權力價值取向及交互作用：研究計劃書》，國家科學委員會研究計劃。

胡佛、陳德禹、朱志宏，1978，〈權力的價值取向：概念架構的建構與評估〉，《社會科學論叢》，臺灣大學法學院印行，27 輯，頁 3-38。

胡佛、陳德禹、朱志宏，1980，《政治系統的權力價值取向及交互作用：內湖地區個案研究》，國科會專題研究報告，臺北。

徐火炎，1980，《基本需要與權力價值取向的研究》，臺大政治研究所碩士論文，臺北。

Almond, Gabriel A. 1956. "Comparative Political System." *Journal of Politics* 18:391-409.

Almond, Gabriel A. 1980. "The Intellectual History of the Civic Culture Concept." In Gabriel A. Almond and Sidney Verba (eds.) *The Civic Culture Revisited*. Boston: Little, Brown.

Almond, Gabriel A. 1983. "Communism and Political Culture Theory." *Comparative Politics* 15:127-28.

Almond, Gabriel A. 1987. "The Development of the Political Development." In Myron Weiner and Samuel P. Huntington (eds.) *Understanding Political Development*. Boston: Little, Brown.

Almond, Gabriel A. and Sidney Verba. 1963. *The Civic Culture*. Princeton, NJ: Princeton University Press.

Almond, Gabriel A. and G. Bingham Powell, Jr. 1966. *Comparative Politics: A Developmental Approach*. Boston: Little, Brown.

Almond, Gabriel A. and G. Bingham Powell, Jr. 1978. *Comparative Politics: System, Process, and Policy*. Boston: Little, Brown.

Barnes, Samuel H. 1988. *Politics and Culture*. Ann Arbor: Center for Political Studies. Institute for Social Research, The University of Michigan.

Bell, Roderick, David V. Edwards and R. Harrison Wagner. (eds.) 1969. *Political Power*. New York: Free Press.

Converse, Philip E. 1964. "The Nature of Belief Systems in Mass Public." In David E. Apter (ed.) *Ideology and Discontent*. New York: Free Press.

Dahl, Robert A. 1957. "The Concept of Power." *Behavioral Science* 2:201-15.

Dahl, Robert A. 1963. *Modern Political Analysis*. Englewood Cliffs, New Jersey: Prentice-Hall.

Dittmer, Lowell. 1977. "Political Culture and Political Symbolism: Toward a Theoretical Synthesis." *World Politics* 29:552-83.

Easton, David. 1953. *The Political System*. New York: Knopf.

Easton, David. 1965. *A System Analysis of Political Life*. New York: Wiley.

Eckstein, Harry. 1988. A Culturalist Theory of Political Change. *American Political Science Review* 82:789-804.

Elkins, David J. and Richard E. B. Simeon. 1979. "A Cause in Search of Its Effect, or What Does Political Culture Explain?" *Comparative Politics* 11:127-45.

Flanagan Scott C. 1978. "The Genesis of Variant Political Culture: Contemporary Citizen Orientation in Japan, America, Britain, and Italy." In Sidney Verba and Lucian W. Pye (eds.) *The Citizen and Politics: A Comparative Perspective*. Stamford, Conn.: Greylock.

Gibbins, John R. 1989. "Contemporary Political Culture: An Introduction." In John R. Gibbins (ed.) *Contemporary Political Culture: Politics in a Postmodern Age*. London: Sage.

Gibbons, David. 1971. "The Spectator Political Cultures: A Refinement of the Almond and Verba Model." *Journal of Commonwealth Political Studies* 9: No.1.

Huntington, Samuel P. 1975. "Political Development." In Fred I. Greenstein and Nelson W. Polsby (eds.) *Handbook of Political Science* (Vol.3). Reading, Mass.: Addison-Wesley.

Huntington, Samuel P. 1987. "The Goals of Development." In Myron Weiner and Samuel P. Huntington (eds.) *Understanding Political Development.* Boston: Little, Brown.

Huntington, Samuel P. 1993. "The Clash of Civilizations?" *Foreign Affairs* 72(3):22-49.

Inglehart, Ronald. 1988. "The Renaissance of Political Culture." *American Political Science Review* 82:1203-31.

Inglehart, Ronald. 1989. *Cultural Shift in Advanced Industrial Society.* Princeton: Princeton University Press.

Lasswell, Harold D. and Abraham Kaplan. 1950. *Power and Society.* New Haven: Yale University Press.

Lehman, Edward W. 1972. "On the Concept of Political Culture: A Theoretical Reassessment." *Social Forces* 50:361-70.

Lipset, Seymour Martin. 1960. *Political Man.* Garden City: Doubleday.

McClosky, Herbert. 1964. "Consensus and Ideology in American Politics." *American Political Science Review* 58:361-82.

Merelman, Richard M. 1966. "Learning and Legitimacy." *American Political Science Review* 60:548-61.

Parsons, Talcott. 1961. "General Introduction." In Talcott Parsons, et al. (eds.) *Theories of Society.* New York: Free Press.

Parsons, Talcott. 1969. "On the Concept of Political Power." In Roderick Bell, David V. Edwards and R. Harrison Wagner (eds.) *Political Power.* New York: Free Press.

Parsons, Talcott and Edward A. Shils. 1962. "System and Value Orientations." In Talcott Parsons and Edward A. Shills (eds.) *Toward General Theory of Action*. New York: Harper & Row.

Pateman, Carole. 1973. "Political Culture, Political Structure and Political Change." *British Journal of Political Science* 1:291-305.

Patrick, Glenda M. 1984. "Political Culture." In Giovanni Sartori (ed.) *Social Science Concepts: A System Analysis*. Beverly Hills, CA: Sage.

Pye, Lucian W. 1965. "Introduction: Political Culture and Political Development." In Lucian W. Pye and Sidney Verba (eds.) *Political Culture and Political Development*. Princeton: Princeton University Press.

Pye, Lucian W. 1966. *Aspects of Political Development*. Boston: Little, Brown.

Pye, Lucian W. 1991. "Political Culture Revisited." *Political Psychology* 12:487-508.

Pye, Lucian W. and Sidney Verba. (eds.) 1965. *Political Culture and Political Development*. Princeton: Princeton University Press.

Rosenbaum, Walter A. 1975. *Political Culture*. New York: Praeger.

Simon, Herbert A. 1957. "Notes on the Observation and Measurement of Power." *Journal of Politics* 15:500-16.

Thompson, Michael, Richard Ellis and Aaron Wildavsky. 1990. *Cultural Theory*. Boulder: Westview Press.

Verba, Sidney. 1965. "Comparative Political Culture." In Lucian W. Pye and Sidney Verba (eds.) *Political Culture and Political Development*. Princeton: Princeton University Press.

Verba, Sidney. 1980. "On Revisiting the Civic Culture: A Personal

Postscript." In Gabriel A. Almond and Sidney Verba (eds.) *The Civic Culture Revisited*. Boston: Little, Brown.

Werlin, Herbert H. 1990. "Political Culture and Political Change." *American Political Science Review* 84:249-58.

附錄一：統攝性的政治文化量表

一、國家認同
1.只有對國家、社會做出有貢獻的事情，個人的生命才有意義。
2.假如國家沒有尊嚴，個人即使有成就也失去了意義。
3.國家是一個大家庭，縱然是少數民族，也不可要求脫離。

二、國民中心
1.先有個人才有國家，個人才是國家的根本。
2.國家像一部完整的大機器，個人不過是其中的一個小零件，談不上有獨立地位。
3.為了謀求個人的福利才需要組成國家，離開了個人，國家就沒有存在的必要。

三、國家責任
1.自己的權益不管多麼重要，但為了國家（或團體）皆可犧牲。
2.不要問國家為你做些什麼，但問自己為國家做些什麼。
3.孝順父母要比效忠國家更優先。

四、地方分權
1.地方政府如事事強調有權自主、自治，國家的事就沒法辦得好了。
2.為了地方的利益而犧牲國家整體的利益，那是最不應當的。

五、有限國家
1.收回中國歷史上的失土是所有中國人神聖的使命。
2.假如其他國家都能服膺中華文化，世界將會變得更好。

附錄二：結構性的政治文化量表

一、平等權

1.像民選的議員或民選的官員（鄉鎮長或縣市長），最好由有錢的人來
出任。

2.女性不應該像男性一樣參加政治活動。

二、參與權

1.如果人人強調自己有權過問國事，絕非好事。

2.政府自會為人民解決困難、謀求福利，我們不必多作主張。

三、自由權

1.對付殘暴的罪犯，應立即處罰，不必等待法院審判的複雜程序。

2.大家的想法應該一致，不然社會就會不安定。

3.政府應有權決定那些意見可以在社會流傳，那些不可以。

四、多元權

1.在一個地方（社區）上，如果東一個團體、西一個團體，就會影響到
地方的安定與和諧。

2.一個國家如果政黨太多，就會導致政治混亂。

五、制衡權

1.政府如時常受到議會的牽制，就不可能有大作為了。

2.法官在審判影響治安的重大案件時，應該接受行政機關的意見。

附錄三：功能性的政治文化量表

一、陳情權

1.公務人員應以執行政府的命令為主，至於是否熱心為人民服務，則不必計較。

二、改革權

1.就算是政府的稅不合理，民眾也應該按時繳納，不可提出異議。

2.民眾到政府機關辦事，就算是對承辦人不滿，也不可爭議。

三、要求權

1.政府的法令規章，人民只應遵守，不應請求變更。

2.政府對民眾有關地方建設的請求，都必須加以考慮。

3.公務人員的服務態度是否需要改進，應由上級官員決定，一般民眾無權過問。

四、干預權

1.如果有人請議員在議會贊成或反對某一議案，那是不可以的。

2.政府在決定一項建設方案時，如果有人為了個人的利益，運用適當的方法，加以影響，也沒有什麼不對。

3.在政府發表人事命令以前，大家不應隨便表示意見。

「有權」與「無權」
～政治價值取向的探討

　　權，然後知輕重；度，然後知長短；物皆然，心為甚。

——孟子

　　事督乎法，法出乎權，權出乎道。

——管子

一、概　說

　　近世以來，中國的政治結構呈現非常激烈的變動。這些變動，在我們看來，實出自中國人在基本政治價值觀念上的劇變。我們可舉皇權為例，在傳統的專制王朝，皇帝是絕對「有權」的，而一般民眾是相對地絕對「無權」的。清末的革命，則在基本的政治價值觀念上，一反傳統：一方面否定皇權，一方面力主民權，這導致中國歷史上的大變局，即皇室的推翻與民國的建立。民國建立後，國人對這種「有權」與「無權」的政治價值觀念，在各種政治關係中，仍不斷地發生變動與衝突。一位在社會上具有特殊地位的人士，是否較一般平民來得「有權」，而能優先佔據政治的權位呢？實際上，在北洋政府時代，

國會議員的選舉，祇限於具有特殊經歷、學歷及財富的候選人。「有權」選舉的人也要具備特殊的資格，女性就「無權」選舉。至於總統有多大的權，總理有多大的權，國會議員有多大的權，更是爭論不休，而成為引發政治風暴的問題。到目前為止，我們國人對政治上的「有權」與「無權」的價值觀念，究存有怎樣的取向呢？這實在是探討國人的基本政治價值觀及政治發展的重要課題。

「有權」與「無權」是中國人的傳統價值觀。我們在日常生活中也常常聽到「你有權這樣做」，或是：「你無權那樣做」。但我們如要對這些觀念作學術性的探討，就不能祇停留在普通常識性的了解。我們必須先對「權」的觀念，以及「有權」及「無權」的概念加以界定。然後，我們也要對各種「有權」及「無權」的權力關係作概念化的界說。最後，我們還要對權力關係所憑藉的政治建構，作概念化的界說。綜合起來看，我們必須就各種概念化的變項，在相互交接的範圍內，尋覓出相互交接的關係，而搭建一整體的概念或理論架構，用作實徵研究的基礎。我們認為概念架構與實徵研究的相互結合與反覆驗證、充實及修訂，才能獲致較為周延及堅實的發現與理論，以及累積性的社會知識。

概念架構的搭建，當然要考慮到既有的或相關的概念及概念架構的利用。換句話說，如既有的或相關的概念及概念架構已相當妥適，我們即可移用到所擬進行的實徵研究，不必另行搭建。但實際上，這樣的移用不僅並非輕易，且稍涉不慎，往往會影響到研究的進行與發現。目前政治學中的經驗理論及概念架構，大多為西方學者所發展及建立，我們對這些理論與架構，自應加以重視及參考，不過，如要移用到對國人的實徵觀察時，就必須審慎地多作檢視。我們的顧慮是：(1)西方學者的某些概念架構及解釋概念變項之間關係的某些概說，尚停留在較高而較抽象的推論層次，無法用作直接的驗證。某些所先下的

斷語，且已超越驗證的可能性。這些概念架構與概說大多成為社會學者 Merton 所稱的「中層理論」(middle-land theory)。我們如不加辨識，用作對國人的政治解釋，可能會忽視實際的經驗，充其量也祇能獲得部分的觀察與片段的解釋。(2)西方的某些概念架構與概論，尚在不斷發展之中，亦即既有的並非絕對完滿無缺，正繼續受到充實與修訂。我們如誤視完備，不能突出籠罩，這在我們的經驗研究上，就很難有更深入的發現與貢獻。(3)西方學者所建立的某些概念架構與概論，常得自本國或少數其他國家的經驗觀察。這些經驗非必與國人盡合，我們如不能辨其異同，一併加以移用，難免無法對國人的經驗作周延的觀察。(4)我們如經過檢視，對西方學者的某種概念架構與理論，認為可全部或部分加以移用，但在實際觀察的設計與進行上，仍須配合國人的生活經驗，否則，即難獲正確的結果。因之，我們對西方學者所建立的問卷及態度量表，須作進一步的檢視。如發覺不符國人的經驗，即應另行製作。從以上的討論可知：我們在搭建概念架構時，一方面固要審慎檢視及參考西方學者所已建立的架構與概說，一方面也要根據國人自身的經驗，對所觀察的變項，作概念性的界定。我們相信由此而搭建的概念架構，至少具有雙重作用：(1)易於探究國人的行為模式，而能獲致較為精當的經驗理論；(2)可就所搭建的概念架構及所獲致的經驗理論，以充實及訂正西方既有的架構與理論，而在進一步發展新的解析方向及建立更為周延的政治理論上，有所貢獻。我們覺得上述雙重作用的追求，實際就是社會科學中國化的主要目的之所在。

　　我們在前面曾經強調國人的「有權」與「無權」的基本政治價值觀，是觀察中國政治變動的重點。不過，我們如要進一步作實徵性的學術探討，就必須搭建一整體的概念架構。這一概念架構的搭建如要達到社會科學中國化的目的，當然應對「有權」與「無權」的中國傳統概念，以及西方有關的概念架構與概說作一綜合性的檢視。我們現

所探討的主題既爲社會及行爲科學研究的中國化，本文的範圍就不僅在闡釋「有權」與「無權」的實徵性發現，也著重有關概念的澄清與架構的搭建。準此，我們將在下面分成三個部分加以討論：(1)概念的澄清與界定；(2)概念架構的搭建；(3)實徵研究的發現。

二、政治與權力的概念

近世以來，西方的政治學者大多以權力的作用與關係，作爲政治觀察的特質。實際上，政治學之所以能發展成社會科學中的一獨立學科，就是由於具有這一觀察的特質。但進一步看，政治的概念究竟爲何？權力的概念究竟爲何？這在西方學者間仍有不少爭執。近三數十年來，政治行爲學興起，政治行爲學者，一方面據結構、功能及決策的概念，發展政治系統(political system)的概念架構，一方面則再據政治系統的概念架構，建立政治文化(political culture)的概念架構。在我們看來，如政治決策的功能來自政治系統各環節的運作，而政治系統的運作又建築在政治文化的基礎之上，那麼，「有權」與「無權」的權力價值概念，應可涵蓋在內。換句話說，「有權」與「無權」的概念應已包涵在政治系統與政治文化的整體概念架構內，而可就西方學者所建立的這些概念架構，作實徵性的觀察。但這樣的假定，實際已牽涉到一些複雜的問題。首先，政治系統的概念是否符合國人的生活經驗，而能用以概括「有權」與「無權」的傳統概念？其次，西方學者在政治系統中對權力的概念作怎樣的界定？與「有權」與「無權」的概念有何異同？再次，西方學者的政治文化的概念架構是否已涵蓋「有權」與「無權」的概念？現對這些問題，逐一加以討論。

1.西方的政治系統論，自 David Easton(1953, 1965)發展以來，確爲政治的行爲探究提供了一個全面的分析架構。這個架構大體上以結

構、功能及決策過程爲中心概念,再由投入(input)到轉變(conversion),由轉變到產出(output),而對社會價值作權威性的分配。我們的政治社會是否可用政治系統的架構觀察?我們的看法是:在實際的社會生活上,中國的社會無論是現時的或傳統的,都構成某種性質的政治系統,皆具有結構、功能及由投入到產出的決策轉變過程。當然,我們對 Easton 的理論也有不盡同意處,但這並非在基本架構中的動態決策過程,而在政治觀察的性質與範圍。我們主張政治觀察的特質是權力的作用,而此種作用不應僅限在 Easton 所指的產出環節的權威性價值分配,也應呈現在整體系統的任一交接處,包括投入與轉變。我們也主張政治觀察的範圍非應局限於 Easton 所稱的國家政治系統,且應深入到其他社會系統,加以觀察(胡佛、陳德禹、朱志宏 1978:8-10)。權力作用如呈現在政治系統的任一交接處,即交織成整體系統的運作規範。這種權力規範表現在價值觀念上,就成爲「有權」與「無權」的權力價值取向。我們由此可知政治系統的概念架構,如用權力規範的概念加以充實,就可連接到「有權」與「無權」的價值取向。這一串接在我們搭建「有權」與「無權」的分析概念架構時,十分緊要,因如此就可將「有權」與「無權」的架構放在整體架構的基礎上,而易供深入的觀察。

我們在上面所討論的政治系統的概念架構,實際也可涵蓋我國傳統學者及思想家對歷史及社會的省察。我們如對這些省察加以分析,即可發覺傳統的儒、法等家皆曾對「政」、「治」、「權」、「勢」等概念有所論列。但從概念體系的結構看,各家的論列並未能刻意地作層次脈絡的貫串,所以不能構成一個整體的概念架構,供作科學性的實徵探究。這也就是我們不能不在傳統的省察之上,檢視西方學者的概念架構,重建新架構的原因。不過,我們認爲傳統學者及思想家的省察是基於國人的實際生活,如重建的新架構不能加以涵蓋,所有

的設想及所具的解析力，就難免發生扞格。我們在前面曾強調以權力結構所充實的政治系統的概念架構，可以涵蓋傳統各家的主要省察，現特略作分析，以示社會科學中國化所應致力的方向。

在與西方學術思想接觸以前，中國的學者及思想家都已省察到中國社會中的政治現象及權力的關係與作用。中國史籍中所敍述的治、亂、興、衰及典章制度，在性質上，皆為政治現象與權力作用。中國史學家也經常提到「政事」、「為政」、「治國」、「治人」、「權力」、「權勢」、「權衡」、「權柄」、「威權」、「威勢」等詞句，但這些詞句僅用在史事的敍述與析論，並未進一步發展為系統性的嚴格概念。儒、法等家對政治及權力的作用雖較能作概念性的觀察與解釋，但也確如前述，仍相當欠缺概念層次與脈絡的貫串。現先談「政」與「治」；儒家雖作某種界定，但又指涉不同。如孔子有時將「政」看成一種政策，見：「子貢問政，子曰：『足食、足兵，民信之矣』」。有時看成一種權力關係的上下規範，見：「齊景公問政於孔子，孔子對曰：『君君、臣臣、父父、子子』。公曰：『善哉，信如君不君，臣不臣，父不父，子不子，雖有粟，吾得而食諸』！」有時看成人才的役用，見：「仲弓為季氏宰，問政，子曰：『先有司，赦小過，舉賢才』。」有時看成道德規範的堅持，見：「季康子問政於孔子，孔子對曰：『政者正也，子帥以正，孰敢不正』。」有時連接到人民應守的社會規範，見：「子路曰：『衛君待子而為政，子將奚先？』子曰：『必也正名乎……名不正，則言不順；言不順，則事不成；事不成，則禮樂不興；禮樂不興，則刑罰不中；刑罰不中，則民無所措手足』。」又見：「子曰：『道之以政，齊之以刑，民免而無恥；道之以德，齊之以禮，有恥有格』。」（孔子語，皆見《論語》）對「治」的概念，孔子有時看成根據道德所作的約束，見：『子曰：「好學近乎知，力行近乎仁，知恥近乎勇。知斯三者，則知所以修身；知所以

修身，則知所以治；知所以治人，則知所以治天下國家矣」(《中庸》)。』
有時看成各類政事的安定與順遂，而與亂相對，見：「無爲而治者，
其舜也與」(《論語》)！

　　孔子用「政」的一字，賅括了若干政治措施與關係，這可能出於
概念語意的未能創設，但總影響到政治概念的系統性建構與發展。不
過，從孔子及儒家對「政」的各種解釋，我們可以看到中國社會亦具
有現代政治系統的概念架構中所指稱的「政策的產出」、「行政的政
規與當局」、「規範」、「權威性的強制」、「政治價值與文化」等
概念。再看「治」的解釋，也相當政治體系內「結構與功能的維持與
整合」。如將孔子及儒家所說的「政」「治」二字結合，我們大致可
從中體認到：孔子及儒家根據傳統社會的觀察，強調尊卑等差的權力
規範，而以規範的上下遵守，導致政治體系的整合與穩定。至於權力
規範的遵守，固在於在上位的倡導及對違反的處罰，但根本的辦法則
在政治文化（禮、樂、德等）的培育與確立。我們從孔子及儒家這套
觀念可以發現，政治系統的概念架構實可加以涵蓋，而能用來觀察國
人的政治行爲。

　　2.我們曾主張在政治系統的任一交接處，皆有權力的作用，也皆
有權力的規範。權力的規範是約束權力作用的行爲軌道；有了軌道，
政治系統的功能，才能作規律性地運作，不致發生混亂。但規範的本
身往往是應然的，至如何才能夠受到尊重與加以奉行，就要牽涉到對
權力的基本價值取向，也就是我們國人的傳統價值觀念：「有權」與
「無權」。

　　權或權力一詞，大致是指涉一種「能力」，內含對某種對象所能
產生的作用。西方學者如 Herbert A. Simon(1957:201-05)及 Robert Dahl
對權力的界定，大致皆是指某人的能力改變他人的行爲，而以此作爲
組織或系統內決策進行的中心關係。這一種權力的概念，也可見之於

我國的儒、法兩家。如荀子即稱：「天子也者，勢至重，……尊無上矣。」（〈正論篇〉，《荀子》）荀子所說的「勢」，就是指權的能力。法家對權的概念較爲清晰，談得也較多，但對「權」、「勢」、「威」三種名詞，時常併用。如管子即說：「夫尊君卑臣，非計親也，以勢勝也。」(〈明法〉，《管子》)又說：「權勢者，人主之所獨守也，……故權斷於主則威。」（〈七臣七主〉，《管子》）管子所提到的「勢」、「權勢」、「威」，也都是指權的能力。再進一步看，以上各家對權的觀察，皆是著重實際的影響作用：改變他人行爲的能力固是權的影響作用，尊君卑臣更是權勢的等差影響。在一個政治系統內，權力的各種交接作用，如前所述，會遵循某種權力規範，如尊君卑臣的等差即是其一。多年來，政治學者對權力的探討，大多偏重在規範與制度，以及實際權力交接的結構類型，如優異份子的架構與理論及多元的架構與理論等(Mills 1965; Dahl 1958)。這些研究與發現當然皆具相當的成就與貢獻，但我們所最關切的則在政治系統內，所有的權力作用是否爲成員所接受，而被視爲正當。因成員如不接受爲正當，系統本身的運作及存續，根本即發生問題。我國清末的民權革命，即視尊君卑臣爲不正當，終導致專制政治系統的解體。在主觀的價值取向上，我們如視權力的作用爲正當，這就成爲我國傳統價值觀念的「有權」，否則，即是「無權」。據此，我們對這一觀念須再作兩點辨識：(1)「有權」與「無權」的價值取向是指涉權力行使的正當感，而非爲權力慾。後者祇視實際權力的擁有爲價值。(2)「有權」與「無權」的價值取向中所指涉的「權力」，也不盡同於「權利」。「權利」兼具實質的利益內涵，而「有權」與「無權」的權力價值，則僅著重作用的正當性。我們可以看到法律中所保障的債權及物權等權利，皆具體而有所指，但政治決策過程中的「有權」參與，祇是一種正當的能力作用而已。

　　我們對「有權」與「無權」的概念有所辨識後，即可知「有權」與「無權」的權，並非指「實力」或「實利」。因之，我們在探測「有權」與「無權」的權力價值取向時，即不必對「實力」或「實利」作具體的測量。在權力的作用上，如權威者被系統的成員視爲「有權」，則成員在接受權威者的影響時，即不再考慮到權力的實質影響力，也就是說，「有權」的價值取向已在正當感的基礎上，具有象徵性的意義與作用。一旦系統中各種權威角色的權力地位與關係皆被視爲正當，權力即非爲實力，而成象徵性的媒介，並由持有者經由權力軌道，使接受者受其影響，完成所希冀的作爲或不作爲。因之，我們認爲對「有權」與「無權」價值取向的探索，實爲研析系統特性及系統整合與變動所不可或缺。社會學者 Talcott Parsons(1969:257)亦認爲「權力是集體組織系統中的概化能力(generalized capacity)，促使所屬有關單元(units)完成應盡的義務。」他並比擬經濟學的理論，視權力如同金錢，爲一種流通的媒介，一面具象徵性(symbolic)，一面具正當性(legitimate)。權力既爲象徵性的媒介，在權力作用中，所宜觀察的應是媒介所代表的價值，而非媒介本身所固有的價值。此在金錢，應是錢幣所代表的金融價值，而非錢幣本身的金屬或紙張價值。如錢幣失去象徵的代表性，僅以金屬的成份論值，此不過是以物易物，金融體制即告崩潰。無疑地，Parsons 對權力的觀念，與我們向所主張的，正相類似。

　　上述「有權」與「無權」的正當價值取向，亦可包容我國傳統學者及思想家的觀察。如管子即說：「人主，天下之有威者也。得民則威立，失民則威廢」。（〈形勢解〉，《管子》）此處所稱的得、失，就是指民心視人主的權力是否爲正當。管子又說：「事督乎法，法出乎權，權出乎道」。（〈心術篇上〉，《管子》）道的本身就是正當，由正當的價值觀而來的權，才能建立規範社會的法。管子的這種「權

出乎道」的觀念，亦可證明我們所強調的正當的權力價值取向，實為權力規範及系統運作的根本，而可供對國人的實徵觀察。

3.「有權」與「無權」的正當權力價值取向，在眾數的主觀趨向上，就成為政治系統的一種基礎文化。西方學者就政治系統的概念，進一步建立政治文化的概念架構的，首推 Gabriel A. Almond 及 Sidney Verba。Almond 與 Verba(1965)曾引用文化學上對文化的界定，再配合系統論中有關投入(input)、轉變(conversion)及產出(output)等概念，發展出三類政治文化(political culture)：(1)部落的政治文化(parochial political culture)，係指對整體系統及其中的投入，產出及自我參與等四項皆無主觀的心理取向，所形成的文化；(2)參與的政治文化(participant political culture)，係指對上述四項皆具取向，所形成的文化；(3)子民的政治文化(subject political culture)，係指對整體系統及產出一環具有取向，而不及其餘，所形成的文化。Almond 及 Verba 並運用此一架構對五個國家作實徵性的調查研究，不僅使架構具實用性，且對系統論加以充實，所以在實徵研究上具有相當的貢獻。但我們仍感 Almond 與 Verba 的概念架構與研究發現，在權力的價值取向方面，尚不能擺脫「決策參與」的文化觀，而且對權力的是否正當或「有權」及「無權」的概念，未能確實地把握，亦未作清晰的區分與深入的分析。這些皆減弱此一概念架構的解釋能力與實用性。

Almond 與 Verba 的文化架構限於系統決策過程的投入至產出的三環節，而忽略人際權力關係的全面性。譬如在若干極權國家，人民對決策的權威機構，並非全無支持，也並非無所需求，此可在共產極權的群眾運動中可以窺出。這在決策的文化架構上，就無法歸併在子民的文化範圍之內，祇得視成參與的文化，如此即與民主國家併立，而無所分別了。民主國家之與極權國家有別，非能用決策的文化架構所能分辨，必須擴展視野，先深入觀察對權力的自覺性與正當性。如在

民主國家，一般人民對政權及當局的支持，自覺持有正當的權力，這
種性質的權力尤其可以在消極的心理取向上，亦即自覺不予支持的正
當性上，表現出來。一些民主國家的人民或輿論媒介即經常對政府或
首長持反對及批評的態度，且自認為正當權力的行使。現以極權國家
對比，一般人民不僅對最高的當權者，或是政府，甚至政黨，缺乏批
評及反對的權力，而且也可能不自覺「有權」，亦即欠缺自覺的正當
性。所以，我們如從人民對不予支持是否自覺具有正當的權力感上，
可以辨識民主與極權的差異，而非可從具有支持能力或義務的心理取
向上，輕易地看出。同樣地，在投入的需求取向亦如此。極權國家的
人民在政治運動中，雖對典章制度以及人事提出批評與要求，且具能
力感，表面頗符決策文化架構對投入的界定，但實際上，往往是根據
黨的路線，或最高權威者的思想或訓示，並無充份的權力正當自覺。
如一旦黨或最高權威者表示不當，非僅不再能提出，且於心理上不能
再認為正當。民主國家的人民對此種需求的提出，保有權力正當行使
的自主感，不依附黨或最高權威者的意思。因之，如不能對需求的正
當自主感有深入一層的觀察，仍不能把握民主與極權的分野。

　　權力正當的價值取向尚可在投入環節的支持與需要中可以看到，
但有一些「有權」與「無權」的權力價值取向，如：決策機構的應否
制衡及應具有多大的權力，社會團體與政府之間應具怎樣的權力關係，
系統成員，亦即人民之間應具怎樣的權力地位等等，則非可由 Almond
與 Verba 的決策與參與的文化架構中察覺，而這些價值取向很可能決
定系統的規範與性質，影響到決策功能的進行。我們認為像人民間權
力地位的平等與否，以及對權威者應具怎樣的自由等，早在家庭等的
「初級制度」(primary institutions)及社會團體，如兄弟會等「次級制
度」(secondary institutions)中有所培育。因之，這些價值取向，應屬文
化系統的基層建構，我們可稱之為權力正當價值的基本取向。至於對

政治系統的投入至產出等等的價值取向，應屬較上層。我們如要對「有權」與「無權」的價值取向有基礎性的了解，即須特別重視基層的建構，否則對政治文化的知識，即欠深刻。

從以上的討論可知，Almond 與 Verba 所建立的政治文化的概念架構，既未對權力的正當價值取向作刻意而系統地探討與界定，也不能用以觀察權力價值的基層建構。在此情形下，我們如能對上述取向試建一新的概念架構，不僅可就對國人的觀察而獲致新的發現與理論，且可充實西方學者的概念架構的不足，進對政治行為的探究途徑與方向，有所貢獻。

三、概念架構的搭建

我們對政治觀察的特質，以及政治系統、權力等有關概念加以檢視後，已可確立幾項搭建新概念架構的原則：

1.以權力的正當價值取向，作為整體架構的中心概念。

2.接受以成員的互動(interaction)、互賴(interdependence)，經投入至產出的運作過程，為社會作權威性價值分配的基本系統概念，但須在每一運作的交接處，以權力的概念加以充實。

3.可在以權力概念充實後的系統架構內，建立政治文化的概念架構，但政治文化的概念應落實到「有權」與「無權」的正當權力價值取向。

4.政治文化的體系，非為平面，而是具層次性的。其中至少可分成兩個概念層次：一是作為系統基礎的基本取向；一是以系統各環節為對象的特定價值取向。

現根據上述的原則，試建我們的新概念架構，並逐步說明如下：

1.「有權」與「無權」的基本價值取向，是指一般成員基於社會

最基本及最普通的地位，所持有的價值取向。作爲一位系統內的基本而普通的成員，所具有的權力關係，我們認爲應分爲五類。此五類正如 Leslie Lipson(1954)所說的，爲歷史上所有政治思想家曾經觀察到，而經常提出主張所嘗試解決的問題。我們現將這些問題，落實到權力的概念加以觀察，如此即可將一向視爲規範性(normative)的問題，用作實徵性的探究。這五類關係是：

(1)所據的權力地位：即普通成員相互之間，於系統運作上，究應處於怎樣的權力地位，始可視爲正當，這是平等與否的價值取向。

(2)政治權力的來源：即整體系統與決策層級所掌握的權力，究竟來自何處，始可視爲正當。這是主權在民與否的價值取向。

(3)統治權的範圍：即整體系統，尤其是決策層級所行使的統治權力，究竟應具有怎樣的範圍，始可視爲正當。這是極權與限權，亦即極權與自由與否的價值取向。由限權與自由的觀念，可在權力關係上，再區劃爲二：

①人民自由權的保障：即對成員的統治權是否須受到限制，而不能逾越一定的範圍，始可視爲正當。

②社團自由權的保障：即對其他社團的統治權是否須受到限制，而不能逾越一定的範圍，始可視爲正當。這也可稱爲社團的多元權。

(4)統治權的制衡：即決策層級自身所掌有的權力，究竟應加以怎樣的制衡，始可視爲正當。這是集權與分權與否的價值取向。

以上四項基本的權力關係，實際可在「有權」與「無權」的正當價值取向上，分爲五類加以觀察，即：(1)平等權取向，(2)自主權取向，(3)自由權取向，(4)多元權取向，(5)制衡權取向。

以上用權力及系統的觀念分割五種權力的價值取向，這在研析政治文化，尤其是民主的文化上，具有相當的意義。一般說來，政治學者對民主的意識型態或文化，非未從平等及自由等觀念作精微的析論，

但因欠權力及系統的分析概念架構，難免無法把握民主價值在各種系統權力結構上的整體性。多年來，政治學者間雖強調民主體制的運行，必須建築在民眾對民主價值的共識之上，但民主文化的基本內涵，或不可或缺的特徵爲何，則人言言殊，莫衷一是。有指稱個人主義的，如 John Plamenatz；有著重「人生而平等」的「絕對而必須的」原則的，如 Jaffa(1965)；有兼重自由、平等、容忍與尊重規程的，如 Roland J. Pennock(Griffith, Plamenatz and Pennock 1956)。James W. Prothro 與 Charles M. Grigg(1960)則指出許多政治理論家對民主共識應具備的內涵，不僅欠缺精確的界說，也缺乏實徵的根據，於是主張民主的主要原則應爲「多數統治」(majority rule)及「少數權利」(minority rights)。實則，「多數統治」祇是系統權力集體運作的方式，這一方式如不落實在自主及平等的基本價值之上，即不具實質的意義。亦即「多數統治」的原則僅屬自主及平等等基本價值的運用，性質上是一種工具價值，兩者並不屬一個層面。至於「少數權利」，尤其著重自主、平等及自由等基本價值，否則，僅是一空洞名詞而已。因之，在我們看來，Prothro 與 Grigg 對民主原則的分割，也並未就系統運作的性質，而在層面、層級及環節上有清晰的辨別。Herbert McClosky(1964)對民主的實徵研究，亦有此失。總之，我們的感覺是以上的分析概念架構並未能把握住政治的中心價值觀念：權力的正當感。我們現據權力及系統的概念，分割爲五種權力的價值取向，是嘗試按政治本身的特性，對系統成員的基本取向作一較爲完備的辨識。這五種取向既來自成員與系統的各種權力關係，當然同具實質上的意義，而不能有所偏廢。政治學者所著重的民主共識，如就我們的分割概念觀察，即是五種基本權力價值的積極取向。我們以五種取向的消長、發展爲文化的概念架構，似應較民主概念的其他分割爲根本而周延，且也較具發展及變遷的意義。

2.我們在前面曾經強調，作為系統基礎的「有權」與「無權」的基本價值取向，會影響到以系統各環節為對象的「有權」與「無權」的特定權力價值取向。我們所稱的特定，主要著重系統成員的特定權力地位。系統成員雖具有基本的權力價值取向，但欲對決策有所影響，必須轉進至決策參與的權力地位，而自覺「有權」，否則，即無從產生對決策參與的權力正當感。決策參與的「有權」與「無權」的正當價值取向，可表現在系統的三個環節：投入、轉變與產出。現分述如下：

(1)在投入環節上，所呈現的問題是：系統成員對各種需要的請求，或對各種支持的否定，是否自覺具有正當的權力感。這是要求或改革與否的參與權力的價值取向。

(2)在轉變環節上，所呈現的問題是：系統成員對決策過程的介入，是否自覺具有正當的權力感。這是干預與否的參與權力的價值取向。

(3)在產出環節上，所呈現的問題是：系統成員對本身利益的維護與促進，是否自覺具有正當的權力感，可向決策權威機構或當局訴請加以同情與重視。這是呈情與否的參與權力的價值取向。

我們認為要求、改革及干預等參與的「有權」價值取向，為一種民主參與的心態，而呈情的「有權」價值取向，祇反映一種子民的心態。

3.再進一步看，無論上述「有權」與「無權」的基本價值取向及特定價值取向，皆受到系統成員人格的影響。我們認為影響「有權」與「無權」價值取向的人格特質，主要有二：(1)權威人格(authoritarian personality)，(2)現代性(modernity)。據 Theodore Adorno 等教授(1950)的研究，具權威人格的，特重地位的高低關係：居高位的強調權威，處下位的則順服權威；另喜採二分法；信任社會既有的成規，對違反

者主重罰，亦即保守而不樂革新。現代性則為 A. Inkeles(1966)及 L. A. Kahl(1968)等教授所重視。具現代性的人較重視新知識、新經驗；樂於參與及變革；對科學技術具有信心，並強調基於個人成就的開放社會等。在另一方面，特定的權力價質取向又會影響到系統成員的各種政治參與行動，而構成整體系統的活動面。

從以上的說明，我們可將所搭建的概念架構，製圖如下：

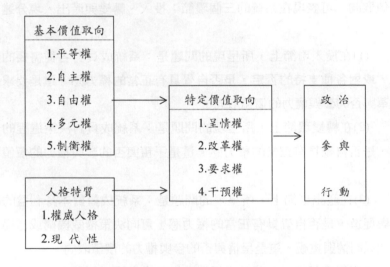

四、實徵觀察的設計與進行

任何概念架構的建立，都是對所擬觀察的特定對象，就一組或多組具相關或因果性的概念變項，作系統性的綜合說明。這種說明不僅有助於對此一特定觀察對象具概念性的了解，更重要的是：可供作實徵研究的憑藉，而謀經驗理論的建立。在概念架構的引導下，由實徵的觀察、驗證，到經驗理論的建立與解釋，是對社會知識所進行的科學性探究過程。對這一過程的實行及社會知識與理論的性質，在西方

學者間亦有爭議，但我們仍然深信對社會知識的系統性了解，必須經過實事求是的經驗性觀察與驗證。驗證過程的反覆進行，即可不斷充實或修訂所獲的理論及所據的概念架構，使更具解釋力及妥適性。我們認為對社會科學缺失的改進，當以更科學的程序反覆求之，這也應是社會及行為科學中國化所不能捨棄的科學原則。

我們以「有權」與「無權」的價值取向為中心概念所搭建的概念架構，共含四個主要的變項，即：(1)人格特質，(2)基本價值取向，(3)特定價值取向，(4)政治參與行動。實際上，這一架構祇是我們在四年前(1977 年)為進行「權力價值取向」整體理論研究所建立概念架構的一部分。次年我們選擇臺北市的內湖地區，從事實徵性的探討，並在國家科學委員會的資助下，完成初步報告（胡佛、陳德禹、朱志宏 1980, 1981）。本文主在討論社會及行為科學中國化的問題，因之，我們特在前面就此一問題檢視我們搭建概念架構的過程，現再選擇我們的研究中有關基本價值取向及人格特質部分，就此一問題說明驗證的過程及所獲得的發現。至於其他部分，因限於篇幅，不在本文列論。現將有關的假設及量表製作與施測的情形，先作一解說：

（一）假設

1.「有權」與「無權」的基本價值取向中，共含五種取向，即：平等權、自主權、自由權、多元權及制衡權，已如前述。我們現可就眾數取向的文化觀念，將此五種取向，進而分成三大類，即：(1)自由民主的政治文化，(2)現代威權的政治文化，(3)傳統極權的政治文化。我們認為在自由民主的政治文化，系統成員的眾數對所有的五項基本價值，皆作積極的取向；在傳統極權的政治文化，則對所有的五項基本價值，皆未作積極的取向；現代威權的政治文化，則徘徊在兩者之

間：一方面至少對個人及團體自由的基本價值（即自由權與多元權）
未作積極的取向，一方面對其他各項價值，作一項或數項的積極取向。
我們以上的分類假設，主要來自一項觀察，即由傳統極權朝向自由民
主的政治發展過程中，系統眾數成員較易推持國家及政府權力的強大
及行使範圍無所不在的價值觀。這在實質上即影響到個人及團體自由
權的正當價值取向。以上的分類假設，可見下表：

表一　政治文化的類型

	平等權	自主權	自由權	多元權	制衡權
自由民主的	＋	＋	＋	＋	＋
現代威權的	○	○	－	－	○
傳統極權的	－	－	－	－	－

說明：「＋」表示系統成員的具有眾數積極取向。

「－」表示系統成員的欠缺眾數積極取向。

「○」共列三項，表示其中至少有一項或以上為系統成員的眾數積
　　　極取向，其餘則非。

根據上述，我們進作假設：我國目前的政治發展，在政治文化上，
應屬第二類的現代威權期。

2.五項基本價值取向，應具相當程度的相關性，也就是應同屬民
主文化的各構成部分。因之，系統成員如對其中之一採積極取向的，
對其餘也較會採積極取向；反之，亦然。

3.人格特質中的權威人格，與五項基本價值取向之間，應呈現負
值相關，亦即對五項基本價值採消極取向的，較會具權威人格的特質；
反之，亦然。

4.人格特質中的現代性，與五項基本價值取向之間，應呈現正值
相關，亦即對五項基本價值採積極取向的，較會具現代性的特質；反

之，亦然。

（二）量表的製作

　　我們在製訂基本價值取向的量表時，特別注重所含的各項問題能在一般國人所可理解及所易評估的範圍之內，並力求內容的明確與文辭的淺顯。在這樣的考慮下，我們曾參考美國學者 Prothro 與 Grigg，以及 McClosky 有關測量民主共識的數種量表，但終覺其中某些問題的內容，非國人所熟知（如黑白種族的歧視及對待共產黨徒的態度等）；某些問題的陳述多出美國人民的生活體驗，於國人或嫌籠統，或嫌疏隔；某些問題的語意，不易譯為妥適的中文。這些使我們深感應就國人的經驗與思維方式，設計問卷及量表中的題目，較為確切。我們最初所製訂的權力基本取向量表，分由平等權、自主權、自由權、多元權及制衡權等五個次級量表所組成，共四十題。後經項目分析，捨去辨識力較差的六題，最後共得三十四題。計：平等權五題，自主權十題，自由權八題，多元權六題，制衡權五題。量表的測量，採 Likert「累積評分法」：每題同意的強度為三等分，分別為 5 分、6 分、7 分；不同意的強度亦為三等分，分別為 1 分、2 分、3 分；無意見為 4 分。我們以折半相關法求取整體量表的折半信度係數，再以「史布公式」(Spearman-Brown formula)加以校正，所得整體量表的信度係數為0.74，這在測量上，信而可用。五個次級量表因題數減少，信度係數也降低，計：平等權為 0.33，自主權為 0.69，自由權為 0.50，多元權為 0.52，制衡權為 0.59。此五個次級量表係供作團體性的研究工具，上述的各項信度，雖平等權的較低，但大體可以接受。量表可見附錄一。

　　權威人格及現代性的量表，係由臺大心理系楊國樞教授，就心理

系多年來所建立的兩個總量表中，各選擇十個辨識力較強的題目，供我們施測。測量的方法亦採六等分強度的累積評分法。兩個量表分見附錄二及三。

（三）抽樣及施測

我們選擇臺北市內湖地區二十歲以上的成年人口，作為研究的對象。上述年齡的選擇，是考慮達到這一年限的公民始能行使公民權，因我們的整體研究涉及多項公民參與的態度與活動。上述地區的選擇，是考慮到內湖地區的人口及社區結構，兼具都市、城鎮、工業區、農村、公教及軍眷社區的特徵，頗能代表臺灣的整體。

我們採用兩段抽樣法(two phases sampling)，先分齡、分里隨機抽取十分之一的母體樣本，計 2,793 人，並分別登錄在自製的資料抽樣卡上，然後再就此母體樣本，隨機抽取十分之一的施測樣本，計 278 人。我們因具有整套母體樣本的資料卡，所以，如遇他遷或拒訪等居民，我們即可從中隨機補抽，而使得施測的完成率達百分之百，其中補抽的代替樣本近百分之十。施測的方法採逐戶訪談，由作者及臺大政治系同事陳德禹、朱志宏二教授偕同研究所數位研究生分成三組進行。甚多居民，皆曾訪談二次，過程力求審慎嚴謹。

五、實徵研究的發現與討論

我們對前面所列的各項假設，皆作實徵性的驗證，現將各項發現及討論，分述如下：

1.我們在第一項的假設中，曾就「有權」與「無權」的五種基本價值取向，將政治文化分成自由民主、現代威權及傳統極權等三個類

型，並假設在上述文化的類型上，我們目前的發展，應屬現代威權期。這一假設經就內湖受測居民驗證後，獲得證實。

　　我們的方法是：運用平等權、自主權、自由權、多元權及制衡權等五個次級量表，分別測量受測居民在此五種基本權力價值上的積極取向。按上述五種次級量表，各具數目不等的題目，但皆採六等分強度的測度：三等分爲積極取向（5 分、6 分、7 分），三等分爲消極取向（1 分、2 分、3 分），中間切點爲 4 分。我們如將每一量表各題的測度得分累加，再除以題數，即可就中間切點分割積極與消極的取向。我們從整體受測居民在各類取向上所呈現的積極及消極的分配次數，即可獲悉在上述三種文化類型上，屬何種類型。現將受測居民在五種基本價值取向上的得分平均數及超過中間切點人數的百分比，列表如下：

表二　五類基本價值取向的平均數及超過中間切點人數百分比

	平等權	自主權	自由權	多元權	制衡權
平均數	4.766	4.255	3.586	3.844	4.534
超過人數百分比(%)	79.4	60.6	26.6	40.8	62.3
N	267	259	263	265	265

說明：□ ：表示其中百分值已超過75%
　　　 ┊┊：表示其中百分值已超過60%

　　從表二可知，在五種基本價值取向中，受測居民採積極取向的，以平等權爲最高(79.4%)，次高爲制衡權(62.3%)，其次爲自主權(60.6%)。相反地，採消極取向的則以自由權爲最高(73.4%)，其次爲多元權(59.2%)。我們從以上的百分值中，雖可看出高低分配的情形，但怎樣的多數，才能符合我們在假設中所稱的衆數積極取向，以決定屬

何文化類型？這就牽涉到如何建立共識的問題。共識的建立，最重要的要確立一個衡量的標準。美國學者 McClosky(1964)認為衡量標準難得妥善與精確，不過可參照多數團體在表決時，習慣以成員總數四分之三為絕對多數決的標準，而以百分之七十五的同質取向，作為共識的認定。準此，我們即可發現受測居民，在五種基本價值取向上，達到共識標準的僅得平等權(79.4%)。不過，我們如參照某些團體以成員總數的五分之三為絕對多數決的標準，而以百分之六十的同質取向，作為共識的認定，則自主權及制衡權也可達共識的標準（各為 60.6% 及 62.3%）。在五種價值取向中，未能達到的為自由權及多元權（各為 26.6%及 40.8%）。我們如以共識的達成為「有權」的眾數積極取向，而以共識的未達成為眾數積極取向的欠缺，我們即可證實我們的假設：受測居民正屬現代威權的政治文化。這一發現在探討國人在政治價值觀念的形成與演變上，甚有意義，特再作數點討論：

(1)如前所述，在我們的基本權力取向的概念架構中，自由權及多元權取向皆係針對政府權力的限制，皆屬廣義自由權的一環，不過自由權取向重個人的人身及意見等自由，而多元權取向則重團體組織及活動等自由。現受測居民對此兩種自由權皆缺乏共識，即表示對權威階層的權力行使範圍，欠缺加以限制的共趨價值取向。

(2)個人自由權取向，實際關連到民主憲政所強調的人權觀念，因民主憲政於人身及意見的自由，常在憲法中加以列舉，加以保障；在另一面，則相對地對權威階層的行使權力，設定不可逾越的範圍，以及所應遵循的程序。我們所施測的量表，即包含實質及程序上保障人身及意見自由的問題，但由受測居民所呈現的高度消極取向，我們可以推知，有關限制人身自由所必須遵循的正當法律程序，以及對不同意見的尊重等等，不但欠缺眾數的積極取向，且相當程度地取向於消極。我國傳統文化尊重國家與政府的統治權威，強調集體主義，以

及缺乏以個人為社會及政治價值中心的個人主義等，皆可能影響到自由權的眾數積極取向。

　　(3)多元權取向雖亦欠共識，但較自由權的積極共趨取向為高。我們大致可以從中看出，受測居民對團體活動的自由，較具積極的觀念。社團活動亦屬傳統集體主義的一類，原易為居民接受，且我國社會結構近年來頗多現代化的變遷，多元社會逐漸形成，此當然會影響到權力價值中的多元取向。

　　(4)受測居民以平等權的積極共識為最高。我們由此可以證知我國傳統的特權觀念，已甚難存續。大體說來，我國傳統文化不重種族、宗教的歧視；在教育上頗多「有教無類」的精神；政治階層亦因科舉制度產生某種程度的流動，使民間很流行「布衣卿相」的觀念。這些傳統價值觀皆有助於現代平等價值取向的易於接受。

　　(5)受測居民對自主權及制衡權取向亦具較低的積極共識。我們由此也可證知我國傳統的專制及集權的觀念，已日益衰退。自主權取向重視政體權力的來源。我國傳統文化雖強調君權的「承天受命」，但在另一面則將天命與民意結合，強調「天視自我民視」的民本觀念，這一傳統觀念也很易唧結現代「主權在民」的主權取向。制衡權取向著重政體內部的分工與制衡，其中如法院審判的獨立，與我國傳統文化中強調斷案折獄的「公正廉明」的觀念，實亦隱隱暗合。再就政治發展的觀念看，我國近年來施行地方自治，設立各級民意代表機構及多次舉辦選舉，這些對一般民眾的自主權及制衡權的現代基本權力取向，皆具極大的影響。

　　2.我們的第二項假設是：受測居民的五項權力價值取向，相互之間具相當程度的相關性。我們特作檢定，所獲得的相關係數可見表三。

表三　五類基本權力取向的相關係數(r值)

	平等權	多元權	自主權	制衡權	自由權
平等權	1.000				
多元權	0.180**	1.000			
自主權	0.431**	0.324**	1.000		
制衡權	0.262**	0.117*	0.386**	1.000	
自由權	0.347**	0.309**	0.495**	0.352**	1.000

N=226　　　　　　　*p<0.05　　　　　　**p<0.01

　　從表三的相關係數 r 值可以發現，五項基本權力取向相互之間的關係確如我們的假設，皆呈現正值相關，且皆達顯著水準。此一發現可以說明：受測居民對某一權力價值採積極取向的，對其他四項權力價值也較會採積極取向。

　　我們進一步再作因素分析(factor analysis)，所發現的因素如表四。

　　我們從表四獲得一很有意義的發現，即平等權、自主權、多元權、自由權及制衡權等五項基本權力取向，祇共同受一個因素的影響。而且也可由此證知，此五項基本取向，在性質上具相當的一致性。

表四　五類基本權力價值取向的共同因素

	因素負荷量	共同性
自主權	0.809	0.655
自由權	0.763	0.582
平等權	0.658	0.433
制衡權	0.617	0.381
多元權	0.521	0.271

N=226　　□：0.50 以上

　　從負荷量(loading)看，在五項基本取向中，最高的爲自主權取向，達到 0.809，最低的爲多元權取向，亦達到 0.521，此皆超過一般認定具有意義的標準 0.30。我們再看共同性(h^2)的特性，在自主權取向的總變異量中，計 65.5%由此因素所決定。其次此因素決定自由權取向總變異量的 58.2%；決定平等權取向總變異量的 43.3%；決定制衡權取向總變異量的 38.1%；決定多元權取向總變異量的 27.1%。從以上的分析可以發現，此因素對五個取向中的自主權及自由權的影響最大，超過 50%；其次爲平等權及多元權，超過 30%；最次爲制衡權，超過20%。

　　如前所述，我們所探測的五個基本權力取向是系統成員據系統中一般而基本的地位，對自身在系統運作的過程中，相對於權威決策階層，所自覺的權力正當價值感。這一價值感所肯定的即在個人爲系統主體的地位，其中的中心價值觀念就是民主政治的實現與否。因之，我們可稱這一共同因素爲「民主的因素」。我們由此可知，受測居民的五項基本權力價值取向，皆受到以個人爲主體的民主因素的影響。

　　以上所發現的受測居民在五項基本價值取向上的相關性及一致性，對我們所搭建的權力價值的概念架構，亦甚具意義。我們在試建此一架構時，曾推論權力價值的五類基本取向，可用作文化類型的建立，但在性質上，則應具某種合致性。如缺乏此種性質，我們不僅無法對文化類型及發展的程度，加以檢視，且也無法對五項權力價值取向作綜合與分別的觀察。上述的發現不僅使我們概念架構中的假設獲致理論性的證實，也使我們量表的功用獲得肯定，此對未來觀察國人的政治行爲與建立整體權力政治的理論或皆稍有助益。

　　3.我們另假設，受測居民的五項基本價值取向與人格特質中的權威人格之間，呈負值相關，而與現代性則成正值相關，現經驗證，亦可證實。相關係數可見表五。

表五　權威人格、現代性及五項基本權力取向間的相關係數(r值)

	權威人格	現代性
權威人格		-0.259**
現 代 性	-0.259**	
平 等 權	-0.273**	0.218**
多 元 權	-0.189**	0.209**
自 主 權	-0.369**	0.382**
制 衡 權	-0.192**	0.187**
自 由 權	-0.428**	0.253**
綜合權力取向	-0.382**	0.312**

N=208　　　　　　**p<0.01

　　我們由表五相關係數的 r 值可以發現，五種權力價值取向與權威人格間皆呈顯著性的負相關，而與現代性皆呈顯著的正相關。權威人格對民主的價值取向所產生的負面影響，以及現代性所產生的正面影響，皆可從中看出。現就以上的相關關係再作數點討論：

　　(1)權威人格與現代性的兩個人格特質之間，呈現甚顯著的負相關（r = -0.259, p<0.01），亦即受測居民在權威人格的特質上趨強的，在現代性的特質上則趨低。如前所述，具權威人格的，特重權位的高低；居高位的強調權威，處下位的則順服依賴；另喜採二分法，墨守社會的傳統成規，不易寬容異見，亦即趨保守而不樂變革。現代性的特質則相當程度地與權威人格相反。具現代性特質的重視新知識與新經驗，樂於參與及變革，並強調基於成就的開放社會，以及顧及他人的意見及尊嚴等。我們試比較兩者之間在特徵上的差異，即可了然受測居民在兩個特質上所作的相反反應，亦即所呈現的負相關，原是十分自然的。

　　(2)權威人格與五類基本權力價值取向，亦即與平等權、多元權、

自主權、制衡權及自由權等取向之間，皆呈現負相關，且皆達甚顯著的水準。五類基本權力取向經綜合為民主的基本價值，再就權威人格作相關觀察，亦呈現甚顯著的負相關（r=-0.382, p<0.01）。我們在討論本研究的概念架構時，曾強調對民主文化的探究，應落實在自覺「有權」的五種權力基本價值取向之上觀察。此五種基本取向，經前述的因素分析後，亦可證實係來自共同的民主因素。民主文化的中心價值既著重個人為系統權力的主體，此與權威人格的著重權位高低與順服依賴等等，自積不相容。因之，受測居民在權威人格的特質上趨強的，在民主的基本取向上，即相反地趨低，兩者所呈現的關係當然為負相關。我們由此也可以發覺，權威人格的發展，必然會在基本上妨礙到民主文化的建設，而對民主政治的實施構成一潛在的阻力。

(3)受測居民的現代性特質與五種基本權力取向及綜合的民主價值取向間皆成正值相關，且皆達甚顯著的水準。如前所述，現代性的特質重視個人的成就及參與等，這些特徵與民主文化的著重個人為權力主體的基本價值取向，正屬同一發展面向，雙方所呈現的正值相關，亦為理之當然。此種正值相關更可說明：我們如要建設民主文化，必須先在人格上，加強現代性的培育，否則，即難奠定民主政治的基礎。

六、結 論

從以上的各項討論與發現，已可看出我們以「有權」與「無權」的價值觀念，搭建概念架構及進行實徵探究的各項過程。現再就社會及行為科學研究的中國化的觀點，作一綜合的檢討與說明：

1.「有權」與「無權」是國人對權力的持有及行使是否自覺正當或應當的傳統價值觀念。這一價值觀念，在我國近代政治的變動與發展上，具有極大的影響力。我們據國人的歷史經驗及多年來的親身感

受，深感應就此一價值觀念，發展為可供實徵探究的概念架構。我們的這種看法，對政治行為學的學術研究，應具相當的意義，現至少可舉出三點：

(1)西方政治學者雖多視權力關係為政治觀察的本質，但在分析的概念上，則著重權力的「實力」作用，而不是從「有權」與「無權」的正當自覺，著重權力的「象徵」作用。前引社會學者 Parsons(1969: 256-57)即對政治學者 Dahl 等著重權力實力層面的作用概念，不表贊同。我們以權力的正當自覺為探討權力作用的中心概念，正可充實政治學對權力本質的研究與瞭解。

(2)近年來，政治行為學者雖進行政治文化的探究，但分析的概念僅著重系統成員直接對政治系統各環節的心理取向，而忽略政治權力的觀察本質，以及權力正當價值的象徵意義。我們的概念架構，亦正可補此缺失。

(3)我們特重「有權」與「無權」的正當價值感，因我們覺得在政治文化中，價值取向對於所有政治行為，包括行動的觀察，應居關鍵的地位。我們的這一看法，與心理學者 Milton Rokeach(1973:3-4)的觀點全然相合。他即認為價值的概念可貫串所有社會學科成為核心的概念，且作為一項中介變項，亦足能整合各學科對人類行為觀察的不同旨趣。

2.在搭建「有權」與「無權」的權力價值取向的概念架構時，我們認為西方學者所發展的政治系統的基本概念，可供參考。後經我們的檢視，覺得可以配合，而綜合搭建成較為完整而妥適的分析架構。在我們看來，西方學者所建立的概念架構與理論，應就國人的生活經驗及傳統學者及思想家的概念與學說加以檢視。如可配合，或可調整，不妨參考，以充實新建概念架構的內容。我們所搭建的權力價值取向的概念架構，即先以整體政治系統的運作概念為基礎，再就系統成員

的一般及普通地位，發展爲五種權力的基本價值取向（平等權、自主權、自由權、多元權、制衡權），另再就系統成員的特定參與地位，針對政治系統的三個運作環節（投入、轉變、產出）發展爲四種特定權力價值取向（呈情權、改革權、要求權、干預權）而構成一整體的分析架構。這一架構不僅可用來觀察國人的「有權」與「無權」的權力價值取向，也可對西方政治系統及政治文化的架構作進一步的充實與改進，而可用作跨文化的研究。這一檢視、配合、調整、改建及運用的過程，在社會及行爲科學研究的中國化的探討上，似可供參考。

3.我們在新建權力價值取向概念架構的導引下，曾作數項假設，後經實徵驗證，皆能證實，而獲致若干理論上的發現，此包括國人的現代威權政治文化的類型，五種權力基本價值取向的相關性與一致性，上述五種取向的民主因素，以及與權威人格及現代性之間所分別形成的正、負相關等。我們現要強調的是：這些發現並非重新證實過去學者的理論，或加以補充，而是創新嘗試的收穫。

最後要說明的是：我們在思考、設計及進行實徵研析時，即立下一些原則：(1)理性地探討國人的生活經驗及傳統學者及思想家的概念與學說，但不作情緒化的執著；(2)理性地探討西方學者的概念與理論，但不作情緒化的排斥；(3)經過以上的探討與檢視，再就所擬觀察的對象，搭建妥適性的概念架構及製訂實用性的量表，作科學性的驗證與探究；(4)任何確實的社會知識與理論應來自經驗的探究，這在國人行爲的探究與理論的獲致上，亦然；(5)以對國人探究所獲致的知識與理論，進對整體社會科學作更積極的貢獻。我們是否已能根據上述的原則，獲得預期的成就？這甚難斷言，但我們將不斷嘗試，本文即是其一。（原載：《中央研究院民族學研究所專刊》，乙種之 10，1982，頁 381-416。）

參考文獻

胡佛、陳德禹、朱志宏，1978，〈權力的價值取向：概念架構的建構與評估〉，《社會科學論叢》，臺灣大學法學院印行，27 輯，頁 3-40。

胡佛、陳德禹、朱志宏，1980，《政治系統的權力價值取向及交互作用：內湖地區個案的研究》，國科會專題研究報告，臺北。

胡佛、陳德禹、朱志宏，1981，《政治參與的研究：內湖地區的個案分析》，國科會專題研究報告，臺北。

《論語》。

《中庸》。

〈正論篇〉，《荀子》。

〈明法〉，〈七臣七主〉，〈形勢解〉，〈心術篇上〉，《管子》。

Almond, Gabriel A. and Sidney Verba. 1965. *The Civic Culture*. Boston: Little, Brown.

Adorno, Theodore, Else Frenkel-Brunswik,; Daniel J. Levinson and R. N. Sanford. 1950. *The Authoritarian Personality*. New York: Harper & Row.

Dahl, Robert. 1958. "A Critique of the Ruling Elite Model." *The American Political Science Review* 52:463-69.

Easton, David. 1953. *The Political System*. New York: Knopf.

Easton, David. 1965. *A Framework for Political Analysis*. Englewood Cliffs, New Jersey: Prentice-Hall.

Griffith, Ernest S., John Plamenatz and Roland J. Pennock. 1956. "Cultural Prerequisite to a Successfully Functioning Democracy: A Symposium." *The American Political Science Review* 50:99-132.

Inkeles, A. 1966. "The Modernization of Man." In M. Weiner (ed.) *Modernization: The Dynamics of Growth*. Voice of American Forum Lectures.

Jaffa, Harry V. 1965. *Equality and Liberty: Theory and Practice in American Politics*. New York: Oxford University.

Kahl, L. A. 1968. *The Measurement of Modernization: A Study of Values in Brazil and Mexico*. Austin: University of Texas Press.

Lipson, Leslie. 1954. *The Great Issues of Politics*. Englewood Cliffs, New Jersey: Prentice-Hall.

McClosky, Herbert. 1964. "Consensus and Ideology in American Politics." *The American Political Science Review* 58:361-82.

Mills, C. Wright. 1965. *The Power Elite*. New York: Oxford University Press.

Parsons, Talcott. 1969. "On the Concept of Political Power." In Roderick Bell, et al. (eds.) *Political Power*. New York: Free Press.

Prothro, James W. and Charles M. Grigg. 1960. "Fundamental Principles of Democracy: Bases of Agreement and Disagreement." *The Journal of Politics* 22:282-83.

Rokeach, Milton. 1973. *The Nature of Human Values*. New York: Free Press

Simon, Herbert A. 1957. "Notes on the Observation and Measurement of Power." *Journal of Politics* 2:201-15.

附錄一：基本權力價值取向量表

（一）平等權取向

1.黨員對政治有優先過問的權力。
2.像民選的議員或民選的官員（鄉、鎮長或縣、市長等），最好由具有財力的有錢人出任。
3.政治的決定很複雜，讓年長的人多負點責任，總較血氣方剛的年輕人妥當些。
4.不可否認地，在人類中有些人的確是天生的超人與領導者，所以國家大事，應讓他們做主。
5.無論怎麼說，女人仍以不參加政治活動為佳。

（二）自主權取向

1.為了避免選舉的麻煩，縣市長不如由中央指派。
2.政府首長等於是大家庭的家長，一切大小國事，皆應聽從他的決定。
3.如果人人強調自己有權過問政治，國家一定會亂。
4.政府自會為人民解決困難，謀求福利，我們不必多作主張。
5.政府權力的大小，應由人民決定。
6.政治是眾人之事，人民自然有作主的權力。
7.祇問政府做的好不好，不必查問是否有權這樣作。
8.強而有力的領袖，較優良的法律更重要。
9.政治太複雜了，一般人民以不過問為宜。
10.政治權力應屬於社會上的少數人，與多數人無關。

（三）自由權取向

1.對付強暴的罪犯，應立即處罰，不必等待法院審判的複雜程序。

2.為了使嫌犯吐實，治安人員縱加修理，也沒有什麼不對。

3.縱然是我國民間的英雄（關公或岳飛）也不是不可評論的。

4.在國家面臨困難時，大家更應安份守已，少發表批評的意見。

5.思想如不一致，社會就會紛亂。

6.一種意見是好是壞，能否在社會流傳，應讓政府決定。

7.為了維持治安，郵電檢查是必要的。

8.新聞報導必須一致，否則會影響社會安定。

（四）多元權取向

1.我國球隊（如少棒隊）出國比賽，最好由民間的體育團體（如棒委會）
　主辦，政府不要管的太多。

2.在一個地方（社區）上，如果東一個團體，西一個團體，就會雜亂紛
　擾，影響到地方的秩序與和諧。

3.民間的團體及活動縱然很多，也不會妨害到國家的團結。

4.有些國家，如英國，准許工會自由決定是否罷工，實在不該。

5.基督教在民間的活動，應考慮加以限制。

6.祇要人民認為有必要，各式各樣的團體都可以成立。

（五）制衡權取向

1.政府如時時受到議員的牽制，就不可能有大作為了。

2.各級民意代表，皆應接受行政首長的指示。

3.對一件影響治安極大的案件，法官在審判時，必須接受行政首長的意
　見。

4.唯有將大權集中於行政首長，不受其他牽制，行政才有效能。

5.如果法官判決政府敗訴，也不是不可以。

附錄二：權威人格量表

1.年輕人所需要的是嚴格的紀律，堅強的決心，以及爲國家工作與奮鬥的決心。

2.假如大家能少說話多做事，那麼人人的境況都會變好一些。

3.人可以分爲不同的兩類：強者與弱者。

4.每個人都應當絕對相信超自然力量的存在，而不加懷疑地服從它的安排。

5.服從與尊敬長輩是兒童所應學習的最重要美德。

6.假如兩個人彼此太熟識了，就容易知道對方的缺點，產生輕視。

7.若不經歷挫折與痛苦，無人能學到真正重要的東西。

8.當一個人有心事或煩惱的時候，最好的辦法，就是不去想它，而忙著做些愉快的事情。

9.目前社會上有各種人混雜著、流動著，人們必須特別小心來保護自己，以免受到壞的影響或傳染上疾病。

10.假如我們能夠設法除去那些不道德的、爲非作歹的，以及低能的人，那麼我們大部分的社會問題就可以解決了。

附錄三：現代性量表

1.丈夫死後，妻子大可再婚。

2.爲了維持善良的風俗，嬉皮式的長髮應該嚴格取締。

3.教育是一種神聖的工作，因此教師不應該去計較待遇的高低。

4.移情別戀者，是最沒有良心的人。

5.在校學生應該專心讀書求學，不要爲社會上的事情去分心。

6.「息事寧人」並不一定是處理爭執的最好辦法。

7.在別人面前顯示自己的才能和學識，並沒有什麼不好。

8.祭祖、婚嫁、喪事等應該按照固定的形式與典禮進行，不可任意更改。

9.墮胎應該合法化。

10.對「性」的問題，我們應該比現在更爲公開一些。

系統結構的政治文化

～民主價值取向的實證性探究

一、概　說

近十數年來，政治學者對世界各地的若干國家由威權政體(authoritarian regime)或極權政體(totalitarian regime)轉向民主政治的發展過程，日益重視，有關民主化的研究也日甚一日。[1] 最近的三數年，臺灣地區的威權政體也呈現某些結構性的變化，具有民主化的趨勢，而引起中外政治學者的注目。[2] 民主政治在本質上應是民主價值的體現，因之，民主化與民主政治的價值取向(value-orientation)之間，究竟含有怎樣的關連，當然是最需加以觀察處。在我們看來，民主政治如欠缺民主文化，也就是一般人民的持久，概括及眾數取向的民主價值

---

[1] 有關此方面的研究可參見：Lijphard 1977; Linz 1981; Herz 1982; O'Donnell, Schimitter and Whitehead 1986; Share and Mainwaring 1986; Diamond, Linz, and Lipset 1989。

[2] 有關此方面的研究可參見：胡佛 1988; 胡佛 1989; 吳乃德 1989; 呂亞力 1989; Winckler 1984; Hu and Chu 1989; Cheng 1989; Meeney 1989; Tien 1989。

體系，[3] 不僅不易形成，更難維繫。此不僅在臺灣地區為然，在世界其他各地亦然。從而我們如要探究一個政治體系的民主化，必須要以民主政治的文化作為觀察的要點，否則，即未能掌握民主政治的本質。但對民主政治文化的觀察，並非輕易，其中最緊要的問題在：如何在概念上明確地加以界定。假如我們一日不能做到，那就對經驗世界的民主政治文化一日無法作適切的了解。實際上，西方政治學者自 1950 年代中期開始探究政治文化以來，始終在概念上發生爭議，存有盲點，正如 David J. Elkins 及 Richard E. B. Simeon(1979:127)所指出的：「政治文化的概念甚為流傳而動人，但也最受爭議，最為含混。」其間的癥結究竟何在，我們可試舉數點作一檢視：

1.若干政治學者對民主政治的界定常不能緊扣「政治」本身的特質，進而就「政治體系」(political system)的結構，加以釐清。我們所看到的不是含混，就是割裂。如 William Ebenstein 對民主政治共列八項特質，[4] A. Corry 及 A. J. Abraham 共列七項基本信念，[5] 其中的若干項實質上與「政治」本身的特質，並無關連，充其量也祇能是所謂的關係概念(related concepts)。此可見於 Ebenstein 所強調的「理性經驗主義」、「法後之法的觀念」(the concept of the law behind the law)、

---

[3] 學者間對文化的界定，可稱眾說紛紜，我們則採眾數的心理取向，可稱為信念體系(belief system)，其中的核心概念則是具正當性的價值。我們認為這種價值取向最能影響外在的行為，如能達到概括的持久性，即成為文化。如不能達到，則不妨仍稱為價值取向，其間的差異是程度，而非性質。

[4] 八項特質為：(1)理性的經驗主義，(2)著重個人，(3)國家的工具觀，(4)自動主義，(5)法後之法的觀念，(6)著重手段，(7)討論與同意，(8)人類的基本平等。見 Ebenstein 1960。

[5] 七項基本信念為：(1)著重個人人格，(2)個人自由，(3)對理性的信心，(4)平等，(5)公平，(6)法治，(7)憲政。見 Corry and Abraham 1965。

「著重手段」、「討論與同意」等；另亦可見於 Corry 及 Abraham 所強調的「尊重個人人格」、「對理性的信心」、「公平」等。我們如把「政治」的特質定為一個體系(system)內的權力(power)關係，上述的種種即無法納入，因所指涉的屬另一層次的概念：有些為影響政治關係的深層意念，屬個人主義與理性主義的範疇；有些為附著於政治關係的運作規範，屬程序與工具的範疇。我們如不辨識不同層次的概念，共同列為民主政治的特質或信念，所導致的結果必然是觀念的混淆，很難用作政治文化的觀察。

2.有些政治學者對民主政治的界定，並不列出若干項特質或信念，但強調某一項或數項的必要條件或概念，而此一項或數項，在我們的認定，也同樣地未能全盤把握作為政治特質的權力關係。如 Ernest S.Griffith, John Plamenatz 及 Roland J. Pennock(1956)對民主政治內涵的討論，有的特重某一象徵性的規範信念，像個人主義；有的則兼重自由與平等，但皆欠整體性的分析。至於 Austin Ranney 共提出民主的四項要素，而堅持「多數決的規則」(majority)為最基本。他並進而從邏輯推論：自由權不必為要素之一(Ranney 1975; Ranney and Kendall 1956)。不過，我們如就政治的權力特質看，自由權應為必要的要素，而多數決的規則祇是程序與工具的規範，屬另一層次的概念，不能用來割裂政治本質的權力關係。

3.有些政治學者雖把觀察的視野放置到「政治體系」，但所著重的則是在體系功能的運作過程，而非在權力關係的角色結構。Gabriel A. Almond 及 Sidney Verba(1963)即根據 David Easton(1953, 1965)的「投入」(input)、「轉變」(conversion)、「產出」(output)及「回投」(feedback)的價值分配模式，建立探究政治文化的概念架構，並劃分出三種文化的類型：部落、子民、參與。參與的政治文化既取向於整體體系，更取向於投入、產出及自我參與，而成為民主國家的特色。我們並不否

認民主國家的民眾相當具有參與的政治文化，但這一文化是否就是民主的政治文化，仍須進一步加以辨識。在概念上，我們認為民主政治應是權力規範的角色結構，而不是在此結構之上的功能運作。用到文化上，民主的政治文化取向於權力結構，而參與的政治文化則取向於權力功能。結構與功能雖同屬政治體系的特徵，但其間仍有層次上的差別。實際上，參與的文化也非必限於民主的國家，一些非民主國家的民眾，對體系的功能運作，也非無價值的取向，如提出要求（投入），接受分配（產出）等，但在結構的一面，可能就與民主國家不一樣，如取向一黨專政，不自覺擁有參與的參政權等。我們在 David Gibbons(1971)的研究中，應可看到這種功能與結構上的差異所造成的問題。[6]

4.若干探討政治民主化的政治學者，雖強調民主的結構性意涵，但所發展的觀察指標，也並未從政治的權力特質，全盤地掌握住政治體系的各種權力規範與關係。如 Guillerms O`Donnell 及 Philippe C. Schmitter(1986)即認為民主化不包涵自由化，儘管兩者之間具有密切的關係；而其他的學者，如 Donald Share(1987:527-28)，Larry Diamond，Juan J. Linz 及 Seymour Martin Lipset (1989:xiv)則贊成 Dahl 的「多元政治」(polyarchy)的概念，將政治自由包涵在民主化之內。主張開放社會的 Karl Popper(1989)所提出的看法最簡單：祇要能夠用表決方式，不流血地免除掉政府，即為民主。以上學者對民主結構的著重點不盡

---

[6] Gibbons(1971)發現在新加坡農民受訪者中，33%既取向整體體系，又取向投入及產出，但自身卻不認為是參與者，所以無法用 Almond 及 Verba 的架構歸類及解釋。在我們看來，這完全出於這一架構在功能及結構層次上的混淆，因取向整體體系及投入與產出，屬功能的層次；而自我參與身份的認定，則涉及角色的權力，屬結構的層次。我們由此就可發現，取向功能參與的，不一定取向結構權力，換句話說，取向政治參與的，非必具民主的價值觀。

相同，由此造成概念上的失出或失入。

　　我們從前面的各項討論，大致可以看到政治學者間對民主政治在概念上的有關爭議及盲點之所在。這些當然影響到對民主政治文化的探究與了解。實際上，政治文化一詞在 1956 年由 Almond 首用，並在 1963 年由 Almond 及 Verba 付諸經驗性研究後，無論在方法與理論上，於西方學術界，皆欠進一步的發展，此固與學術流派有關，如依賴理論(dependency theory)與政治經濟學(political economy)的忽視文化因素，但與政治文化本身概念的含混，以及因而欠缺理論上的解釋力，也息息相關。政治文化之所以被看成所謂的「剩餘的類別」(residual category)，亦即把其他因素所不能解釋的，推爲文化的原因，其淵源或即在此。但最近的若干年來，特別是進入到 1980 年代以後，世界各地所出現的民主文化發展已使得政治學者必須要重視政治文化上的意義，已如前述。再從經濟發展看，世界各地開發的程度，也因文化的不同，而有所差異。因之，政治學者如 Huntington(1987)即重覆強調政治文化的重要性，而 Ronald Inglehart(1987)則主張「政治文化的復興」(renaissance of political culture)。由此可知，政治學者對政治文化的研究，必須要邁出大步，且已刻不容緩。

　　要推進政治文化，特別是民主文化的探究，首要之務當然是要澄清前述有關概念的含混與割裂，並建立妥適的理論架構；其次則要把觀察的視野落實在經驗世界，以探求實證性的理論。作者置身臺灣社會，多年來對這一社會民主政治的發展，一向投以殷切的關注。因之，早在 1970 年代的初期即深感 Almond 及 Verba 等學者所發展的有關政治文化的理論架構，難以用來觀察民主的政治文化。我們接受這一學派的一些觀點，如運用政治系統的理論作爲架構的基礎，以及採行文化人類學的心理取向以界定文化等，但不能同意僅限於功能過程的觀察，且失去對政治本身屬性，亦即權力的掌握。我們認爲政治文化在

性質上是持久而根本的，這就必得深入到政治的屬性加以分析。在另一方面，我們認為民主政治是角色的權力規範，不能離開結構性的分析。綜合此二者的核心觀念，我們另行發展政治文化的理論架構，那就是以權力的心理正當感為中心概念，然後區分政治文化的三個層次（認同、結構、功能），並視為中介變項，以連結政治參與行為，完成一整體理論架構與體系的規劃。為了進行經驗世界的實證研究，我們在 1973 年開始製作政治文化的量表，於次年選擇臺大法學院的五系學生施測。[7] 其後我們曾取不同地區及人口的樣本施測，並根據數次量表施測的信度與效度發展成一標準的量表。我們在 1983 年及 1986 年即運用此一標準量表施測全省性的民眾樣本。臺灣地區的政治結構到了 1980 年代有相當顯著的變化，輿論常稱為遽變。這些變化，在我們看來，也應反應在政治文化的轉變上。我們既在 1983 及 1986 兩年施測，正可加以比較以明進入 1980 年代以後民眾的政治文化及其變動的軌跡。這就是本文的主旨。以下先討論我們探究民主政治文化的理論架構，然後再說明實證研究的各項發現。

二、結構性的政治文化

這一文化是指涉體系成員在角色權力的規範上所持有的價值取向，亦即信念。我們可根據一個政治體系中權力規範的相對特性，區分出三類具演繹性的基本權力關係，再發展為五類權力關係的結構與取向：

1.成員與成員之間的權力關係：作為政治體系的組成份子，相互之間，在每一個政治層級，應當相對地處於怎樣的權力地位：平等，

---

[7] 見：胡佛 1975, 1978。

還是不平等？這是平等權與特權之間的選擇。

　　2.成員與權威機構之間的權力關係：從結構的觀點看，所謂權威機構是指擁有強制權力，爲體系進行決策，再加以執行的權力組織，而由一群具特殊權力的身份者所組成。這些權威機構的權力是否來自成員的授與？在決策及執行的權力行使上，對成員個人或所組織的團體，應否具有範圍？也就是成員的活動在某種範圍內，可否不受干擾？上面的問題可分成三類，而形成三類權力關係的結構：

　　(1)權威機構權力的來源：如組成權威機構的特殊權力身份者「爲民所舉」，而所行使的決策與執行權力復「爲民所有」，則這些機構所設定的特殊身份及所行使的特殊強制權力，不過來自權力所有者，即組成份子的授與或委託。如此，這些權力機構即須一方面要向成員負責，一方面要爲成員服務，而不能不成爲「爲民所治」、「爲民所享」。這樣的權力關係重點在「主權在民」，表現在成員的行爲上則是政治權力或參政權的行使。反之，如果上述特殊權力身份者，非「爲民所舉」，所行使的特殊權力非「爲民所有」，這些權威機構乃成爲專權及專制。由此可知，由權力來源所形成的權力關係乃是參政權與專權之間的選擇。

　　(2)個人行使權力的範圍：相對於權威機構的權力作用來說，成員個人的各種活動應否具有自主的範圍，不受權威機構的干涉？換句話說：權威機構相對於成員的活動，而在權力的行使上應否也具有某種範圍，不能超越？再進一步看，權威機構縱對個人的各種活動可加限制，但應否經過一定的程序？這些問題所牽涉到的權力關係乃成爲個人自由權，或人權與極權之間的選擇。

　　(3)社團行使權力的範圍：此是以成員組織的社團（包括政黨）相對於權威機構，應否具自主活動的範圍，所產生的權力關係。由此牽涉到的則是社會自由權，或多元權與極權之間的選擇。

3.權威機構相互之間的權力關係：在決策及執行的過程中，各權威機構在特殊權力的行使上，應否分立制衡？如司法應否獨立？軍隊及文官體系應否中立？這些問題都牽涉到制衡權，或分權與集權之間的選擇。

以上是就政治體系內三種基本的權力關係，再加分類而成的五種權力關係的選擇。如體系的成員對此五種權力，即平等權、參政權、個人自由權、社會自由權、制衡權，皆作積極的取向，具有積極的共識，我們可稱之爲現代的民主政治或自由民主政治的價值取向或文化。反之，如皆不作積極的取向，不具積極的共識，即成爲傳統的極權政治的價值取向或文化。如徘徊在兩者之間，一方面對個人自由權及社會自由權不作積極的取向，不具積極的共識，一方面對平等權、參政權及制衡權三類，則作一項或數項的積極取向，而具有積極的共識，此可視爲轉型的現代威權政治的價值取向或文化。以上三類須再加說明的是現代的威權政治。在這一政治體系，成員雖產生平等或參政的意識，但仍相當程度地依賴權威機構的權力，無論出於傳統遺留的心理因素，或由於現實的需要，如社會安全的保障或經濟建設等。現將以上三種分類表列如下：

表一　結構性政治文化的類型

	平等權	參政權	個人自由權	社會自由權	制衡權
自由民主取向	＋	＋	＋	＋	＋
現代威權取向	○	○	－	－	○
傳統極權取向	－	－	－	－	－

說明：「＋」表示系統成員的具有眾數積極取向。
　　　「－」表示系統成員的欠缺眾數積極取向。
　　　「○」共列三項，表示其中至少一項或以上爲系統成員的眾數積極取向，其餘則非。

三、實證研究的設計與進行

　　根據前述民主政治文化的多元權力概念架構，我們曾製作量表，分別在 1983 年及 1986 年抽取兩個全省性的民眾樣本施測。現將有關的假設及進行的過程與方法，分述如下：

（一）假設

　　1.臺灣地區民眾在平等權、參政權、個人自由權、社會自由權及制衡權等五個權力的取向上，無論在 1983 年及 1986 年，對個人自由權及社會自由權皆未具積極的共識，對平等權、參政權及制衡權等三項具有其中的一項或以上的積極共識，亦即臺灣地區的政治文化或價值取向，屬多元權力概念架構中的現代威權政治，尚非自由民主政治的類型。

　　2.臺灣地區民眾在 1986 年的五項權力取向上高於 1983 年的。此不僅呈現在民眾的整體，也呈現在性別、年齡、籍貫、教育及職業等變項。

　　3.無論在 1983 年及 1986 年，臺灣地區民眾的五項權力取向在性別、年齡、教育及職業等變項上，皆具顯著的差異，但在省籍則無顯著的差異。性別的差異為男性的取向高於女性；年齡則低年齡層高於高年齡層；教育則高教育程度高於低教育程度；職業則中產的工、商、管理及教育界與學生高於農民、勞工、軍警及公務人員。

　　4.無論在 1983 年及 1986 年，臺灣地區民眾的五項權力取向較高者，在選舉參與的國民黨及反對黨派的各自得票中，較多比例票選反對黨派的候選人；反之，對五項權力取向較低者，則較多比例票選執

政國民黨的候選人。而且，無論票選反對黨派或執政國民黨的候選人，五項權力取向對民眾的影響在 1986 年高於 1983 年，亦即民眾在選舉參與上受權力價值取向的影響在逐年提昇。

（二）量表

　　1.我們針對五項權力價值取向的作用，以及價值取向的正當信念與概括及持久的意涵，先分別製作五個權力價值取向的量表，再合爲一個民主政治價值取向的整體量表。在 1974 年施測時，共得 45 題。其後數次施測，經項目分析及信度與效度檢驗，而減少題目。在 1983 年與 1986 年施測時，更選擇其中最具辨識力的 11 題，構成整體量表，計：平等權取向 2 題、參政權取向 2 題、個人自由權取向 3 題、社會自由權取向 2 題、制衡權取向 2 題。各題內容可見附錄一。

　　2.量表的測度，按 Likert「累積評分法」，每題同意的強度爲三等分（分別給 4 分、5 分、6 分）；不同意的強度亦爲三等分（分別給 1 分、2 分、3 分）；3.5 分爲中切點，其上爲積極取向，其下爲非積極取向。政治文化或價值取向爲眾數的共識，但眾數的衡量標準如何，很難有妥善的測度。McClosky(1964)建議參照多數團體習慣以成員總數四分之三爲絕對多數決的標準，而以 75%的積極取向作爲共識的認定。我們認爲 75%的標準可採爲較強的共識，另也參照某些團體，習慣以成員五分之三的次一絕對多數決標準，兼採 60%的積極取向作爲較弱的共識。我們可用此兩個共識的測量，以觀察民眾取向上的變化。

（三）樣本與施測

　　我們觀察的對象是全省二十歲以上的成年民眾，因據一般觀察，達到這個年齡始生公民意識，而法律也才授與公民權。我們在 1983 年

及 1986 年分別抽取全省具公民權民眾的 1/6,000 及 1/7,000 作為觀察的樣本，但在抽取時採取兩段抽樣法(two phases sampling)，即先隨機抽取較施測樣本多五倍的第一層樣本母體，然後再從此一樣本母體隨機抽取第二層樣本，此即施測樣本。如此，在施測樣本發生困難時（如遷移或拒訪），即可在第一層母體樣本中，隨時抽出補充樣本，而不虞匱乏。樣本抽取的過程則分為四層：先抽選區，再抽市與縣，最後抽區、鄉、鎮、及縣轄市，最後按抽取率比例分配樣本數，而隨機抽得。有關 1983 年及 1986 年的樣本分配數，可參見附錄二及三。

施測的方法則採取逐戶訪談，由受過訓練的訪員（臺大學生）進行，並將訪談所得在問卷登錄，過程力求嚴謹、確實。

四、研究發現與討論

我們在前面曾列出四個假設，現據實證研究的發現分別加以驗證與討論如下：

1.就 1983 年及 1986 年的樣本觀察，臺灣地區民眾在五個權力的取向上，個人自由權與社會自由權的取向皆低於 75%及 60%的兩個共識標準（分別為：個人自由權：34.9%、55.9%；社會自由權：28.5%、43.1%）平等權及參政權取向皆達到 75%的共識標準（分別為：平等權：93.4%、96.6%；參政權：75.4%、84.1%），但制衡權取向在 1983 年樣本不能達到(58.6%)，在 1986 年差可達到 75%的共識標準(74.5%)。以上的發現可以驗證我們的假設，即：臺灣地區民眾的政治文化或價值取向，屬現代的威權政治類型，尚未達到自由民主政治類型的標準，其詳可見表二。

表二 五類權力規範取向超過中間切點人數百分比

	1983		1986	
	%	N	%	N
平 等 權	93.4	1547/1657	96.6	1323/1369
參 政 權	75.4	1225/1624	84.1	1086/1292
個人自由權	34.9	558/1598	55.9	695/1243
社會自由權	28.5	457/1606	43.1	539/1205
制 衡 權	58.6	804/1372	74.5	875/1174

說明：☐：表示其中百分值已達到 75%

以上的發現在探討國人在政治價值觀念的形成與演變上，甚有意義，特再作數點討論：

(1)個人自由權與社會自由權合而構成民眾的基本人權，為建立及鞏固一個多元的市民社會所必需。現受測民眾對此二者缺乏積極取向的共識，可能是受到傳統文化強調集體主義及國家機構具有絕對統治權力的影響，但也可能因此使得我國近代的威權政治能夠延續迄今，而無法輕易消退。不過值得注意的是：1986 年的受測民眾對此兩權的取向已高過 1983 年（分別增多 21.0%及 14.6%），可見轉型的跡象已相當明顯。

(2) 1983 年及 1986 年的兩組受測民眾，對社會自由權的積極取向皆低於對個人自由權的積極取向（分別減少 6.4%及 12.8%）。我們由此可知，受測民眾對個人的人身自由、意見自由較有正當性的自覺，但相對地較為缺乏多元社會的自治觀念及團隊合作的精神，這也不無受到傳統文化中單元社會的影響。多元民主社會的難以建立，這也是其中一因。

(3)兩組受測民眾以平等權的積極共識為最高（分別為 93.4%,

96.6%）。我們由此可以證知傳統的特權觀念，已很難爲民眾接受。大體說來，我國傳統文化也具有某些平等權的取向，如對種族、宗教少加歧視；在教育上頗重「有教無類」的理念；民間則流行「布衣卿相」的美談。這對平等權取向的高度共識，應有助力。

　　(4)兩組受測民眾對參政權取向也具有較高的共識（分別爲 75.4%, 85.1%）。此可能由於我國多年來實施選舉的影響。不過，我國傳統文化雖強調君權的絕對，但多少仍存有「天視自我民視」的民本觀念，這一觀念也可能有助於參政權共識的形成。

　　(5) 1983 年的受測民眾對制衡權缺乏積極的共識（爲 58.6%），但到了 1986 年，受測民眾的取向已差可達到較高的共識標準（爲 74.5%）。我們從中可以看到國家機構在集權取向上的影響力，已在 1986 年開始轉型。多年來的實施選舉，特別是當選的民意代表在各級議會的活動，皆可能是促動轉型的原因。

　　2.我們如進一步就表二兩組民眾對五項權力的取向，作一整體性的比較觀察，可以清楚地發現：從 1983 年到 1986 年，全部五項取向皆呈現或多或少的提昇，構成一動態的歷程。如將五項取向併合起來看，兩個年度間的差異則具有相當的顯著性(Z=14.1, p<.001)。變動的方向則朝往民主政治的共識。我們從圖一即可看到這一明顯的趨勢。

　　圖一趨勢所顯示的是：(1)平等權取向的變幅甚少（增 3.2%），因皆已超過 90%以上的共識，不可能有大幅變動，將來也如此。(2)參政權取向的變幅稍多（增 8.7%），但已達到 84.0%的共識，具有相當高的強度，將來仍可能會有小幅的變動，恐亦不會過大。(3)個人自由權取向的變幅最大（增 23.8%），但也祇能達到 55.9%，尚未及共識的標準。在未來，這一權力取向仍會有大幅變動的餘地。(4)類似個人自由權取向，社會自由權取向雖具有相當的變幅（增 14.6%），但也祇能達到 43.1%，距共識的標準尚遙。這一取向在未來當然會有大幅變

動的餘地。(5)制衡權取向也具相當幅度的變動（增 15.9%），但差可達到共識標準，未來仍會有某種幅度的變動。

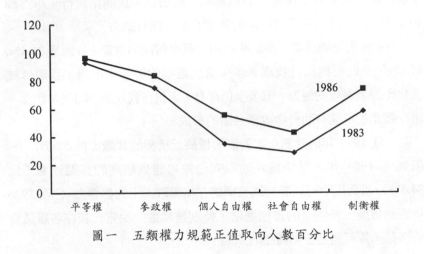

圖一　五類權力規範正值取向人數百分比

　　從以上的分析，我們可以看到：距民主政治共識愈遠的（兩個自由權取向及制衡權取向），提昇的幅度也相對地愈大；而已達民主政治的共識的（平等權及參政權取向），提昇的幅度也相對地愈小。這一整體的發展趨勢正可說明：民主政治所最欠缺的取向，卻以較大的變幅提昇。臺灣地區的受測民眾由威權轉向民主政治的取向，確實已很顯然。前面曾強調我國傳統文化及現實政治對當前威權政治取向的影響，但我們認為政治權力取向的價值體系有其內在的邏輯結構，具一致的共變性。反對特權的，也會主張參政權；主張參政權的更會要求基本人權及權力的制衡。反之，亦然。這也就是說，在我們所發展的五項權力關係之間，應具有共變的相關關係。從而某項關係之變，就會牽動其他關係之變。當然，在經驗世界，這種牽動的影響過程，

會受到內、外在生態環境的影響，變得迂迴曲折，且稽延時日。我們
在前面所發現的各項權力取向的整體變動,很可能就來自交互的影響。
爲了探究這樣的相關關係，我們乃進而對五項權力取向，就 1983 年及
1986 年的兩組樣本，進行因素分析(factor analysis)，詳見表三。

表三　五類權力取向的因素分析

	1983			1986	
	F1	F2	h²	F	h²
平　等　權	-0.043	0.907	0.824	0.414	0.171
參　政　權	0.475	0.556	0.535	0.708	0.501
個人自由權	0.775	0.168	0.626	0.784	0.615
社會自由權	0.809	-0.141	0.675	0.742	0.551
制　衡　權	0.704	0.238	0.553	0.744	0.554
N	1692			1429	

□：.40 以上

　　表三的因素分析顯示：在 1983 年，平等權及參政權取向結爲一個
因素(F2)，而參政權取向再與兩個自由權及制衡權取向結爲另一個因
素(F1)。我們如參考表二，即可知平等權取向在 1983 年爲最高(93.4%)，
參政權取向居次(75.4%)，故能具有相關，結爲一因素；而參政權取向
與再居次的制衡權取向(58.6%)及兩個自由權取向(34.9%, 28.5%)，逐
次具有相關，再結一因素。兩者之間是由參政權取向一面與高取向的
平等權取向具結構性關係，一面又與較低取向的權力價值具結構性關
係，居於轉接的地位。看來平等權取向經由參政權取向的轉接，發揮
某種程度的間接影響。但到了 1986 年，五項權力價值取向就完全結爲
一因素，形成具有一致共變性的結構。換句話說，一項之變就會牽動
他項之變。比較 1983 年與 1986 年的兩個因素分析，我們可以察覺到

由迂迴之變到共變之間的整體變化。

　　3.我們要進一步證知的是：從 1983 年到 1986 年，受測民眾的權力價值取向是否無分性別、年齡、籍貫、教育及職業，皆普遍提昇？這也就是說，權力取向的提昇，是否普遍存於臺灣地區的各種人口結構？我們現將五項權力價值取向併合為一個總的政治權力取向，以便作整體的觀察。現分述如下：

性　別：

　　受測民眾無分男、女，在兩個年度皆有提昇，如表四所示。我們從表四可知，男性在 1983 年的權力積極取向為 59.6%，到 1986 年則增至 85.6%，相差達 26.0%，而女性則由 1983 年的 49.3%增至 1986 年的 77.0%，相差亦達 27.7%。兩者皆呈現相當大的變幅，經用 Z 值檢定，也皆具極顯著的差異 （男性：Z=10.5, p<.001; 女性：Z=9.5, p<.001）。在取向的積極共識上，無論在 1983 年及 1986 年女性皆低於男性（分別為 10.3%及 8.6%），但所提昇的變幅，則不下於男性。女性對民主價值的取向，似具有積極的趨勢。

表四　權力價值取向與性別間的差異：χ^2值及Z值

	1983 年權力取向		1986 年權力取向		年間差異值		
	不同意	同意	不同意	同意	p 值	Z 值	顯著水準
男	40.4	59.6	14.4	85.6	26.0	10.5	***
女	50.7	49.3	23.0	77.0	27.6	9.5	***
	χ^2=13.6, p<.001		χ^2=13.4, p<.001				
N	1317		1121				

***p<.001

年　齡

　　我們將受測民眾自 20 歲開始，以 5 歲爲間隔，分爲 9 個年齡組（20 歲到 68 歲以上），然後觀察各年齡組的權力取向，在 1983 年及 1986 年兩個年度間所呈現的變幅，詳見表五。

表五　權力價值取向與年齡間的差異：χ^2值及Z值

	1983 年權力取向		1986 年權力取向		年間差異值		
	不同意	同意	不同意	同意	p 值	Z 值	顯著水準
20-24 歲	30.8	69.2	12.6	87.4	18.2	4.6	***
25-29 歲	38.9	61.1	14.1	85.9	24.9	5.9	***
30-34 歲	34.6	65.4	13.2	86.8	21.5	5.0	***
35-39 歲	44.8	55.2	13.2	86.8	31.6	5.4	***
40-44 歲	47.0	53.0	16.9	83.1	30.1	4.2	***
45-49 歲	54.3	45.7	30.6	69.4	23.7	3.1	***
50-54 歲	60.2	39.8	22.9	77.1	37.4	4.7	***
55-59 歲	51.9	48.1	31.0	69.0	20.9	2.4	*
60 歲以上	66.7	33.3	36.2	63.8	30.5	5.0	***
	χ^2=77.1, p<.001		χ^2=49.8, p<.001				
N	1320		1121				

*** p<.001　* p<.05

　　我們從表五可獲如下的發現：

　　(1)受測民眾的權力價值取向無論屬那一個年齡組，在 1983 年及 1986 年的兩個年度間，皆呈現顯著的提昇，經 Z 值檢定，其間的差異除 55-59 歲年齡組達到一般顯著水準(p<.05)外，其餘各組皆達到極顯著的水準(p<.001)。整體化的趨勢，可見圖二。

　　(2)至於提昇的幅度，我們從 p 值可看到：在 9 個年齡組皆有相當程度的增加，其中以 40-44 歲組最高，達 31.60%；20-24 歲組爲最低，亦達 18.2%，平均增幅爲 26.5%。有趣的是 40-44 歲以前 5 組的不

同增幅，使得 20 歲至 44 歲的受測民眾皆達到 85%左右的取向共識。
這一由青年至中年的人口群，可說是人口結構中的中堅，生命力與企
圖心兩皆旺盛。現在權力的價值取向上，提昇到一個相當平均的程度，
必能構成一整體的力量，而對民主政治的發展，有所助益。

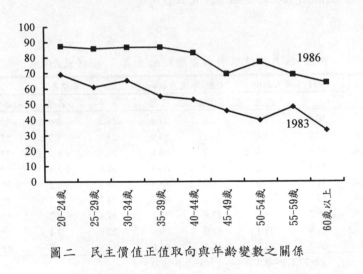

圖二　民主價值正值取向與年齡變數之關係

(3)兩個年度受測民眾的權力取向，在 9 個年齡組經 χ^2 檢定，皆
具有極為顯著的差異(1983: χ^2=77.1, p<.001; 1986: χ^2=49.8, p<.001)。
大致的變化趨勢是：隨著年齡的由輕到長，取向則由高趨低，其間祇
有少數波折，但轉折點則在 40-44 歲的年齡組。由此到年輕的幾組，
在 1983 年皆超過 50%，在 1986 年則超過 80%；但過此，亦即從 45-49
歲的年齡組開始的年長各組，在 1983 年皆低於 50%，在 1986 年也低
於 80%。最近的四十年來，臺灣社會日趨流動開放，教育也日益普及，
知識及生活水準則不斷提昇。在政治上選舉由地方擴展至中央，民眾
經由競選活動，對政治也日漸熟習。這些因素會使得在這段時期生長

及成長的人口群，也就是兩組受測民眾大致在 40-44 歲年齡組以下的年輕成年人口，較能擺脫傳統專權文化的籠罩，而易於接觸及接受民主政治的價值觀念的洗禮。

籍　貫

　　共分成本省閩南、本省客家及外省三組加以觀察，結果可見表六。根據表六，我們可以發現：

　　(1)臺灣地區的受測民眾，無論為本省閩南、本省客家或外省籍，在兩個年度間的權力價值取向，皆有相當幅度的提昇（分別增多 25.9%、38.2%及 27.6%），且具極顯著的差異性（Z 值分別為 12.0、4.3、5.6；p<.001），與我們的假設相符。

　　(2)兩個年度受測民眾的權力價值取向，在三組省籍方面，皆無顯著的差異(1983: χ^2=1.0, p>.05; 1986: χ^2=1.3, p>.05)，可見省籍對權力價值取向並無顯著的影響。

表六　權力價值取向與籍貫間的差異：χ^2值及Z值

	1983 年權力取向		1986 年權力取向		年間差異值		
	不同意	同意	不同意	同意	p 值	Z 值	顯著水準
本省（閩南）	44.8	55.2	18.9	81.1	25.9	12.0	***
本省（客家）	51.4	48.6	13.2	86.8	38.3	4.3	***
外　省	45.5	54.5	17.9	82.1	27.5	5.6	***
	χ^2=1.0, p>.05		χ^2=1.3, p>.05				
N	1316		1121				

*** p<.001

教　育

　　我們以入學與否，將受測民眾分為九組教育程度，即：不識字、

識字（但未入學）、小學、初中（職）、高中（職）、專科、大學、研究所及軍警校，以觀察對權力價值所作的取向，結果如表七所示。

表七　權力價值取向與教育程度間的差異：χ^2值與Z值

	1983年權力取向		1986年權力取向		年間差異值		
	不同意	同意	不同意	同意	p值	Z值	顯著水準
不　識　字	76.3	23.7	40.4	59.6	35.9	5.9	***
識　　　字	60.8	39.2	25.0	75.0	35.8	2.7	**
小　　　學	50.6	49.4	19.6	80.4	31.0	8.1	***
初中（職）	39.4	60.6	17.3	82.7	22.1	5.0	***
高中（職）	37.4	62.6	15.2	84.8	22.2	6.1	***
專　　　科	29.4	70.6	10.1	89.9	19.3	3.5	***
大　　　學	24.1	75.9	8.5	91.5	15.6	2.8	***
研　究　所	.0	100.0	14.3	85.7	-14.2	-1.1	
軍　警　校	31.6	68.4	30.0	70.0	1.6	0.1	
	χ^2=127.5, p<.001		χ^2=46.2, p<.001				
N	1318		1121				

*** p<.001　　** p<.01

我們從表七可以得知：

(1)在九個教育組中，具研究所程度的取向，在1983年達100%，到了1986年雖仍達85.7%，已稍呈下降，但經Z值檢定，此一落差並無顯著的意義(Z=-1.1, p>.05)。具軍警教育程度者的取向，在兩個年度則相差甚微（增1.57%），經Z值檢定，也無顯著的意義可言(Z=0.09, p>.05)。除此兩個特殊情形外，其他七組教育程度者的權力價值取向，在兩個年度間，皆有極顯著或相當顯著的提昇（參見表七所列的各項Z值及顯著水準），大致符合我們的假設。整體變遷的趨勢可見圖三。

(2)在前述的七個教育程度組，在提昇的幅度上，以低教育程度的不識字組增加最多(35.86%)。教育程度依次提昇後，增加的幅度則

反而相對地遞減，到大學程度組增加最少(15.57%)。換句話說，教育程度低者，增加較多；教育程度高者，增加較少。這一趨勢非常值得重視，因從中可以看到民主政治的積極取向，已從高教育程度群，逐漸普及到低教育程度群，也就是逐漸深入到社會的基層，此對民主政治文化的建立，甚關重要。至於研究所組的未能提昇，係因發展到某一高度，已如前述，而軍警校組的極少提昇，可能由於政府主導下的特殊教育。

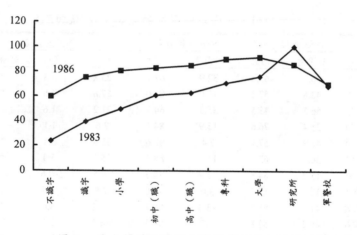

圖三　民主價值正值取向與教育程度之關係

(3)低教育程度群，在權力取向上，增加的幅度雖然較大，但從整體看來，無論在 1983 年及 1986 年的兩個年度，大致皆仍以高教育程度者的取向較高，低教育程度者的取向較低，經 χ^2 檢定具有極為顯著的差異(1983: χ^2=127.5, p<.001; 1989: χ^2=46.2, p<.001)，此亦符合我們的假設。一般說來，教育程度高者吸取的知識較多，接觸的資訊面較廣，而較能肯定自我，重視自由，易於取向民主政治的價值理念。

職　業

　　我們細分為 13 個職業群，包括農民、勞工、受政府特殊權力訓練的軍警、教育界的教師與大專學生，一般服政府公務的人員，工、商、服務業的專技人員、商務人員、運輸人員、普通職員，以及未有專職的家管人員、退休人員，未就業者。這些職業群的權力價值取向可分別見於表八。

表八　權力價值取向與職業間的差異：χ^2值與Z值

	1983 年權力取向		1986 年權力取向		年間差異值		
	不同意	同意	不同意	同意	p 值	Z 值	顯著水準
農　　民	56.7	43.3	32.9	67.1	23.8	3.3	***
勞　　工	42.8	57.2	15.0	85.0	27.8	6.6	***
軍　　警	56.5	43.5	35.3	64.7	21.2	1.6	
公務人員	23.4	76.6	15.9	84.1	7.6	1.1	
專技人員	42.9	57.1	7.4	92.6	35.4	3.1	***
商務人員	36.9	63.1	11.7	88.3	25.2	5.4	***
教　　師	15.2	84.8	21.7	78.3	-6.5	-0.6	
大專學生	12.5	87.5	3.0	97.0	9.5	1.5	
普通職員	41.5	58.5	13.3	86.7	28.2	5.0	***
運輸人員	46.2	53.8	7.7	92.3	38.5	2.2	*
家　　管	56.0	44.0	22.3	77.7	33.7	7.4	***
退　　休	61.4	38.6	33.9	66.1	27.5	2.9	**
未就業	51.9	48.1	27.6	72.4	24.3	2.1	*
	χ^2=80.6, p<.001		χ^2=45.9, p<.001				
N	1289		1074				

*** p<.001　** p<.01　* p<.05

　　根據表八，我們可以發現：

　　(1)從 p 值觀察，受測民眾的權力價值取向，除教師外，在兩個年度間皆呈現或多或少的提昇，大致符合我們的假設，但增加的幅度

具有顯著的意義的祗限於農民與勞工（Z 值分別為 3.3, 6.6; p<.001），
工、商、服務業的專技人員(Z=3.1, p<.001)、商務人員(Z=5.4, p<.001)、
普通職員(Z=5.0, p<.001)、運輸人員(Z=2.2, p<.05)，以及未有專職的家
管人員(Z=7.4, p<.001)、退休人員 (Z=3.0, p<.01)、未就業者(Z=2.1,
p<.05)。政府軍警在權力取向的提昇，不具顯著的意義，也就是在民
主政治信念上未有顯著的改變，這可能是多年來所受的權威教育及習
於統治的觀念使然。至於一般公務人員及教育界的教師、大專學生在
取向上的升降也不具顯著的意義，主要的原因可能是在 1983 年已分別
達到 80%左右的程度，不易再作大幅的增加。整體變遷的趨勢，可見
圖四。

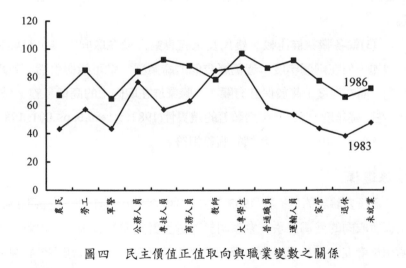

圖四　民主價值正值取向與職業變數之關係

　　(2)再從提昇的幅度觀察，增加得最多的，也是過去在取向上較
低的各職業群。特別值得注意的是勞工的增加(27.8%)，達到相當高的

85%的程度，而具中產階級特色的工、商、服務業人員也增加相當的幅度（專技人員：35.4%、商務人員：25.2%、普通職員：28.2%、運輸人員：38.5%），高達 90%左右的程度 （專技人員：92.6%、商務人員：88.3%、普通職員：86.7%、運輸人員：92.3%）。未有專業人員雖也有相當幅度的增加（家管人員：33.7%、退休人員：27.5%、未就業：24.3%)，但尚不如勞工及工、商、服務業人員達到 80%或 90%的程度（家管人員：77.7%、退休人員：66.1%、未就業：72.4%）。勞工及中產階級的工、商、服務業人員過去受到傳統威權主義的影響，少能過問及關心政治。近年來，由於社會的流動、教育的普及、經濟的成長，以及選舉的實施，已促使地位及觀念的改變，而增強對民主價值的取向。這一發展，對民主政治的確立，也同樣地具有很大的效益。

(3)就各職業群比較，農民及未有專業人員在取向上雖也有顯著的增加，但在兩個年度，皆仍屬較低的職業群。這可能與生活上較為封閉，而在態度上趨於保守有關。各職業群在取向上的高低，經 χ^2 檢定，在兩個年度，皆具有極為顯著的差異性(1983: χ^2=80.6, p<.001; 1986: χ^2=45.9, p<.001)，亦與我們的假設相符。

黨派選擇

最後要驗證的是：在 1983 年及 1986 年的兩個年度，是否取向民主價值取向的受測民眾，愈趨向於票選反對黨派的候選人？現就上述兩個年度立法委員選舉中，受測民眾的投票取向，加以觀察，詳見表九。

從表九可知，在 1983 年及 1986 年的兩次立委選舉，票選國民黨籍立委候選人的受測民眾，其中分別有 54.3%及 78.2%具民主價值的積極取向；而票選黨外（1983 年）或民進黨（1986 年）籍立委候選人

的受測民眾，在兩個年度則分別有 67.1%及 97.1%具民主價值的積極取向。兩兩相比，各黨派的得票中，在 1983 年，黨外候選人較國民黨籍的多獲取向民主價值者的選票 12.8%；而在 1986 年，民進黨籍候選人較國民黨亦多獲 18.9%。以上兩個年度的差異，經 χ^2 檢定，皆極具顯著性(1983: χ^2=15.2, p<.001; 1986: χ^2=36.5, p<.001)，與我們的假設相合。由此我們也可看到民主價值取向對選民選擇黨派的相對影響。

表九　權力價值取向與黨派選擇間的差異：χ^2值及Z值

	1983 年權力取向		1986 年權力取向		年間差異值		
	不同意	同意	不同意	同意	p 值	Z 值	顯著水準
國　民　黨	45.7	54.3	21.8	78.2	23.9	9.4	***
黨外/民進黨	32.9	67.1	2.9	97.1	30.0	7.2	***
其　　他	56.2	43.8	25.4	74.6	30.7	4.9	***
	χ^2=15.2, p<.001		χ^2=36.5, p<.001				
N	1041		939				

*** p<.001

再進一步比較，在兩個年度間，取向民主價值的，無論於國民黨及民進黨候選人的各自得票中，皆呈現相當幅度的增加（國民黨：23.9%；民進黨：30.0%），且極具顯著性（國民黨：Z=9.4, p<.001；民進黨：Z=7.2, p<.001）。由上述比較，更可清晰地發現：民主價值取向對選民選擇黨派候選人的影響力，已日甚一日。這樣的整體趨勢，很可能促使各個黨派皆要重視民主政治，此對未來民主政治的發展，當然有利。

五、結　論

　　本文先檢視西方政治學者有關民主文化概念的缺失，然後再發展以政治權力爲核心概念，並以政治系統內三種權力關係的五項權力價值取向爲政治結構的概念架構。作者用以驗證我國目前的政治權力價值取向，仍屬轉型的現代威權政治類型，但在 1983 年及 1986 年的兩個年度間，已呈現出轉向民主權力價值取向的趨勢，此無論在性別、年齡、藉貫、教育及職業等人口結構上，皆如此。作者也進一步用以驗證執政的國民黨與反對黨的民進黨，將愈益受到取向民主權力價值選民的影響。綜合看來，作者以爲：（一）以五項權力價值取向所組成的概念架構，對民主政治的探究很具解釋力。（二）臺灣地區民眾在權力價值取向上的轉向民主文化，對未來民主政治的發展，將具有絕大的影響力。　（原載：韋政通等，《自由民主的思想與文化》，自立報系出版部，1990，頁 61-101。）

參考文獻

胡佛，1975，《我國大專學生對民主政治的態度》，國科會專題研究報告，臺北。

胡佛，1978，〈權力的價值取向：概念架構的建構與評估〉，《社會科學論叢》（臺灣大學法學院印行），27 輯，頁 3-38。

胡佛，1988，〈選舉漩力與政治發展〉，哥倫比亞大學與北美廿世紀中華史學會合辦「近代中國民主發展」研討會專題演講詞（中文摘要載：《聯合報》，9 月 23 日）。

胡佛，1989，〈民主政治的迷思與實踐：促進中國民主政治的建議〉，時報基金會主辦「中國前途研討會」（8 月 16 日至 18 日）論文。

吳乃德，1989，〈不確定的民主未來：解釋臺灣政治自由化現象〉，時報基金會主辦「中國前途研討會」（8 月 16 日至 18 日）論文。

呂亞力，1989，〈解嚴後的臺灣民主政治前瞻〉，時報基金會主辦「中國前途研討會」（8 月 16 日至 18 日）論文。

頗珀 (Karl Popper)，1989，〈真假民主：兩大政黨是民主政治最佳模式〉，原載：西德《明鏡周刊 (Der Spiegel)》，由梁景峰摘譯，載：《自立早報》（臺北版），7 月 26 日。

Almond, Gabriel A. and Sidney Verba. 1963. *The Civic Culture*. Princeton: Princeton University Press.

Almond, Gabriel A. 1956. "Comparative Political System." *Journal of Politics* 18: 391-409.

Cheng, Tun-jen. 1989. "Democratizing in KMT Regime in Taiwan." Paper presented in the *Conference on Democratization in Taiwan*, jointly

sponsored by Center for International Affairs, Harvard University
and Institute of International Relations, National Chen Chi
University (Taipei, Jan. 8-10.)

Corry, A. and A. J. Abraham. 1965. *Elements of Democratic Government.*
New York: Oxford University Press.

Easton, David. 1953. *The Political System.* New York: Knopf.

Easton, David. 1965. *A System Analysis of Political Life.* New York: Wiley.

Diamond, Larry, Juan J. Linz and Seymour Martin Lipset. (eds.) 1989.
Democracy in Developing Countries. Boulder, Conn.: Lynne
Rienner.

Ebenstein, William. 1960. *Today's Isms.* Englewood Cliffs, N.J.: Prentice-
Hall.

Elkins, David J. and Richard E. B. Simeon. 1979. "A Cause in Search of Its
Effect, or What Does Political Culture Explain?" *Comparative
Politics* 11:127-45.

Gibbons, Davis. 1971. "The Spectator Political Cultures: A Refinement of
the Almond and Verba Model." *Journal of Commonwealth Political
Studies* 9:No.1.

Griffith, Ernest S., John Plamenatz and Roland J. Pennock. 1956. "Cultural
Prerequisite to a Successfully Functioning Democracy: A
Symposium." *American Political Science Review* 50: 99-132.

Herz, Jone H. (ed.) 1982. *From Dictatorship to Democracy: Coping with the
Legacies of Authoritarianism and Totalitarianism.* Westport, Conn.:
Greeword Press.

Hu, Fu and Yuan-han Chu. 1989. "Electoral Competition and Political
Democratization in Taiwan." Paper presented in the *Conference on
Democratization in Taiwan,* jointly sponsored by Center for

International Affairs, Harvard University and Institute of
International Relations, National Chen Chi University (Taipei, Jan.
8-10.)

Huntington, Samual P. 1987. "The Goals of Development." In Myron Weiner
and Samual P. Huntington (eds.) *Understanding Political
Development*. Boston, Mass.: Little, Brown.

Inglehart, Ronald. 1987. "The Renaissance of Political Culture: Central
Values, Political Economy and Stable Democracy." Paper presented
at meetings of *American Political Science Association*. (Chicago, Ill.:
Sep. 2-5.)

Lijphard, Arend. 1977. *Democracy in Plural Societies: A Comparative
Exploration*. New Haven.: Yale University Press.

Linz, Juan J. 1981. "Some Comparative Thoughts on the Transition to
Democracy in Portugal and Spain." In J. Braga de Macedo and S.
Serfaty (eds.) *Portugal Since the Revolution: Economic and Political
Perspectives*. Boulder, Conn.: Westview.

McClosky, Herbert. 1964. "Consensus and Ideology in American Politics."
American Political Science Review 58: 361-82.

Meeney, Comstance Squires. 1989. "Liberalization, Democratization, and the
Role of the KMT." Paper presented in the *Conference on
Democratization in Taiwan*, jointly sponsored by Center for
International Affairs, Harvard University and Institute of
International Relations, National Chen Chi University (Taipei, Jan.
8-10.)

O' Donnell Guillerms, Philippe C. Schimitter and Laurence Whitehead. (eds.)
1986. *Transition from Authoritarian Rule: Prospects for Demo*cracy.
Baltimore: Johns Hopkins University Press.

O' Donnell Guillerms and Philippe C. Schmitter. 1986. *Transition from*

Authoritarian Rule: Tentative Conclusions about Uncertain Democracies. Baltimore: Johns Hopkins University Press.

Ranney, Austin. 1975. *Governing.* Hinsdale, Ill.: Dryden Press.

Ranney, Austin and Willmore Kendall. 1956. *Democracy and American Party System.* New York: Narcourt Porace Jananovich.

Share, Donald and Scott Mainwaring. 1986. "Transitions Through Transaction: Democratization in Brazil and Spain." In Wayne A. Selcher (ed.) *Political Liberalization in Brazil: Dynamics, Dilemmas, and Future Prospects.* Boulder, Conn.: Westview.

Share, Donald. 1987. "Transitions to Democracy and Transition Through Transaction." *Comparative Political Studies* 19(4): 525-48.

Tien, Hung-mao. 1989. *The Great Transition: Political and Social Change in the Republic of China.* Stanford: Hoover Institute Press, Stanford University.

Winckler, Edwin A. 1984. "Institutionalization and Participation on Taiwan: From Hard to Soft Authoritarianism?" *The China Quarterly* 99: 481-99.

附錄一：結構性政治文化的量表

一、平等權

1.像民選的議員或民選的官員（鄉鎮長或縣市長等），最好由有錢的人
　出任。

2.女性應以不參加政治活動為佳。

二、參政權

1.為了避免選舉的麻煩，鄉、鎮（縣轄市）長不如由中央指派。

2.政府首長等於是大家庭的家長，一切大小國事，皆應聽從他的決定。

三、個人自由權

1.對付殘暴的罪犯，應立即處罰，不必等待法院審判的複雜程序。

2.大家的想法如不一致，社會就會紛亂。

3.一種意見能否在社會流傳，應由政府決定。

四、社會自由權

1.在一個地方（社區）上，如果東一個團體，西一個團體，就會雜亂紛
　擾，影響到地方的秩序與和諧。

2.一個國家如果政黨太多，會導致政治混亂。

五、制衡權

1.政府如時常受到議會的牽制，就不可能有大作為了。

2.法官在審判影響治安重大案件時，應該接受行政機關的意見。

附錄二：1983年的全省民眾樣本

選區	地　區	抽出樣本	收回樣本	不足樣本
一	宜蘭縣			
	1.蘇澳鎮	194	183	11
	2.員山鄉	133	99	34
二	桃園縣			
	1.大溪鄉	134	124	10
	2.蘆竹鄉	99	97	2
三	彰化縣			
	1.員林鎮	267	258	9
	2.田尾鄉	74	74	0
四	嘉義縣			
	1.嘉義市	184	182	2
	2.水上鄉	136	136	0
五	高雄縣			
	1.大寮鄉	150	150	0
	2.鳥松鄉	43	41	2
高雄	高雄市	120	104	16
臺北	臺北市	241	241	0
	不明地區		3	
	N	1775	1692	85

附錄三：1986年的全省民眾樣本

選區	地　　區	抽出樣本	收回樣本	不足樣本
七	臺北市			
	1.龍山區	27	26	1
	2.中山區	51	47	4
	3.士林區	38	37	1
	4.松山區	51	52	-1
	5.內湖區	38	37	1
八	高雄市			
	1.新興區	33	33	0
	2.前鎮區	33	33	0
	3.楠梓區	33	32	1
四	嘉義市			
三	臺中市			
	1.南　　區	30	29	1
	2.北　　區	30	30	0
	3.北屯區	30	30	0
三	彰化縣			
	1.鹿港鎮	33	24	9
	2.彰化市	33	24	9
	3.花壇村	33	33	0
	4.大村鄉	33	33	0
一	臺北縣			
	1.三重市	33	33	0
	2.新莊市	33	32	1
	3.八里鄉	33	32	1
	4.汐止鎮	33	33	0
	5.板橋市	66	66	0
	6.土城鄉	33	33	0
	7.中和市	66	64	2

	8.深坑鄉	33	33	0
	9.永和市	33	32	1
四	嘉義縣			
	1.六腳鄉	33	32	1
	2.民雄鄉	33	33	0
	3.布袋鄉	33	31	2
五	高雄縣			
	1.美濃鎮	33	32	1
	2.仁武鄉	33	32	1
	3.岡山鎮	33	28	5
	4.鳳山市	33	33	0
四	雲林縣			
	1.斗南鎮	33	31	2
	2.元長鄉	33	33	0
	3.虎尾鎮	33	32	1
	4.大埤鄉	33	33	0
三	臺中縣			
	1.大里鄉	33	33	0
	2.后里鄉	33	33	0
	3.沙鹿鎮	33	33	0
	4.龍井鄉	33	33	0
	N	1474	1438	44

系統功能的政治文化

～臺灣地區民眾對政治參與的取向

一、概說：概念的檢視

　　民眾的政治參與取向，實際包涵兩種概念：(1)政治文化，(2)政治參與。對這兩種概念的界定，以及據而建立的概念與理論，在政治行為學者之間非無爭議。我們先檢視西方學者的有關概念，然後再說明我們的一些看法。

　　政治文化的概念，在西方雖談論甚早，且被看成影響政治運作的重要因素，[1] 但遲至1963年始見Gabriel A. Almond及Sidney Verba(1963)對五個國家的政治文化所作的經驗研究。他們的研究曾廣受重視，也引起學術界的若干討論，但更值得注意的是：自此以後，西方學者對政治文化的經驗性研究，再無進一步的發展。在 1978 年，Almond 及 G. Bingham Powell, Jr.(1978:30-32)曾對政治文化的概念，作了一些補充，不過，並未進行經驗性的驗證。由上述可知，我們對西方學者有關政治文化概念及理論的探討，仍不能不以所謂的 Almond 派為主。

---

[1] Gabriel A. Almond 對公民文化概念的歷史意義與發展曾有所討論。請參見：Almond and Verba (1980:1-36)。

　　基本上，Almond 及 Verba(1963:12-19)將政治文化界定為政治取向，而政治取向則是對整體政治體系及其各環節，以及體系內自我角色的態度。他們將政治取向設定為四種（整體體系、投入、產出及自我參與）。然後再將政治文化劃分為三個類型：(1)部落的政治文化(parochial political culture)：皆欠缺以上四種取向；(2)參與的政治文化(participant political culture)：皆具備以上四種取向；(3)子民的政治文化(subject political culture)：僅具備整體體系及產出取向，而欠缺投入及自我參與取向。在態度的施測上，則著重民眾所自覺的能力（公民的參與能力或子民的期待能力等）。Almond 及 Verba 採用主觀的心理取向，以界定政治文化，並將政治觀察的範圍納入政治體系之內，我們都可接受，但也不能不指出他們在概念上的幾項缺失：

　　1.他們雖將觀察的範圍擴展至整體政治體系的本身，但所著重的仍是決策及執行的過程，如投入、產出、個人的參與能力等。對政治結構的探討也祇重形式組織（如中央或地方政府）的功能，並不及角色行為規範結構。這樣的概念架構相當忽視政治體系的規範結構面，而在我們看來，取向於上述政治結構的文化，在性質上才是更根本的。

　　2.政治的核心概念應是一種權力的作用關係，[2] 而政治文化則為對這樣權力的作用，在心理上所持的一種正當的信念。我們常說政府「無權」如此作，或民眾「無權」那樣作，這些話中的意涵並非指政府或民眾欠缺做的「能力」，而是指這樣的作法並不「正當」，[3] 也就是並不符合文化的要求。Almond 及 Verba 在五國政治文化的研究中，未能把握「權力」與「正當」的文化概念，祇是強調「能力」的

---

[2] 作者對這一概念曾有較詳的的討論，請參見：胡佛、陳德禹、朱志宏 1976,1978。

[3] 進一步的討論請參見：胡佛 1982。

主觀評估，我們因而不能從中推測這樣的評估就是政治文化。處在經濟困境中的民眾，很可能低估自己影響政府施政的能力，但不一定認為自己「無權」去施加影響。「無能」及「有能」可能是在特定時、空下的現實反應，而「無權」及「有權」則是一種超越時、空的文化取向，兩者之間的差異並非是程度上的，而是性質上的。

　　如前所述，Almond 及 Powell 在 1978 年曾針對五國研究的政治文化概念，有所檢視與修訂，一方面強調正當性應為政治文化的主要內涵，另一方面則主張政治文化應劃分為三個層次：「系統文化」(system culture)、「過程文化」(process culture)、及「政策文化」(policy culture)，而五國研究的政治文化則相當於「過程文化」。Almond 及 Powell 對政治文化的正當性與層次性的看法實與我們早期的觀念相類（胡佛、陳德禹、朱志宏 1976，1978），但他們對能力與權力在政治文化特性上的差異，則並未作進一步的探究與分辨。

　　再看政治參與的概念。早期對政治參與進行實證研究的西方學者，大都以投票行為為對象，也就是以民眾對公職人員的選擇，作為觀察的重點。[4] 1960 年代以後，西方學者將政治參與的概念展延至選舉活動，構成「單一面向」(uni-dimension)，如 Lester W. Milbrath(1965)，[5] 然

---

[4] 主要為 1950 年代美國 Michigan University 學者所進行的有關研究，可參見：Campbell, Gurin and Miller 1954; Campbell, Converse, Miller and Stokes 1960。

[5] Milbrath(1965:17-22)的單一面向包括四個高低程度(level)的選舉活動，即：(1)「鬥士的活動」(gladiatorial activities)，(2)「過渡的活動」(transitional activities)，(3)「旁觀者的活動」(spectator activities)及(4)「冷淡者」(apathetics)。他所發展這一單一面向與分層，頗受 Nie 及 Verba(1975:6-7)的批評，他乃在 1976 年與 M. L. Goel(1976:10-21)修訂為多元面向，承認參與行為不止於選舉活動，而應擴及其他影響政府，甚至純為支持性的各項行動。他的多元面向由六種型態的參與活動所組成，即：(1)「抗議者」(protestors)，(2)「社區活動者」(community activists)，(3)「政黨及

後再發展至非選舉活動，而構成所謂的「多元面向」(multi-dimension)，如 Sidney Verba, Norman Nie, Joe-on Kim(Verba and Nie 1972; Verba, Nie and Kim 1971, 1978)。[6] 在這一發展過程中，我們可以看到西方政治學者對政治參與的各種看法，以及其中所存在的一些問題，現也分數點，加以討論：

1.他們大都將政治參與界定為民眾對政府決定人事及施政（政策的制訂及執行）的影響(Verba and Nie 1972:2; Milbrath and Goel 1976:9-10; Weiner 1971:164-65; Huntington and Nelson 1976:12)，換言之，也就是將民眾的政治參與限制在具公權力的國家及政府的體系內。我們覺得這樣的限制，頗流於形式主義，因政治的核心概念，如前所述，既為一種實質的權力關係，民眾的政治參與即不應限於國家與政府的範圍，而應涵蓋其他具實質權力關係的各種團體。[7]

2.他們大都運用政治體系功能運轉的概念——由「投入」(input)經「轉變」(conversion)到「產出」(output)或「獲得」(outtake)的過程，

競選工作者」(party and campaign workers)，(4)「溝通者」(communicators)，(5)「接觸官員」(contacting officials)或「接洽專家」(contact specialists)，(6)「投票與愛國者」(voters and patriots)。作者對 Milbrath 有關概念的批評，請參見：胡佛(1984, 1985, 1985a)。

[6] 他們先將政治參與分為「選舉活動」(electoral activity)及「非選舉活動」(non-electoral activity)等二個基本類型，然後再分為四個「型態」，即：(1)「投票」(voting) ，(2)「競選活動」(campaign activity)，(3)「合作性活動」(cooperative activity)，(4)「公民主動地接洽」(citizen-initiated contacts)。他們的這四個「型態」則完全來自對十五種參與活動所作歸納性(inductive)因素分析(factor analysis)而獲得的「因素結構」(factor structure)。這十五種活動，則為他們所自定，並非根據一演繹性(deductive)的理論架構。作者的批評及看法，請參見：胡佛(1984, 1985, 1985a)。

[7] 較詳的討論請參見：胡佛、陳德禹、朱志宏(1976, 1978)。所謂具實質權力關係的團體也可用體系的權力結構與功能的兩個面向，加以分割，請參見：胡佛(1985, 1985a)。

進而界定政治參與活動的意義，但觀察的重點則不盡一致。一般說來，
不少西方學者都將參與活動的意義限在「投入」，並強調這樣的參與
就是民主。如 Nie 及 Verba(1975:2-3)則逕稱政治參與為「投入性的參
與」，甚至說：不如稱為「民主參與」。根據這樣的概念，他們認為
若干社會或絕大多數的社會成員並無政治參與的活動可言。Almond 與
Verba(1963:1-3,19-20)對五國政治文化的研究，也以「投入取向」作為
分劃「參與的政治文化」與「子民的政治文化」的主要衡量指標：前
者具「投入取向」，而後者則缺。他們也同樣地將政治參與與民主政
治相連，認為「參與的政治文化」構成民主政治的重要基礎。但民眾
對政府的影響，無論在人事或施政，是否祇限於「投入」的環節呢？
Milbrath 及 Goel(1976:9-10)則認為民眾對「產出」，也就是「獲得」
的期待與滿意的程度，也會影響到政府的決定，此仍然是一種參與。[8]
Samuel P. Huntington 及 Joan M. Nelson(1976:4)且進一步否定政治參與
祇是一種民主活動的看法，他強調縱在極權的政治體系，也一樣有政
治參與的活動。[9] 在 1978 年 Verba 對原先發展的「民主參與」的概念，
作了一些修正，自認西方公民參與的「自由模型」(liberal model)，有
嫌狹窄，欠缺廣泛適用的能力(Verba and Pye 1978:3-28)。我們對政治
參與的探討也始於 1970 年代的中期，也認為參與的活動應置於政治體
系之內觀察，但我們有些觀點則與西方學者並非一樣：一方面我們認

---

[8] Milbrath 與 Goel 雖注意到「產出」，但並未能再進一步將它發展成一個
　直接影響政府施政的獨立指標。他們所強調的民眾對「獲得」的滿意與
　否會影響政府的施政，似乎在實質上又轉回到「投入」的環節上去了。

[9] Huntington 及 Nelson 的觀念乃進一步牽涉到參與活動應否是合法的與自
　發的等問題。他們則強調參與活動可為合法的，也可為非法的；可為自
　發的，也可為發動的(mobilized)。這些皆與 Verba, Nie，以及 Weiner 等
　人的看法有別。

爲政治參與不應僅限於「參與投入」或「民主參與」，也應包括「產出」的參與，至於「產出」的概念，不是被動地對「獲得」的期待，如 Milbrath 與 Goel 所主張的，而是主動地對權威機構的訴求或陳情。另一方面，我們認爲西方學者將「轉變」的過程合併在「投入」之內觀察，[10] 未免粗疏。在我們看來，「轉變」是權力機構或政府施政過程中的中心環節：「投入」是其促動，「產出」爲其結果，所以不僅不應看成所謂的「黑盒子」(black box)，避而不談，而且要特別加以重視，作爲觀察參與活動的主要指標。[11]

3.主張政治參與就是「民主參與」的上述西方學者，很自然地會將民眾的參與看成是在一套民主規範或結構之上影響政府施政的活動。因之，他們強調「參與投入」是民主社會內的「合法」行動（參見：Nie and Verba 1975:2-3），也就是說，參與活動是在「體系之內」(within the system)，而不是針對「體系本身」(of the system)的。這樣的參與觀念乃不能不使「參與投入」的對象限於政府的公共政策，且不涉及整體政治體系的基本權力規範。我們由此也可看出他們的參與觀念著重社會價值的分配功能，而非政治價值的整建。Huntington 與 Nelson(1976:ch.1)則重視整體政治體系的變遷與發展，因而主張政治參與的概念不應限於「體系之內」的合法或正當的活動，而應擴大到包括改變整體體系結構及運作規則在內的各種合法與非法的活動。我們既不贊同「投入的參與」及「民主參與」的概念，當然也不能同意將

---

[10] Almond 及 Verba(1963:15)對「投入」的界定，即包括「轉變」在內。

[11] 我們將參與活動分成五個高低的層級，而以對「轉變」過程形成「干預」的參與爲最高級，其下則爲推動性、改革性、敦促性及維持性等四層參與。有關概念架構的討論，請參見：胡佛、陳德禹、朱志宏 1976, 1978，有關的實徵發現，請參見：胡佛、陳德禹、朱志宏 1981，胡佛 1984, 1985, 1985a。

參與活動限於公共政策或社會價值分配的功能面。我們且認爲在一個面臨社會及政治變遷的國家，對政治參與的觀察，更應放在整體政治基本結構的整建之上。

我們對政治文化及政治參與的概念作了以上的檢視後，就可對政治參與的功能性文化，作一整體的討論，並提出我們的一些看法：

1.政治文化應是體系成員對體系內各種權力關係在心理上的正當信念。對這一界定，我們也有幾點解釋：

(1)我們所指涉的政治體系著重其中的權力關係，所以，並不限於國家及政府，也包括其他具此種關係的社團。當然，國家及政府常成爲政治學者所觀察的主要對象。

(2)我們用信念體系(belief system)取代政治態度，因信念體系的各成分皆含有某種中心信念，而能概括地反應所取向的基本價值，態度在取向上則較爲特定。[12] 我們對政治文化的界定即以權力的正當感爲文化體系各成分的中心價值取向，所以最能適用政治文化的信念概念。

(3)我們認爲正當感具有兩重意義：一是道德的意義，一是實際的意義；道德雖然是「應然」，實際是「可行」，綜合起來就成爲「可

---

[12] Almond 及 Verba(1963:13-15)先將政治的取向看成一種態度，包括對政治體系的認知(cognition)、感受(feeling)及估價(evaluation)。後來Verba(1965:516)改用信念(beliefs)的概念代替態度，認爲信念的思想型態植根較深，較具概括性。也有學者將態度、信念及感情(sentiment)合成政治文化的內涵(Pye 1966:104-105)。Philip E. Converse(1964:213)則視信念爲一種體系，是意見(idea)及態度組合而成的結構，並進一步認爲其中組成的各成分(element)具有功能性的相互依持，且每一意見成分中，皆含某種程度的中心(centrality)信念。我們認爲政治文化是一多面向與多層次的體系，而凝聚在以權力關係爲正當的中心取向。此一取向在性質上較爲根本，而具概括性，所以可視爲信念。這樣的看法亦正與 Verba 及 Converse 的觀念相符。

行的應然」。[13]「應然」的本質是價值性的，因之，政治文化信念的取向於權力「可信的應然」，就成爲一種權力的價值取向。

(4)政治文化並非是某一時、空下少數個人的權力價值取向，而具有相當的超越時、空、人的概括象徵性。因之，政治文化雖是眾數的主觀取向，但在持久而概括的象徵性上，而有其客觀的存在。根據這樣的文化特性，具正當價值感的權力，所發生的作用也是象徵性的互動，而非實力本身的較量。我們由此也可知，所謂的權力正當感既非指體系成員或民眾對實質影響能力的自我評估，也非對具體的施政內涵所具有的好惡感，如自認對政府具有某種影響的能力或贊成政府制訂某種經濟或社會福利的政策等。在我們看來，這些影響的能力或對政策的好惡感，很可能出於現實的考慮，易隨時、空、人的變遷而改變，不符文化超越、持久及象徵等特性。當然，如自我評估的能力超越現實的考慮，而具象徵性，即相當於我們所指涉的權力，自可供觀察的對象。

2.我們認爲政治文化應是一多面向及多層次的組合，政治參與的功能性文化祇是其中之一，而且是最上層的，其基層尚有統攝性及結構性的兩層政治文化。[14] 三者之間的關係可見下表：

表一　三層政治文化的類型

	面向	內涵	作用	特性
統攝的文化	整合的統攝	整體的權力	體系的認同	象徵性
結構的文化	權力的結構	角色的權力	行為的規範	概括性
功能的文化	施政的功能	參與的權力	價值的分配	特定性

---

[13] Seymour Martin Lipset(1960:77)亦指出正當感是價值性的。我們對這方面的討論，請參見胡佛、徐火炎(1983:55-56)。

[14] 我們對此三層文化的劃分與討論，可另見：胡佛、徐火炎(1983:53-54)。

　　由表一所列三層文化的關係可以看出，政治體系如不能在文化的基礎上整合，權力的結構即無從產生；同樣地，權力的結構如不能在文化的基礎上建立，施政的功能即無法進行。再進一步看，如施政的功能無法在文化的基礎上進行，政治體系對價值分配的作用即難以發揮，整體體系即會陷入癱瘓。由上述可知，三層文化之間實具有互動的關係，而以參與的權力爲內涵，針對體系施政過程及功能的所謂功能性文化祇不過是其中的一環而已。

　　我們在前面曾經強調，政治文化以權力的正當取向爲內涵，這一權力在統攝的文化則爲整體，涵蓋所有的體系成員，如國家的國權即是統攝所有民眾的整體權力，使國家因權力的統攝而能整合。民眾對這一整體權力的正當取向，當然會產生對國家的認同作用。反之，如不視爲一統攝的整體，即會產生認同的危機，而影響到體系的整合。許多殖民地的民眾要求獨立，即在否定殖民國家的統治權，也就是拒絕合成一個權力的整體。從以上的分析可知，這一文化的權力取向，是凝聚體系內所有成員爲一象徵性的整體而產生，因而常呈現在整體的象徵符號，如國旗、黨旗等。對這樣的特性，我們不妨逕稱爲象徵性。結構性的文化所取向的權力則並非整體，而是取決於體系成員在構成體系結構中所擔當的角色：如相互之間、與權威機構之間，以及權威機構相互之間究應具有怎樣的角色權力。[15] 由此產生的作用即角色的行爲規範。體系成員在體系的結構中，皆擔當某種角色，所以是概括性的。功能的文化所取向的則是影響權威機構或政府施政的參與權力，作用在謀求個人的「獲得」或價值的分配。這在範圍上僅限於

---

[15] 我們將這些角色權力分爲五種，即：平等權、自主權、自由權、多元權及制衡權。有關概念架構的討論，請參見：胡佛、陳德禹、朱志宏 1976, 1978；有關實證性的探究，請參見：胡佛 1982，胡佛、徐火炎 1983。

成員與權威機構之間的影響過程，在對象上則為較具體的利益或價值，所以具特定性。

我們從上面對三層政治文化的比較可知，統攝文化所取向的權力最具整體的涵蓋性，也最為根本；結構的文化則分別取向不同的角色，而為結構所不可缺；功能文化的取向卻在於個人的參與，但為施政功能所需，在體系運作中最為常見。我們對此三層文化雖可各別觀察，但必須明其整體的脈絡。

3.如上所述，參與的文化是一功能的過程，這一過程可按體系的運作分為「投入」、「轉變」及「產出」三環節，而體系成員對其中任何一環節的取向，都是一種政治參與的取向，並不限於「投入」。不過，在我們看來，「轉變」的過程與權威的運作關係最密，可能最不易為固守權威觀念者所取向。因之，體系成員對「轉變」環節的取向可能是衡量政治參與文化最具效力的指標。

4.最後要強調的是：政治參與所取向的施政，不應僅限於體系內的人事及一般公共政策，也應包括有關體系本身的規範。前面曾指出規範的結構是體系功能運作的基礎，亦即為基礎的建構，但體系成員仍可以之為取向的對象，以「獲得」個人在角色規範方面的利益或價值。這一取向在政治變遷中的國家，可稱常見，如我國的若干知識分子及民眾認為對解除黨禁及報禁的要求為正當等皆是。

二、研究設計

我們在前面已對政治參與的文化，作了若干檢視與討論，並提出了我們的一些看法。這些看法大致基於我們的三項基本觀念：(1)政治的權力價值取向，(2)政治文化的多面性與多層性的結構，(3)政治體系的過程分割與運作。在這樣的看法下，我們要進一步探索的是：政治

參與文化的結構究竟是怎樣？我國民眾在這一結構上究呈現怎樣的類型？就政治體系的運作看，功能不能外於結構，所以關係最密，那麼，在三層文化的整體體系中，民眾所取向的結構性文化與功能性的參與文化間，究具有怎樣的關係？我們覺得對以上三個問題的了解，頗有助於政治文化基本理論的建立，這也就是本文觀察的範圍及所擬探究的學術目的，現分就有關的概念架構、理論的假設及觀察的方法，說明如下：

（一）概念架構

政治參與的信念係針對政治體系運作過程的三個環節：投入、轉變、產出，所生的取向。每一取向則各具權力的正當內涵及參與的實質作用；至於對權威機構施加影響的措施，亦可再分。現分別作一說明：

1.投入取向：這一取向是體系成員自覺有權對權威機構提出需求，使能接受，而成為可以實現的措施。但在過程上祇限於需求的提出，並不介入權威機構對措施的制訂。需求的對象，也就所擬影響的措施。可包括：(1)施政（決策與執行），(2)人事，(3)規範，(4)認同。對這些措施，體系成員常會持有兩種權力的取向：(1)消極的，也就是否定的取向。這是對權威機構的措施心懷不滿，而請求改變或革除，我們可稱之為改革權。(2)積極的取向。這是向權威機構提出自己的需求，望能付諸實現，我們可稱之為要求權。

2.轉變取向：權威機構對各種投入進行評議、選擇、增削，而決定產出的過程，即是轉變，主要的作用在措施的制訂。如體系成員自覺有權對這一過程加以干預，就成為政治參與的干預權。在性質上，此一權力取向最為積極，但也較為難能。所干預的措施則如前述。

3.產出取向：這一取向並非著重有權對權威機構提出需求，請求
改革或加以干涉，但自覺有權「訴請」(appeal)及期待自身的需求能受
到權威者的關注。[16] 這樣的參與取向不是針對投入的作用，而是寄望
於產出的結果，所常見的「訴請」的方式則是「陳情」，所以可稱之
為陳情權。很明顯地，陳情權的取向相當程度地呈現出一種被統治者
或所謂的「子民」的心態。至於體系成員所訴請與期待的措施，亦如
前述。

綜合以上討論，我們就可對政治參與的文化結構獲得一整體的概
念，而可供理論探究的基本架構，現再列表如下：

表二　政治參與文化的結構

體系的過程	權力的取向	影響的對象	參與的作用
投　入	改革權	施政、人事、規範、認同	措施的否定
	要求權	施政、人事、規範、認同	措施的提出
轉　變	干預權	施政、人事、規範、認同	措施的制訂
產　出	陳情權	施政、人事、規範、認同	措施的期待

---

[16] Almond 及 Verba(1963:214-18)在討論「公民能力」(citizen competence)及
「子民能力」(subject competence)時，曾指出：公民能力表現在參與法規
或政策的制定，而子民能力則表現在「訴請」政府官員於既定的法規或
政策下，尊重其權利與實現其請求。但我們認為法規與政策是非常籠統
的概念，立法機構固可制訂法規，行政機關也可發布行政規章，加以補
充。上級機關雖可制定政策，下級機構在執行時也常會作實質或程序上
的充實，性質上也可看成政策。如一位體系成員講求行政機構變更所頒
訂的補充規定或充實的政策，究為「公民能力」的需求，抑為「子民能
力」的訴請呢？所以用「制定」及「執行」對上述兩種能力加以劃分，
頗為困難，縱他們自己，也不能不承認(1963:214-15)。我們認為不妨將
所謂的「子民能力」看為產出環節的「訴請」或「陳情」的權力價值取
向，而不必用法規或政策的制定或執行加以限制。請參見：胡佛、陳德
禹、朱志宏(1978: 22-23)。

（二）假設

　　我們從以上對概念架構的討論可知，在四種權力取向的結構內涵中，干預權對權威機構的影響最強，所取向的權力正當價值也最高；其次則為改革權與要求權；再次則為陳情權。我們再從政治發展的過程看，愈傳統的政治體系，權威機構愈享有絕對的權威，而體系成員的參與權力價值取向也愈低；反之，愈現代的政治體系，權威機構愈難享有絕對的權威，而體系成員的參與權力價值取向也愈高。這些傳統與現代的高、低權力價值取向，當然會反映在上述干預權等四種參與的權力價值取向之中，而構成某種類型。最後要強調的是：政治體系的運作是結構與功能的配合，因之，上述四種具功能性的權力價值取向自會受到結構性權力價值取向的影響，而形成某種相關的關係。

　　以上是對政治參與文化中四種權力取向的結構、類型，以及與結構性政治文化間的關係，所作的初步推論，現根據這些初步推論，另參考我們對我國政治發展及社會變遷的觀察，可將本文所擬驗證的數項基本假設說明如下：

　　1.在政治參與文化的四種權力價值取向的結構中，我國民眾對陳情權的取向，以及對改革權與要求權的取向皆具相當的強度，且會構成一個面向，但對干預權的積極取向則偏低，另會構成一個面向。

　　2.我們可據民眾對上述四種權力價值取向，將政治參與文化，分劃為轉變、產出及投入等三個類型。在轉變的類型中，民眾對陳情權、改革權、要求權及干預權等四種取向，皆具積極的共識；在產出的類型中，民眾僅對陳情權具有積極的共識，但對其餘三者（改革權、要求權及干預權）則不具積極的共識；在投入的類型中，民眾不僅對陳情權具有積極的共識，也至少對改革權及要求權兩者之一具有積極的

共識，但對干預權欠缺積極的共識。我們的假設是：目前我國民眾的政治參與文化正處於投入的類型。現將此三個類型列表如下：

表三　政治參與態度的類型

	陳情權	改革權	要求權	干預權
轉變取向	＋	＋	＋	＋
投入取向	＋	○	○	
產出取向	＋	－	－	－

說明：「＋」表示系統成員具有共識或眾數積極取向。
　　　「－」表示系統成員不具共識或眾數積極取向。
　　　「○」共列二項，表示其中至少有一項為系統成員的共識或眾數積極取向。

3.過去我們曾根據系統成員的角色，將結構性的政治文化分為五種權力取向：平等權、自主權、自由權、多元權、制衡權。而以：民眾對此五者的皆具積極地共識為自由民主類型；皆欠缺此一共識為傳統極權類型；僅對平等權、自主權及制衡權三者的其中之一或以上具有積極的共識，但對自由權及多元權皆欠缺積極地共識為現代權威類型；並進而證知我國民眾的結構性政治文化屬現代權威的中間類型（胡佛 1982），現本研究已再作證知。[17] 我們在前面曾強調結構性的政治文化與功能性的參與文化，在體系運作上密切相關，因之，如我們的前一假設，即目前政治參與文化亦屬投入取向中間類型，獲得證實，我們即可進而假設：兩種中間類型之間也具積極的相關關係。進言之，作為參與取向投入類型的重要取向指標：干預權與作為結構性文化現代威權類型的重要指標：自由權與多元權之間，應具有正值的相關；

---

[17] 在五種權力價值取向中，制衡權超過積極共識 60%的最低標準（為 64.4%），但其他的四種權力取向皆未過：平等權為 49.8%，自主權為 54.2%，自由權為 20.4%，多元權為 18.8%。此已符合轉型類型的標準。

且相比較之下，這一相關較干預權與結構文化的其他權力取向，以及自由權及多元權與參與文化其他權力取向之間的任何相關為高。

（三）量表的製作與施測

　　我們根據表二有關政治參與的整體概念製作量表（共分六個強度，三種為積極，三種為消極），分別就改革權、要求權、干預權及陳情權等四種權力取向，抽樣施測。但要加以說明的是：

　　1.我們原將權力取向的影響對象分為四種：施政、人事、規範、認同，但其中的認同因素因牽涉到國家未來的分合問題，不易測量，後經研究同仁商決暫時不予列入。

　　2.本研究祇是「臺灣地區社會變遷」研究計畫中的一個部份，在施測的問題上必須精簡，我們與研究同仁幾經商討後，決定按四種權力取向在觀察上的重要性，分就施政、人事、規範等三者分配測量的題目。現干預權及要求權就此三者得一題；改革權就施政及人事二者各得一題，陳情權僅就人事得一題。量表題目請參見附錄一。

　　3.本研究重在基本資料的蒐集及基礎理論的探究，所以對體系過程的觀察僅限於國家體系的權威機構：政府，因政府的結構與功能最為周密、廣袤，且涵蓋所有的民眾，必得作較深入的觀察，至於其他體系，如政黨等，皆不在本研究的範圍之內。

　　上述「臺灣地區社會變遷」研究計畫，共分二種問卷（問卷 I、II）施測，本研究的量表屬問卷 I，所施測的民眾樣本係來自全國性的隨機抽樣，共 4,233 人。樣本地區涵蓋 290 個村里，樣本年齡為 20-70 歲。整體問卷於 1984 年春夏之間經試測與修訂，然後進行施測。在 1985 年初，再補行試測一次。有關抽樣的理論與方法，請參見：瞿海源 (1987)。

三、研究發現與討論

現根據我們的各項假設，就施測所獲得的資料與發現，分別析述如下：

（一）政治功能文化的結構與面向

我們在前面討論概念架構及量表製作時，曾說明四種權力價值取向的參與作用，以及施測量表的題目分配與性質，現將各題所得的次數與百分比，列成下表：（實際施測的題目，請參見附錄一）

表四　四種權力參與取向的次數及百分比

	次數	百分比	人數
1.陳情權			
(1)寄望政府公務人員應為民服務	2973	84.3	3525
2.改革權			
(1)對政府不當施政，有權提出異議	3053	83.7	3652
(2)對政府人員不滿，有權與之爭議	3108	85.7	3626
3.要求權			
(1)有權提請政府制訂規範	2400	67.5	3552
(2)有權提請政府決定施政	3448	91.6	3766
(3)有權提請政府改善人事	2997	84.5	3545
4.干預權			
(1)有權在議會制訂規範時，加以影響	1344	42.8	3136
(2)有權在政府決定施政時，加以影響	465	13.8	3363
(3)有權在政府決定人事時，加以影響	1085	33.8	3209

N=4223

我們從表四的四種權力取向所構成的文化結構，可以看出：

1.干預權的取向，無論在規範、施政及人事方面皆較陳情權、改革權及要求權爲低，由此可以看出，我國民眾對介入政府及議會權威的操作過程，並不具有強烈的權力價值取向。其中較高的爲影響議會，但也祇得 42.8%，不過半數；至於對政府施政及人事影響，則低至 13.8% 及 33.8%。民眾對影響議會議事過程的取向稍高，可能是由於若干年來我國各級代表民意的議會不斷改選，議員愈來愈重視爲選民服務所致。上述的發現可以證實我們的假設。

2.就陳情權、改革權及要求權來看，有關人事的取向大致相等，且具有將近 85%的高度（分別爲 84.3%，85.7%及 84.5%）。但在施政上，要求權的取向高達 91.6%，改革權則稍低，但亦達 83.7%。由上述可知，我國民眾對切身問題有關的政府施政，以及對擔當決策與執行責任的公務人員，皆具有相當主動的權力價值取向：或在請求消極的不作爲，或在請求積極的作爲。這些皆已表示民眾已非傳統時代完全聽命政府之可比。

3.在要求權的三種取向上，則以規範較爲偏低，但也達 67.5%，原因可能在民眾對政府制訂法令規章的權威，尚略多傳統的尊重。我們如以要求權的三種權力取向相比，或可看出政治參與取向變遷的軌跡。

4.再看干預權的三種取向，在整體比較上，如前所述，雖皆偏低，但三者之中則以影響議會的制訂規範爲較高(42.8%)，而以影響政府施政與人事爲較低（各爲 13.8%及 33.8%），原因可能仍在民眾於相較之下，對政府權威略多傳統的尊重，但對民選的議會則較多自我權力的取向。民選對參與取向的促動於此亦有軌跡可循。

以上係就四種權力價值取向中各題的百分值加以比較分析，以明民眾對政治參與取向的結構。我們再就民眾在四種權力取向的各題中

所呈現的強度，進行因素分析(factor analysis)，進而探究四種權力取向間的共變關係與因素，以及所形成的面向：

表五　四種權力價值取向的因素分析（斜交轉軸）

	提請面向	干預面向	共同性(h^2)
改　革　權	.835	-.058	.700
要　求　權	.828	-.095	.695
陳　情　權	.746	-.095	.567
干　預　權	-.054	.995	.992
固有值(Eigenvalues)	1.967	.986	
N=4223			

說明：☐：.70 以上

我們從表五的因素分析可知，四種權力價值取向共分成兩個因素。第一個因素由改革權、要求權及陳情權等三個權力取向所組成，因素負荷量在.70 以上（分別爲：.835, .828, .746），具有相當的共變關係，而形成一個因素面向。這三個權力取向的對象不外對政府的權威提出某種請求（改革權與要求權）或訴請（陳情權），所以可將這一因素稱之爲提請面向的因素。再看第二個因素，其中的各項因素負荷量具有意義，且超過.70 的，祇有干預權(.995)，此形成另一取向的因素面向。干預權的取向就是對政府權威運作過程的干預，因而可逕稱此第二個因素爲干預面向的因素。至於此二個因素之間究具有怎樣的關係，我們再作相關檢驗，發現兩者之間呈現某種的負相關(r=-.160, p<.01)。根據以上的發現，我們對民眾政治參與文化的結構，可獲一進一步的了解，即：民眾在參與取向上，並不具一共同的面向，而分裂成兩個互不相容的面向。大致是取向於提請面向的民眾，對干預面向持某種

程度的反對態度。[18] 這些皆能驗證我們的假設。

（二）政治功能文化的類型

我們在假設中曾推論我國民眾的政治參與文化，正處於投入取向的類型，也就是：(1)對陳情權具有積極共識，(2)對改革權及要求權二者之一至少具有積極的共識，(3)對干預權不具積極共識。我們將共識的最低標準訂在 Herbert McClosky(1964:363)所主張的四分之三的絕對多數，亦即不得低於 75%的眾數取向，再補以我們所增訂的次一最低標準：五分之三的絕對多數，亦即不得低於 60%的眾數取向（請參見：胡佛 1982）。然後再累加民眾在四個權力取向量表中各題的得分（每題皆有三個消極取向，分別給 1 分，2 分，3 分，另皆有三個積極取向，分別給 4 分，5 分，6 分），以超過中切點的分數（爲 3.5 分）爲積極取向，再整體計算百分值，以衡量是否達到 75%或 60%的共識標準。我們將整體民眾，以及公職人員、農業人員、商業人員、勞工、學生等，在四種參與權力取向量表上的得分百分值，列如表六。

在表六所列四種參與權力取向中，我們無論就全體民眾或公職人

---

[18] 我們曾對陳情權、改革權、要求權及干預權進行 Guttman Scale 分析，大致可以看出上列四種權力取向的順序是由低到高的層級，而取向最高層級的干預權的，也取向以下的三個低層次的權力取向；反之，則並不一定如此。（複製係數=0.89）。由此可證取向提請面向的，對持干預面向的，持反對態度，而非後者對前者。Guttman Scale 分數如下：

層級順序	0	1	2	3	4
		陳情權	改革權	要求權	干預權
	（未參與）				（最高）
Guttman Scale 分數	17	57	16	7	3=100%

N=2476

員、農業人員、商業人員、勞工、學生觀察，皆可發現唯有干預權不能達到 60%或 75%的最低積極共識標準，完全符合我們在假設中所設定的投入類型。這也就是說，目前我國民眾在體系功能運作過程中所呈現的參與文化，仍停留在投入的中間階段，尚未進入干預的領域。我們今日可以看到在某種層次的決策過程，常令人諱莫如深；大多數的民眾也常不求甚解，不覺有權加以影響。近來社會常發生自力救濟事件，其中不少是對政府施政的不滿，輿論曾為此呼籲民眾與政府應充分溝通，這在性質上仍是決策過程的開放與參與的問題。其他如有關教授治校，以及學生參與權等等的爭辯，雙方的歧異在：某些反對的人士強調教授與學生可對校方措施表示不滿或提出要求，但不能干預學校當局的決定；而某些贊成的人士則堅持教授與學生應具有參與決策之權。實際上爭辯的一方所主張的改革權與要求權，另一方則在干預權。以上的事例或可說明投入參與取向所發生的作用，以及往干預參與權力價值取向發展的趨勢。表六另顯示：在干預權中以學生為最高(26.6%)，公職人員最低(17.9%)。兩者之間的差距也正可為將來發展的趨勢，作一註腳。

表六　四種參與權力價值取向超過中間切點人數百分比

	全體民眾		公職人員		農業人員		商業人員		勞工		學生	
	%	N	%	N	%	N	%	N	%	N	%	N
陳情權	84.3	3525	85.7	530	74.6	378	87.3	403	84.1	785	98.4	77
改革權	82.3	3487	82.5	518	79.4	375	86.1	403	78.9	788	86.8	74
要求權	89.0	3257	89.4	503	87.0	346	90.7	377	86.4	731	95.0	72
干預權	22.4	2738	17.9	428	24.9	268	20.3	323	24.8	640	26.6	65

說明：□：表示其中百分值已超過 75%

（三）功能性政治文化與結構性政治文化之間的關係

　　我們曾指出政治文化是一多層次的組合，而以結構性的政治文化與功能性的政治參與文化為體系運作的表裡權力價值取向，兩者應具有密切的相關關係；另外我們在假設中更進一步推論兩者的現代威權與投入取向的中間類型，所呈現的關係是：兩個類型中皆未達最低積極共識標準，而作為類型重要指標的權力取向——此在結構性政治文化為自由權與多元權，在功能性參與文化為干預權——相互之間具顯著性的較高相關；在另一面，自由權及多元權與參與取向中的其他權力取向，以及干預權與結構性文化中的其他權力取向之間的交叉相關則較低。我們現將上述兩層文化及各權力價值取向間的相關關係，列如下表：

表七　兩層文化及各權力價值取向間的相關係數(r值)

	陳情權	改革權	要求權	干預權	整體
平等權	.186**	.182**	.212**	.037*	.245**
自主權	.260**	.300**	.366**	.063**	.387**
自由權	.105**	.073**	.081**	.257**	.188**
多元權	.063**	.072**	.093**	.233**	.163**
制衡權	.233**	.268**	.325**	.032	.338**
整　體	.225**	.234**	.282**	.220**	.365**

N=4223　*p<.01　**p<.001

　　從表七的相關矩陣可以發現：

　　1.整體結構性的政治文化與整體功能性參與文化間具有相當顯著的正值相關(r=.365, p<.05)。

2.干預權與自由權及多元權之間也分別呈現相當顯著的正值相關
（r 值分別為：.257, .233; p<.05），但與平等權、自主權及制衡權之間
的正值相關則明顯地較低，或具顯著性，或無（分別為：r=.037, p<.01;
r=.063, p<.05; r=.032, p>.05）。

3.同樣地，自由權及多元權與陳情權、改革權及要求權之間的正
值相關，也明顯地較低，雖仍具相當的顯著性（自由權間的相關值分
別為：r=.105, p<.05; r=.073, p<.05; r=.081, p<.05；多元權間的相關值分
別為：r=.063, p<.05; r=.072, p<.05; r=.093, p<.05)。以上所發現的各項
相關，可完全證實我們的假設。

結構性的政治文化既與功能性的文化具有相當顯著的正值相關，
且同屬互有關連的中間類型，因而我們不妨將此結構與功能二者，視
為一相互影響的整體，正動態地轉向現代的政治文化，那就是結構的
更民主，功能的更參與。

四、結　論

本文的主要目的是對民眾的政治參與文化作一基礎性及理論性的
探究，因之，我們很重視有關概念的檢視及概念架構的搭建。我們認
為這一態度在概念上實際是由政治文化及政治參與的二個基本概念所
構成，所以必須分別從這二個基本概念加以檢視，否則不能得一整體
的視野。我們先評涉西方學者的得失，然後提出我們的看法，而我們
所特別著力的則在：(1)辨明政治文化是一權力的價值取向，而不是自
我能力的評估，否則，將損害文化的周延、持久的象徵意義，以致無
法作正確的觀察。(2)強調政治文化是一有機的整體，而由統攝、結構
及功能等三種權力價值取向所組合。三者的分野在：象徵的整體、角
色的規範及個人的參與。我們在概念上曾力作思辯與廓清，不然不僅

無法建立我們的整體文化概念，且不能為政治的參與取向定性、定位。進一步看，如不能定性、定位，所觀察的關係與作用可能祇是片段或流於瑣碎。(3)分割參與的過程為體系的「投入」、「轉變」及「產出」等三個環節，但我們特別重視「轉變」的環節：既不將「轉變」併入「投入」之內觀察，也不將參與限於「投入」或視為民主。(4)結合政治文化與政治參與的觀念，而發展成包括投入取向、轉變取向及產出取向三者的政治參與文化的概念。我們經歷上述對各項概念的焦思急慮，乃能逐步建立本文探討政治參與的功能性文化的概念架構及假設。

我們的概念架構是將上述的三種取向分成陳情權、改革權、要求權及干預權等四種權力價值的取向，然後再根據民眾對此四種權力取向的是否具有眾數的積極共識，而建立三個類型：轉變取向、投入取向及產出取向。其中以干預權為分割類型的主要指標：如未能達到最低的積極共識標準則停留在投入或產出。我們在此概念架構上，擬訂三項有關政治參與取向的基本假設，且皆能加以證實：(1)民眾對干預權的取向偏低，並形成一個面向；另一方面則對其他三個權力價值的取向偏高，另形成一個面向。(2)我國民眾的現階段的政治參與文化正處於投入的類型。(3)我國民眾的結構性政治文化與功能性的政治文化具相當顯著的積極相關。我們在以上假設的證實後，已大致對政治參與文化的基礎性理論探究，告初步完成。這也使我們對整體政治文化的研析，獲致較佳的理論及經驗的憑藉。

最後要稍加說明的是：投入的階段是從產出而來，本身實內蘊著一種變遷與發展的動力，方向則為現代。根據本文的發現，目前我國民眾無論在結構性的政治文化及功能性的政治文化上，皆進入轉型。此與經濟及社會的生態環境（如均富、流動），以及政治的生態環境（如選舉）相互激盪，可能更易發揮及助長內蘊的動力，進而推移政治結構與功能的改變，也就是更趨向現代的民主與參與。最近我們已

經看到一些端倪，如戒嚴的解除、黨禁的開放，以及遊行、請願的日增等。將來的激盪或互動過程究將如何進行？對政治體系又將造成怎樣的衝擊？這些皆需我們進一步結合個體(micro)及總體(macro)的觀察途徑，作不間斷的探究，才能獲得真正具有解釋力的科學理論。（原載：《中央研究院民族學研究所專刊》，乙種之 20，1988，頁 327-54。）

參考文獻

胡佛，1982，〈有權與無權：政治價值取向的探討〉，《中央研究院民族學研究所專刊》，乙種之 10，頁 381-416。

胡佛，1984，〈選民的黨派選擇：態度取向及個人背景的分析〉，《政治學報》，12 期，頁 1-59。

胡佛，1985，〈臺北市民政治參與行為的比較分析〉，載：《臺灣地區的社會變遷與文化發展》，中國論壇，頁 99-137。

胡佛，1985a，〈臺灣地區民眾的參與行為：結構、類型與模式的分析〉。《第四次社會科學研討會論文集》，中央研究院三民主義研究所，頁 363-97。

胡佛、陳德禹、朱志宏，1976，《政治系統的權力價值取向及交互作用：研究計畫書》，國科會專題研究計畫。

胡佛、陳德禹、朱志宏，1978，〈權力的價值取向：概念架構的建構與評估〉，《社會科學論叢》（臺大法學院印行），27 輯，頁 3-40。

胡佛、陳德禹、朱志宏，1981，《政治參與行為：內湖地區的個案研究》，國科會專題研究報告。

胡佛、徐火炎，1983，〈結構性的政治文化：概念、類型及面向的探討〉，《第三次社會指標論文集》，中央研究院三民主義研究所，頁 47-85。

瞿海源，1987，〈臺灣地區社會變遷基本調查執行過程報告〉，《臺灣地區社會變遷基本調查研討會報告》。

Almond, Gabriel A. and Sidney Verba. 1963. *The Civic Culture*. Princeton:

Princeton University Press.

Almond, Gabriel A. and Sidney Verba. 1980. *The Civic Culture Revisited.* Boston: Little, Brown.

Almond, Garbriel A. and G. Bingham Powell, Jr. 1978. *Comparative Politics: System, Process and Policy.* Boston: Little, Brown.

Campbell, Angus, Gerald Gurin and Warran E. Miller. 1954. *The Voter Decides.* Evanston, Ill.: Row Peterson.

Campbell, Angus, Philip E. Converse, Warran E. Miller and Donald E. Stokes. 1960. *The American Voter.* New York: Wiley.

Converse, Philip E. 1964. "The Nature of Belief System in Mass Public." In David E. Apter (ed.) *Ideology and Discontent.* New York: Free Press.

Huntington, Samuel P. and Joan M. Nelson. 1976. *No Easy Choice.* Cambridge, Mass: Harvard University Press.

Lipset, Seymour Martin. 1960. *Political Man.* Garden City: Doubleday.

McClosky, Herbert. 1964. "Consensus and Ideology in American Politics." *American Political Science Review* 58:361-82.

Milbrath, Lester W. 1965. *Political Participation.* Chicago: Rand McNally.

Milbrath, Lester W. and M. L. Goel. 1976. *Political Participation.* Chicago: Rand McNally.

Nie, Norman H. and Sidney Verba. 1975 "Political Participation." In Fred I. Greenstein and Nelson W. Polsby (eds.) *The Handbook of Political Science.* Readings, Mass: Addison-Wesley vol.4:1-74.

Pye, Lucian W. 1966. *Aspects of Political Development.* Boston: Little, Brown.

Verba, Sidney. 1965. "Comparative Political Culture." In Lucian W. Pye and

Sidney Verba (eds.) *Political Culture and Political Development.* Princeton: Princeton University Press.

Verba, Sidney and Norman H. Nie. 1972. *Participation in America: Political Democracy and Social Equality.* New York: Harper and Row.

Verba, Sidney, Norman H. Nie and Joe-on Kim. 1971. *Modes of Democratic Participation: Across-National Comparison.* Beverly Hills: Sage.

Verba, Sidney, Norman H. Nie and Joe-on Kim. 1978. *Participation and Political Equality: A Seven Nation Comparison.* London and New York: Cambridge University Press.

Verba, Sidney and Lucian Pye (eds.) 1978. *The Citizen and Politics: A Comparative Perspective.* Stamford, Conn.: Greylock.

Weiner, Myron. 1971. "Political Participation." In Leonard Binder and et al. *Crises and Sequences in Political Development.* Princeton: Princeton University Press.

附錄一：功能政治文化的量表

一、陳情權

1.公務人員應以執行政府的命令爲主，至於是否熱心爲民服務，則不必
　計較。

二、改革權

1.就算是政府的稅不合理，民眾也應按時繳納，不應提出異議。

2.民眾到政府機關辦事，就算是對承辦人員不滿，也不可爭議。

三、要求權

1.政府的法令規章，人民只應遵守，不應請求變更。

2.政府對民眾有關地方建設的請求，都必須加以考慮。

3.公務人員的服務態度是否需要改進，應由上級官員決定，一般民眾無
　權過問。

四、干預權

1.如果有人請議員在議會贊成或反對某一個議案，那是不可以的。

2.政府在決定一項建設方案時，如果有人爲了個人的利益，運用適當的
　方法加以影響，也沒有什麼不對。

3.在政府發表人事命令之前，大家不應隨便表示意見。

我國大學生對民主的態度

～三系學生的研析

一、概　說

　　我們如用歷史的眼光，縱觀近世國家的政治發展，即可發現大多國家的政治建設皆以民主爲目的。所強調的價值包括主權在民、平等（無分性別、門第、宗教、職業等）、基本人權（包括人身自由及意見自由等）、結構分權（包括中央政府組織的分權及地方自治）等。爲了實現這一些價值，民選制度、議會政治、責任政府、司法獨立、地方自治等乃成爲政治建設的主要內容，基本的藍圖則是憲法。從而，憲法乃成爲民主政治的一種規劃，從此而生的法治觀念也就無法離開民主政治的精神，亦即不僅不能如專制時代將法治看作統治人民的工具，要求人民片面的遵守，而應著重政府在權力規範上與人民共守，不能逾越。這類價值取向的民主法治的建設，大致相當於 Max Weber 所強調的社會組織演變中的一種理想型態，即理性的法的正當化(rational-legal legitimation)。我常將民主的建設視同政治的現代化，這在理論上雖有待進一步的討論，但我們試分析人類內在的心理結構(inner design)及基本需要(basic needs)，即可發現自尊、自主、自由、

自重以及安全、秩序，實為心理生活所必需。因之，對這些心理生活
的追求與滿足，我們似可稱為現代化的過程。民主與法治在根本上原
為滿足這些心理生活，從這一論點，應可視為政治現代化的主要內容。
近代的政治發展，無論在任何地區，皆無可避免地朝向民主法治，原
因或即在此。但民主與法治的建設，非一蹴可幾，尤其是傳統的專制
國家，在邁向現代化的發展時，更是困難重重，甚至會引發社會與政
治的動亂。造成困難與動亂的因素甚多，其中最重要的應在文化的層
面。傳統文化是傳統環境的產物，傳統環境中的生活條件、生活知識
與社會及經濟結構，使得政治的權力結構，祇能停留在某種專制的層
次，而由此所滋生的政治文化，會再回轉過來維持及鞏固傳統環境中
的專制制度，在這樣的情形下，非有重大的衝擊，即不易有根本的改
變。

　　無可諱言地，我國的政治傳統是相當專制的，但近百年來，因受
西方文化的激烈衝擊，已無法維持傳統的封建與專制的政治結構，而
開始逐步追求民主與法治的政治建設，以進一步滿足自尊、自主等等
的現代政治生活的需要。一般說來，任何現代化的進行，皆先由少數
知識份子發動，然後再推向社會大眾。但在過程中，因新觀念及新知
識非一時所能推廣，而已成習慣的傳統生活方式也一時難以改變，此
使得現代化的努力，不能有快速而普遍的成就。在政治方面，最常見
的現象是：具民主與法治內容的憲法已經制定，但民主與法治的文化
卻未能建立或尚在萌芽中，於是憲法自憲法，並不代表政治生活已進
入民主與法治的現代領域。從這樣的發展，我們可以發現許多政治問
題；對這些問題的解決，當然有助於民主與法治的建設。

　　民主與法治淵源於理性，而理性的價值觀念與知識，以知識份子
較易吸收，所以政治現代推動者常不能不為知識份子。我國對民主與
法治的建設，已歷有年所，但究獲得怎樣的成效，或產生怎樣的問題，

很值得注視。大學生為社會的中堅知識份子，在任何政治變遷中，經常居於推動的地位，他們的政治態度，無疑地將會影響政治現代化的前途。我在三年前曾設計一種權力文化的概念架構，用來觀察大學生的政治態度，其中將民主的概念用數種權力的關係加以說明，並制定權力的量表施測。我假設在民主的建設過程中，大學生可能因態度的不一致，而造成發展上的問題，乃據以作進一步驗證。本文的探討，祇是上述研究的一部份，重點即在民主的態度，我們所擬探討的主要問題是：

　　1.在傳統轉向現代的歷程中，大學生對民主的態度究竟如何？如以態度的價值取向與行動傾向作為觀察的重點，兩者是否一致或呈現態度上的歧異？亦即大學生是否多趨向於理論上的價值，而對具行動傾向的實行價值較存保留的取向？如答案為肯定，我們大致可以推論：大學生較贊同民主的理論，但對實行性則持較審慎的態度，這一態度的本身當然就會影響到民主的建設。

　　2.徘徊在民主的理論價值取向及實行價值之間，大學生對我國未來的民主建設，會採取怎樣的態度？是否一方面認為具發展的可能性，但幅度不可能太大，而另一方面則不感覺在較短的時間內，可付諸全面而深度的實施？如答案為肯定，當然也會影響到民主的未來建設。

　　3.我國一般家庭及中、小學教育，對民主觀念的灌輸尚不夠深入，此類觀念的強化可能會延續至大學時代才加速開始。在這樣的情形下，大學生是否因年齡及年級的上升，對民主的認知與價值觀也將加深？如答案為肯定，即可證明大學教育與年齡的增多對民主的觀念會發生影響。

二、研究的方法

國內學術界對大學生權力態度的研究，尚不多見，我所進行的測試，無論在概念架構及研究設計上，皆仍待驗證及作進一步的改良。基於這一層考慮，我對研究對象的選擇，即不擬過廣。現所選擇的大學生為臺大法學院法律、政治及社會三系各年級學生。我選擇臺大法學院的三系學生，因我自己即在法學院執教，與受測學生間具較親密的關係，這在施測上，較易進行，也較易受到信任，而可獲得較真實的答案。

其次，法律、政治與社會三系的學生，在大一時即修讀有關政治及社會科學方面的課程，應對民主與法治的基本觀念，具有相當程度的認知，不致在受測時發生概念上的誤解與歧異，影響到結果的正確。

再：我們假設大學生隨年齡及年級的上升，可能對民主與法治的態度亦有所改變，因之，所選擇的三系學生包括各年級（大一、大二、大三、大四）在內，以便驗證。

施測的時間，自 1975 年 5 月 21 日開始，至 6 月 5 日為止，歷時約兩週。對三系各年級學生的選擇，原則上不採取抽樣法，而委由授課的教授於上課時施測。但由於安排上的困難，施測的課程非能全部為必修課，部份祇分配在選修課，而且，無論為必修課或選修課，仍有少數學生缺課，所以，從整體來看，尚有缺漏。但大學生的同質性(homogeneity)程度較高，我們所施測的學生數，比例亦甚高；在法律系（其中一組）及政治系的比例高達 66%及 69%，在社會系的比例亦達 35%。這樣的樣本應當具有相當大的代表性。詳細的分配，可見表一。

表一　三系受測學生的人數及百分比

	男			女			總數		
	人數	受測數	%	人數	受測數	%	人數	受測數	%
法律系									
一年級	36	14	39	30	21	70	66	35	53
二年級	40	22	55	27	25	93	67	47	70
三年級	34	26	76	28	18	64	62	44	71
四年級	40	22	55	24	23	96	64	45	70
總　數	150	84	56	109	87	80	259	171	66
政治系									
一年級	42	38	67	33	33	100	75	61	81
二年級	28	27	93	38	26	68	66	53	80
三年級	33	18	55	56	19	34	89	37	42
四年級	31	31	100	23	15	65	54	46	85
總　　數	134	104	78	150	93	62	284	197	69
社會系									
一年級	23	7	30	49	21	43	72	28	39
二年級	26	8	30	37	10	27	63	18	29
三年級	27	6	22	35	24	69	62	30	48
四年級	22	2	9	36	12	33	58	14	24
總　　數	98	23	23	157	67	43	255	90	35

對上述三類問題的探索與驗證，我們分別採取下列的方法：

1.有關民主的理論價值取向部份，我們運用一般問卷，先詢問受測者的理想社會，是否就是民主社會，由受測者在「是」或「否」二欄中，勾劃其一；然後在經由一個自由答覆(open end)的問題，詢問受測者：「如果你的理想社會不是民主社會，請略說明你的理想社會是什麼？」任由受測者作答。

2.有關民主的實用價值部份，我們運用強度量表，由受測者就「民主政治是否適宜在中國實行」的問題，在三個肯定或否定的差異強度欄中，選擇其一，然後再據正負分，作綜合統計。在強度測量後，緊

接著詢問選擇的理由，使作任意的解釋。

　　3.有關我國實行民主情況的認定與評估，我們設計了一個階梯形
的強度量表，使受測者評判目前及三年前與三年後，我國民主的實施，
在最低層（亦即最不理想的層）至最高層（亦即最理想的層）之間，
居何種層級（見右圖）。圖中的第五層爲中立層，
往上則逐層作正的評估，往下則逐層作負的評估。
受測者在作三次比較的評估後（即：目前、三年前、
三年後），再就「假如你認爲三年後還不能達到最
高層，那麼你判斷幾年後才可以達到」的問題，於
六個時間長短的差異欄中（即：五年、十年、二十
年、三十年、四十年、下一代），選擇其一。統計
受測者在階段量表中的三次比較測量，以及在時間
量表中的選擇，應可推知受測者在民主與法治政治
的發展上，亦即政治現代化的進行上，所持的態度。

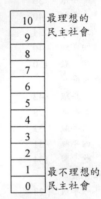

圖一　民主情況評估
量表

　　4.據以往研究我國大學生有關態度的文獻所示，在受測者的背景
變項中，以性別（男或女）間的差異，最爲顯著，其他如省籍（本省
或外省）、宗教、家庭的組織以及社會與經濟情況等，皆無顯著的差
異。所以，本文在統計分析上，特別重視性別的背景變項，對三學系
的各年級，皆分爲男、女兩組加以比較分析。

三、民主的理論價值與實用價值

　　我們所擬探討的第一個政治問題是：受測大學生對民主的態度是
否一致，也就是要觀察理論價值與行動傾向的實用價值之間是否具有
差異，以及具有怎樣的差異。要進行這樣的觀察，必須將理論價值及
實用價值分別觀察，然後再作比較。我們的方式是先就各系、各年級

及男、女性別作個別的分析，然後再作綜合的說明與討論。

（一）民主的理論價值

我們對受測學生在民主理論價值方面的探索，是詢問一個問題，即：「你的理想社會，是否就是民主社會？」作肯定答覆的，爲具有理論價值的取向，作否定答覆的，則不具此取向，所獲得的結果如下：

法律系

據我們的統計，法律系四個年級（大一、大二、大三、大四）的學生對民主理論價值的取向，分別爲 83%、79%、98%、87%，全體爲86%。由此可見全體的及每一年級的絕大多數的大學生，皆具有積極的民主理論價值。至於年級與年級之間的差異，亦甚微。一般說來，大一與大四之間，共歷經三年，無論在年齡、閱歷及修讀課程方面，皆有所增長，但現經檢定，發現四個年級的受測學生，對民主理論價值，並不構成態度上的顯著差異（$\chi^2=7.4$, $p>0.05$），在取向上相當一致。除年級外，男生與女生之間，也並無統計上的顯著差異（$\chi^2=0.04$, $p>0.05$）。

政治系

與法律系的情形相似，政治各年級的受測學生，對民主理論價值的取向，亦分別高達 84%、85%、78%、87%，全體爲 84%。可見全體的及每一年級的絕大多數學生對權力的態度，皆取向民主的價值。至於各年級之間，並無顯著的差異性，（$\chi^2=1.18$, $p>0.05$），男女生之間亦同（$\chi^2=0.21$, $p>0.05$）。

社會系

社會系受測學生雖較少，但從中仍可看出各年級學生對民主價值的取向亦分別高達 93%、94%、70%、86%，全體學生則高達 86%。各年級之間，並無顯著的差異(χ^2=0.56, p>0.05)，男女生之間亦同(χ^2=0.04, p>0.05)。

現將法律、政治及社會三系受測學生，對民主理論的價值取向，作一綜合觀察，情況如表二：

表二　三系學生對民主理論的價值取向

		是		否		合計	
		男	女	男	女	男	女
法律系		73	74	11	12	84	86
政治系		86	79	18	14	104	93
社會系		19	58	3	10	22	68
合計	n	178	211	32	36	210	247
	%	85	85	15	15	100	100
總計	N	389		68		457	
	%	85		15		100	

據上表的統計，三系受測學生對民主理論價值的取向，高達 85%，由此可見，三系絕大多數學生的權力態度，皆具此取向。另一有意義的發現，即男、女生的價值取向，皆為 85%，完全一致，不發生任何差異。至於三系受測學生之間，在取向上亦未發現顯著的差異(χ^2=0.55, p>0.05)，此表示受測學生不因修讀的學科差異，而發生取向上的差異。

從以上的發現，我們大致可獲得幾點結論：(1)絕大多數的受測學生皆取向民主的理論價值，換句話說，皆以民主為政治建設的理想，

這一理想包括平權、主權、分權、自由權及多元權的權力結構等；(2)以民主為理想的受測學生既無男女之別，也無科系之分，亦即性別與科系對此不發生顯著的影響；(3)年級也不產生顯著的影響力，亦即從大一至大四的四個年份中，受測學生並不因年齡的增加，學養的增進及社會經驗的累積，而對民主的理想有所差異。最可供解釋的理由是：我們的學校及社會環境，在政治的社會化上，大體皆是以民主為理想的。

（二）民主的實用價值

我們也是用一個問題來探究受測學生對民主實用價值的取向，所詢問的問題是：「你是否認為民主政治適宜在中國實行？」答案可為肯定，可為否定，分別說明具有或不具有民主實用價值的取向。但我們認為這一種行動的傾向，對民主政治的推行最關重要，所以將肯定與否定的答案用人種強度量表，加以顯示，望能進行較精細的分析。在六種強度中，三種是肯定的（非常適宜、相當適宜、還算適宜），各計 1、2、3 分，另三種是否定的（有點不適宜、相當不適宜、非常不適宜），各計 4、5、 6分。三系受測學生的情況如下：

法律系

我們將各年級受測學生，分成男、女兩組，再就六個強度，分別計算分配的人數及百分比，結果可見表三。據表三的統計，我們可作下面的一些分析與推論：

1.如將三種肯定的強度，即「非常適宜」、「相當適宜」及「還算適宜」加以合併觀察，四個年級（大一至大四）的法律系受測學生，對民主在我國實行的肯定取向，分別為：86%、76%、75%、79%；四個年級的總百分比值為 79%。由知可知，大多數的法律系學生，仍皆

取向民主的實用價值，但與前述理論價值取向的 86%相比，已降低 7%，
這是在態度上所形成的差異。

表三　法律系受測學生的民主實用價值取向

	法　一		法　二		法　三		法　四		合　計		
	男	女	男	女	男	女	男	女	男	女	n
非常適宜	4	3	2	1	3	1	4	0	13	5	18
n (%)	7	(20)	3	(6)	4	(10)	4	(10)	(15)	(6)	(11)
相當適宜	5	4	10	9	6	4	6	2	27	19	46
n (%)	9	(26)	19	(40)	10	(25)	8	(19)	(32)	(24)	(28)
還算適宜	4	10	4	10	9	7	8	13	25	40	65
n (%)	14	(40)	14	(30)	16	(40)	21	(50)	(30)	(50)	(40)
有點不適宜	2	2	2	4	6	3	4	5	14	14	28
n (%)	4	(11)	6	(13)	9	(23)	9	(21)	(17)	(18)	(17)
相當不適宜	0	0	4	1	1	0	0	0	5	1	6
n (%)	0	(0)	5	(11)	1	(2)	0	(0)	(6)	(1)	(3)
非常不適宜	0	1	0	0	0	0	0	0	0	1	1
n (%)	1	(3)	0	(0)	0	(0)	0	(0)	(0)	(1)	(1)
合　計	15	20	22	25	25	15	22	20	84	80	164
N (%)	35	(100)	47	(100)	40	(100)	42	(100)	(100)	(100)	(100)

2.從六種強度觀察，法律系四個年級的受測學生，對民主宜否在
我國實行的態度多集中在「還算適宜」的溫和而稍帶保留的取向上，
所佔的百分比爲 40%，爲六個強度中的第一位。次多的兩項選擇爲「相
當適宜」（佔 28%）及「有點不適宜」（佔 17%）。

我們如以「還算適宜」與「有點不適宜」代表疑惑及保留的心態，
此兩項相加的百分值，即共佔 47%，也就是說，近半數的法律系受測
學生，對我國宜否實行民主，抱著這樣的心態。

3.在實用價值的取向上，各個年級的受測學生之間是否具有差異，我們曾用變異量分析，作 F 值的檢定，結果發現並無顯著的差異存在(F=0.69, p>0.05)。從政治社會化的觀點看，年級與年齡的增長，對法律系的學生而言，似不發生顯著的影響。

4.性別也不造成實用取向上的顯著差異，此在 t 值的檢定上可以發現(t=-1.46, p>0.05)。

政治系

我們將政治系受測學生對民主實行價值的取向，分就六種強度，列入表四。

表四　政治系受測學生的民主實用價值取向

	政 一		政 二		政 三		政 四		合 計		
	男	女	男	女	男	女	男	女	男	女	n
非常適宜	2	1	2	0	1	1	0	0	5	2	7
n (%)	3	(5)	2	(4)	2	(5)	0	(0)	(5)	(2)	(4)
相當適宜	10	8	3	8	2	0	9	4	24	20	44
n (%)	18	(30)	11	(21)	2	(5)	13	(29)	(23)	(22)	(22)
還算適宜	12	17	17	15	10	10	11	5	50	47	97
n (%)	29	(48)	32	(60)	20	(54)	16	(35)	(48)	(51)	(49)
有點不適宜	3	7	3	3	4	8	7	5	17	23	40
n (%)	10	(17)	6	(11)	12	(33)	12	(27)	(16)	(25)	(21)
相當不適宜	0	0	2	0	1	0	4	0	7	0	7
n (%)	0	(0)	4	(0)	1	(3)	4	(9)	(8)	(0)	(4)
非常不適宜	0	0	0	0	0	0	0	0	0	0	0
n (%)	0	(0)	0	(0)	0	(0)	0	(0)	(0)	(0)	(0)
合 計	28	33	27	26	18	19	31	14	103	92	195
N (%)	60	(100)	53	(100)	37	(100)	45	(100)	(100)	(100)	(100)

　　據表四的資料分析，我們可作以下的數點推論：

　　1.政治系四個年級（大一至大四）的受測學生，對民主的實用價值，在三個肯定強度的綜合取向上，分別爲 83%，85%，64%及 64%，全體爲 75%，可見採肯定取向的爲大多數。但在民主理論價值的取向上，受測學生爲 84%，此較實用價值取向已多出 9%，亦即採後者的爲少。

　　2.在六種強度的分配上，政治系受測學生對民主實行價值的眾數取向爲較溫和而保留的「還算適宜」。所佔百分比爲 49%。除眾數集中在「還算適宜」的溫和強度外，次多的取向分配在「相當適宜」及「有點不適宜」的兩個強度，百分比分別爲 22%及 20%。如以「還算適宜」及「有點不適宜」，代表一種遲疑的心態，我們可以發現具此一心態的共佔 69%，這是相當的多數了。

　　3.在變異量的分析上，我們獲得一項頗具意義的發現，即四個年級受測學生對民主實用價值的取向，具顯著的差異性($F=3.13$, $p<0.05$)。也就是說，四個年級之間，對民主宜否在我國實行的態度，並非一致。這一差異，我們也可從表四所列的肯定與否定的百分值上清楚地看到。在表四中，政一與政二的肯定取向，分別爲 83%及 85%；政三與政四則均爲 64%。反過來，政一與政二的否定取向，各爲 17%與 15%，而政三與政四均高達 36%。很明顯地，政一與政二的受測學生，對民主在我國的實行，持有較強烈而肯定的態度，而政三與政四的受測學生，在強度上，則遠較溫和與保留。年級上升到政三以後，對民主實行的價值取向，反而下降，這在政治的社會化上，是十分值得注意的現象。我們從這一現象大致可以推知年齡與年級愈高，愈對民主在我國的實行，抱有隱憂，而趨向保留的態度。

　　4.政治系受測的男、女學生，在實用價值的取向上，經 t 值的檢定，並無差異($t=-0.16$, $p>0.05$)，亦即性別對此不生影響。

社會系

我們將社會系受測學生對民主實行價值的取向，分就六種強度，列入表五。

表五　社會系受測學生的民主實用價值取向

	社　一		社　二		社　三		社　四		合　計		
	男	女	男	女	男	女	男	女	男	女	n
非常適宜	0	2	1	0	0	1	0	1	1	4	5
n (%)	2	(7)	1	(6)	1	(3)	1	(7)	(4)	(6)	(6)
相當適宜	3	9	4	3	0	5	1	3	8	20	28
n (%)	12	(45)	7	(38)	5	(17)	4	(29)	(32)	(31)	(31)
還算適宜	4	6	2	7	2	12	0	5	8	30	38
n (%)	10	(37)	9	(50)	14	(47)	5	(36)	(32)	(47)	(43)
有點不適宜	1	2	1	0	4	5	1	2	7	9	16
n (%)	3	(11)	1	(6)	9	(30)	3	(21)	(28)	(14)	(19)
相當不適宜	0	0	0	0	0	1	1	0	1	1	2
n (%)	0	(0)	0	(0)	1	(3)	1	(7)	(4)	(2)	(1)
非常不適宜	0	0	0	0	0	0	0	0	0	0	0
n (%)	0	(0)	0	(0)	0	(0)	0	(0)	(0)	(0)	(0)
合　計	8	19	8	10	6	24	3	11	25	64	89
N (%)	27	(100)	18	(100)	30	(100)	14	(100)	(100)	(100)	(100)

現據表五所列的資料，作成以下的分析與討論：

1.如將六項強度，合併成肯定（包括「非常適宜」、「相當適宜」及「還算適宜」等三項）與否定（包括「有點不適宜」、「相當不適宜」及「非常不適宜」等三項)等兩類觀察，我們從中可以發現社會系的受測學生，對民主宜否在我國實行的價值取向，全體為 80%，各年級（大一至大四）分別為：89%、94%、67%、72%。由此可知，大多

數受測學生在某種程度上，亦均對民主的實行價值持肯定的態度。

　　2.上述的肯定態度中具有強度的差別，現就表五所列的六種強度分析，社會系四個年級的受測學生，對民主實行價值的眾數取向也是較溫和及保留的「還算適宜」，所佔百分比爲 43%。其次爲「相當適宜」與「有點不適宜」，百分值各爲 31%及 19%。如綜合「還算適宜」及「有點不適宜」，百分值即增至 62%，這表示多數的社會系學生，對民主宜否在我國實行，所抱有的態度仍是相當遲疑，而有所保留的。

　　3.我們同樣發現社會系的四個年級在變異量的分析上，具顯著的差異性(F=3.18, p<0.05)。再觀察表五所列四個年級在肯定與否定方面的百分比，即可發現社一及社二受測學生的肯定取向各爲 89%及 94%，而社三及社四則僅爲 67%及 72%；反之，社一及社二所具的否定取向各爲 11%及 6%，而社三及社四則高達 33%及 28%。我們從中可以很明顯地看到二組態度，即：社一與社二的態度趨於一致，可合爲一組；社三與社四的態度也趨於一致，可合爲另一組。兩組之間的差異是：前者的肯定取向，較後者爲高，而否定的取向，則較後者爲低。社二與社三之間是差異的分界點，此與政治系相同。以上的差異亦在說明：隨著年齡與年級的增高，社會系的受測學生對我國是否適宜民主政治的實行，抱有更多的保留與憂慮。

　　4.社會系的受測學生，對民主實行的價值取向，在性別上，亦無顯著的差異性(t=0.59, p>0.05)，亦即男、女受測學生的態度，趨於一致。

　　從以上對法律、政治及社會三系受測學生的分析與討論，我們即可進而作一綜合性的比較與分析，現將三系學生對民主實行價值的六種取向，分別列出如表六。

表六　三系受測學生的民主實用價值取向

	法　律		政　治		社　會		合　計		
	男	女	男	女	男	女	男	女	n
非常適宜	13	5	5	2	1	4	19	11	30
n（%）	18	(11)	7	(4)	5	(6)	(9)	(5)	(7)
相當適宜	27	19	24	20	8	20	59	59	118
n（%）	46	(28)	44	(23)	28	(31)	(28)	(25)	(26)
還算適宜	25	40	50	47	8	30	83	117	200
n（%）	65	(39)	97	(49)	38	(43)	(39)	(50)	(44)
有點不適宜	14	14	17	23	7	9	38	46	84
n（%）	28	(17)	40	(20)	16	(18)	(18)	(19)	(19)
相當不適宜	5	1	7	0	1	1	13	2	15
n（%）	6	(4)	7	(0)	2	(2)	(6)	(6)	(3)
非常不適宜	0	1	0	0	0	0	0	1	1
n（%）	1	(1)	0	(0)	0	(0)	(0)	(4)	(1)
合　計	84	80	103	92	25	64	212	236	448
N（%）	164	(100)	195	(100)	89	(100)	(100)	(100)	(100)

我們就表六的資料，可作以下的各點討論：

1.如將三個肯定強度（「非常適宜」、「相當適宜」、「還算適宜」）及三個否定強度（「有點不適宜」、「相當不適宜」、「非常不適宜」），分成兩類加以觀察，三個學系受測學生對民主實行價值採肯定取向的，各為 79%、76%、80%； 全體為 78%。可見大多數的受測學生，皆在某種程度上，持肯定的態度。但三系學生對民主理論價值的肯定取向分別為 86%、84%、86%，全體為 85%，要較對實行價值的取向為高，整體比較計超出 8%。此兩種價值在三系學生間的差異，經檢定，極具顯著性（χ^2=91.5, p<0.001）。由此可知，在政治現代化的過程中，大學生較多接受民主的理論價值，而較少接受實行價

值。理論價值與行動傾向之間的顯著差異，實已造成民主態度的不一致。

2.大多數的受測學生雖接受民主的實行價值，但在質上則多採審慎而保留的態度。現觀察全體受測學生對六種強度的取向，即可發現採取「還算適宜」的溫和保留態度的，是一種眾數，共佔 44%，此超過所有持肯定態度的半數。這一溫和保留的態度，如與「有點不適宜」的消極的保留取向（佔 19%）併觀，我們即可發現：受測學生對民主宜否在我國實行，心存遲疑與保留的，高達 63%。無論為溫和或消極，保留態度的本身，會使理論的價值不能落實，而影響到民主政治的實際推行，很值得我們的注意。

3.三個學系的受測學生之間，對民主實行價值的取向，在變異量的分析上，呈現顯著的差異性(F=4.74, p<0.05）。差異形成的原因在於法律系四個年級的受測學生，在取向上保持一致，而政治及社會二系的受測學生，在大三以後，取向即下降，不能如法律系的一致。這些可能與科系教學的環境與內容有關。

4.三系受測學生的性別，經 t 值的檢定，對民主實行價值的取向，不發生影響(t=-0.23, p>0.05)，亦即男、女生在取向上趨於一致，並無顯著的差異存在。

（三）綜合討論

前面已將三系受測學生對民主理論及實行的兩種價值取向，分別作了一些分析與說明，我們從中可以清晰地看到在兩種價值取向間存在著某種差異，即理論價值較高，而實行價值較低；在另一方面，我們又可看到，多數受測學生對民主的能否在我國實行，仍懷有保留與遲疑的心態，而年級上升到大三以後，對實行價值的取向，反而較低。

在全體受測學生中，毫無保留心態，一面以民主爲理想，一面認爲民主在我國的實行是「非常」或「相當」適宜的，也佔相當的多數（爲33%）。爲何某些學生具保留的心態，某些學生至大三後取向降低，而某些學生則態度一致，皆採較高的取向？我們用了兩個自由答覆的問題，加以詢問。這兩個問題是：「你認爲（民主在中國實行）適宜或不適宜的理由是什麼？」及「如果你的理想社會不是民主社會，請略說你的理想社會是什麼？」受測學生對這兩個問題，並非全作答覆，但分析已作的答覆，也可看出若干端倪，現分述如下：

對民主在我國的實行持保留態度的，大致有數種主要的理由：

1.認爲我國傳統的制度與文化，不宜於民主的實行。大多取向民主理論價值的，在這一認定下，對民主的實行價值，即採取遲疑與保留的態度。在受測的學生中，具此想法的，最佔多數。如一位四年級的學生寫道：「民主是良好的制度，但是中國人的道德、思想、宇宙觀、人生觀，皆難以行民主」（問卷編號：449）。另一位三年級的學生則說：「因現時中國一般人民民主政治素養太低，即如大學生缺乏民主政治素養者，亦比比皆是。況且一些當政者本身是否了解民主政治之真諦，仍是個疑問。」這個疑問，乃使得這些學生取向「有點不適宜」的遲疑態度。亦有抱怨中國國民性的，如一位三年級學生說：「中國人太被動、太保守、太沉寂、無參與感，根本不易做到真正的民主政治。一句話：無政治細胞。」在這樣的看法下，這位學生感慨地說：「人就像牛，……牛沒有鞭子的驅策，那會自動去耕田啦！」（問卷編號：414）。民主政治並非驅策的政治，儘管符合理想，仍然不宜於實行。「中國人像條老牛，不打不成器」（問卷編號：448），這一打，很可能就將民主的實行價值打掉了。

2.認爲民主政治的推行，必須配合環境，但「環境不允許」（問卷編號：456）。民主政治既缺乏生長的環境，勉強推動，反而無益，

所以不宜推行。

3.認為民主缺乏效能，不宜實行。一位三年級的學生說：「如果民主社會不產生弊端的話，當然理想社會可為民主社會。主要癥結在於：民主社會與……極權社會在效能上，誰將為人民所同意？此同意是普遍性的。……」（問卷編號：381）。亦有採溫和態度的學生寫道：「現在由於二個中國的問題，使我們不得不對民主制度，是否能有效擊倒共產思想而懷疑」（問卷編號：409）。既認民主為理想，又懷疑民主的效能，這一態度也會阻擋民主的推行。

4.認為時值非常，不宜實行民主。一位四年級學生即說：「在非常時期，應行較集權之政治，方能有效，且使國家強大」（問卷編號：416），但這位學生，仍在強度上，取向「還算適宜」，可見溫和與消極的保留態度，甚為相近。

如前所述，政治系與社會系的受測學生，在大一與大二的兩個年級，對民主的價值持較強的肯定態度，但到了大三及大四的兩個年級，肯定的強度即開始下降，而具顯著的差異性。法律系受測學生的肯定取向，則較保持一致，不因年級的上升而相異。

在民主的理論價值上，政治及社會系的受測學生，不因年級，有所差異，但對民主實行的價值，從大三起即有降低的趨勢，其間的主要原因，當然非在對理論的懷疑，很可能是由於年級與年齡的增長，對事物及各種社會環境的體認皆日趨成熟，因而感覺在中國傳統文化及所處環境下，民主的實行恐難以立現。在問卷的自由答覆中，大多的受測學生都是為了「不易」實行，而產生「不宜」實行。我們對態度的改變，在問卷中曾另設計一時間的尺度表，由受測學生圈劃一段時距。經初步統計，絕大多數的受測學生，皆自認在大二與大三之間，對政治權力的態度，有基本的變化。這些變化表現在：一方面更肯定包括民主理論在內的新知識與新價值，一方面又更增「不易」的各種

新認知。如一位三年級的學生，即自認在大二與大三之間，發生態度性質上的改變，原因是：「接受到了新的知識、觀念，對事情有了真正認識」（問卷編號：380）。另一位三年級同學，自云在大二時開始改變：「對任何事的看法，不再只憑直覺，而較能深一層的設身處地去思考」（問卷編號：388）。亦有受測學生解說在大三時態度起了變化，是由於「對外在環境加深了解」（問卷編號：427）。一位三年級的學生曾記述，因看到有關民主的書籍，而認為：「民主政治……沒有其他制度可替代……」，但又心存憂懼，因「耳聞選舉的骯髒」（問卷編號：192）。這樣就會造成心理上雙重價值的衝突，帶來精神上的痛苦，所以有學生寫道「在大病中，關於（今日何時）的問題，痛苦掙扎……」。這位受測學生，即一面甚認同民主的理論價值，一面又對民主的實行，作消極的取向（問卷編號：900）。知識的增廣、感情的成熟、理性的發展，皆可促進認知及價值觀念的改變。此種改變，據我們對受測學生的另一項調查中發現，多受書籍、報章、老師及朋友的影響，來自家庭因素的則甚少。

　　法律系受測學生，對民主實行價值的一致態度，可能與所受法律教育有關。法律教育特別強調法治，而加深受測學生屬行法治的價值取向。法治的施行，民權即可獲得保障；在另一面，民治的發揮，才能破除人治，而促進法治。民主的實行，既與法治相關連，所以法律系的受測學生，皆較積極地取向民主的實行價值。在問卷的自由答覆中，法律系的學生即常將法治與民主併提，而非他系學生所及。如一位法三學生寫道：「法治可維持人類社會之公平正義……唯有法治政治下，才可人人平等受保護，實現民主政治」（問卷編號：188）。另一位法三學生亦說：「實行民主政治，可使中國人免於受到少數擁有權勢，居心不良之人的統治」。民主既可打消「不良之人」的人治，而「民主的實現，就須依法行政……」（問卷騙號：193）。這類態度

皆可說明法律系學生較能取向民主實行價值的原因。

　既認爲民主爲政治建設的理想，也深感民主在中國的實行是「非常適宜」，大致持以下的各項理由：

　1.認爲民主既具理論的價值，即應爲此理論的實現而努力。於是由這種「應爲」的態度，進而形成「可爲」的態度。如一位政三的學生寫道：「中國地大人眾，委實不易統治，但只要相信人民皆有權利，來追求個人的自由、幸福，則應該積極實行民主政治」（問卷編號：385）。另一位學生亦強調：「因爲民主政治畢竟較自由，現代人的天賦人權，實不容專制的獨裁侵犯；雖然民主政治也免不了些弊病，但還算適宜」（問卷編號：305）。

　2.認爲民主政治非必與中國傳統文化相背，應可實行。一位大三的學生即說：「民主是一種健康的生活，民主政治是健康的政治；中國文化有民主的根，只要排除專制政治的毛病，就可實現」（問卷編號：400）。再舉一位持同樣見地的學生的說法：「中國自古即有民主的思想，所以在環境上是適宜的，而且現今世界潮流亦是民主政治，而在民主政治的實施過程中，亦顯示中國是適宜實行的」（問卷編號：359）。強調中國傳統文化中，亦具民主色彩的受測學生，尚不乏其人，但仍較持反對意見的爲少。

　3.認爲愛好自由是一種天性，故能成爲世界潮流，不能抑壓。一位社三的學生說：「中國人天性喜愛自由，不受約束，且愛好和平，不宜過份壓抑」（問卷編號：065）。另一位政四學生則說：「民主政治是現代的世界潮流，中國古代早就有此觀念，……現在建立了民國，應依照人類天性，行民主政治」（問卷編號：419）。

　4.認爲中國試行民主政治，接觸民主觀念，已有多年，所累積的經驗興思想，使民主政治的推行，成爲適宜。政二的一位學生即說：「中國的民主觀念，經過五十餘年之累積，在某些程度上，此種重量

有作用」（問卷編號：330）。還有一位學生亦說：「中國經長久之專制，到民國以來，雖未完全打破專制心理，但六十年來的現況，是適宜實行的」（問卷編號：327）

　　5.認為既有反共的觀念，即宜於實行民主，「否則與共產社會又有何差別？」（問卷編號：178）。也有學生認為，民主的實行，可以安定社會人心：「中國以前雖是專制君主時代，但人民的自由並沒有受到很大的限制。如果現在不施行民主政治，人民會怨聲載道，終至挺而走險，發生革命。這是歷史的事實，實堪我們的借鏡」（問卷編號：342）。

四、民主政治的展望

　　我們對民主政治的理論與實行的價值取向，已在前面有所論列，但具這些價值取向的受測學生，對民主的過去、現在與未來，也就是對民主政治的進展，究作怎樣的估計與期待，將關係到今後對民主的態度。我們的研究構想是從理論的價值，觀察實行，再進一步觀察時序上的發展態度，以預測將來。

　　三系受測學生對民主在我國實行的成就及對未來的可能發展，究具怎樣的看法，我們曾用量表施測。如前所述，我們設計了一種豎立的十一層級的強度量表，最低層為 0，代表「最不理想的民主社會」，最高層為 10，代表「最理想的民主社會」，中層為 5，意指無所謂好壞。未來的時差為三年，過去的時差亦為三年，亦即使受測的學生對目前，以及三年前與三年後，我國實行民主的情況與發展，作一評估。各層分別以 0 至 10 計分，現將三系受測學生的平均層級，列於表七，並作以下的分析與討論：

表七　三系受測學生對三年前、目前及三年後民主進展的估計

| | 三年前 | | | | | 目　前 | | | | | 三年後 | | | | |
年　級	一	二	三	四	平均	一	二	三	四	平均	一	二	三	四	平均
法律系	4.08	4.47	4.07	4.05	4.17	5.03	5.51	4.93	4.63	5.03	5.97	6.40	5.98	6.04	6.10
政治系	4.25	4.69	4.06	4.63	4.41	4.78	5.47	4.65	5.00	4.98	5.77	6.58	5.65	6.05	6.01
社會系	5.75	5.06	4.76	4.15	4.93	6.20	5.50	5.30	4.31	5.33	7.50	6.17	6.46	5.08	6.30
全　體	4.69	4.74	4.30	4.28	4.50	5.34	5.49	4.96	4.65	5.11	6.41	6.38	6.03	5.72	6.13

　　從表七可以發現，三系各年級的受測學生對三年前的民主實行成就，皆表示不甚理想。法律系、政治系及社會系的平均得分各爲 4.17、4.41 及 4.93；總平均爲 4.5，低於中層的 5，亦即仍留在非理想的層級。對目前實行的情況，各系學生的估計已有所進步，平均得分增至 5.03、4.98、5.33，總平均爲 5.11，與三年前比較，進步約一層，但在性質上，仍屬無好無壞。未來的三年如何？各系受測學生的態度，仍然審慎，所預估的總平均值爲 6.13，較目前亦祇進一層，但距最滿意的層級，相差仍多，亦即受測的學生，對三年後的民主政治，抱有審慎而稍帶樂觀的看法。

　　在十一個層級的強度取向上，三年後的民主政治，祇進展一個強度，照這樣的趨勢，何時才能達到最滿意的層級呢？換句話說，我國在民主政治的建設方面，可否達到理想境界的一日呢？所謂理想，祇是受測學生的一種主觀認定，僅代表受測學生對未來民主政治的態度。我們再用六個不同年代，加以測量，即：(1)五年、(2)十年、(3)二十年、(4)三十年、(5)四十年、(6)下一代。下一代祇是一種抽象的時間概念，表示非自身所可預見的年代，這樣的估計，當然是最消極的。三系的情況可見表八：

表八　三系受測學生對達成民主理想時限的估計

	年級	五 年	十 年	二十年	三十年	四十年	下一代	合 計
法 律 系	一	2	1	6	4	1	19	33
	二	2	3	12	8	5	15	45
	三	2	11	11	9	1	16	50
	四	0	7	6	6	6	14	39
	n	6	22	35	27	13	64	167
	%	4	13	21	16	8	38	100
政 治 系	一	2	6	10	5	4	27	54
	二	1	9	11	5	8	15	49
	三	0	3	6	3	2	18	32
	四	1	6	4	1	6	19	37
	n	4	24	31	14	20	79	172
	%	2	14	18	8	12	46	100
社 會 系	一	3	6	4	1	3	10	27
	二	1	2	3	1	3	7	17
	三	2	1	9	3	2	10	27
	四	0	3	0	0	2	7	12
	n	6	12	16	5	10	34	83
	%	7	15	19	6	12	41	100
全 體	N	16	58	82	46	43	177	422
	%	4	14	19	11	10	42	100

　　從表八可以發現，所有受測的三系學生，對民主理想境界的達成，在時間上估計五年的，祇得 4%，十年的為 14%，二十年的為 19%，三十年的為 11%，四十年的為 10%，下一代的為 42%。在六個時序中，取向下一代的，不僅為眾數，且高達 42%。由此可見，受測學生對民主政治的理想境界，多感渺茫而不可期。如再以二十年作一個觀察的時限，認定二十年之內可以達到理想的為 37%，尚不到半數，而估計三十年之後，直至自身無法預見的下一代的，則佔 63%，我們從中可

以看到多數受測學生，對我國實行民主的前途，信心尚不夠堅強。前
節曾說明受測學生對民主的實行價值，大多採遲疑而保留的態度，這
一態度，在受測學生對未來的民主發展取向上，也可清晰地察覺：三
十年至下一代，就是一種遲疑與保留的時間取向。

　　在十一層的強度取向中，各年級受測學生之間對過去（三年前），
現在及未來（三年後）的民主政治，有無估計上的差異，亦可作變異
量的分析，加以檢定，現分三個時限說明如下：

　　1.三年前：四個年級之間，具有極顯著的差異性(F=10.88,
p<0.001)。再據層級的平均數觀察，各年級所得的平均值，分別為：4.69，
4.74，4.3，4.28；仍是大一與大二接近，而大三與大四接近。顯著的
差異，即存在於大二與大三之間，所顯示的意義是：大三以後的高年
級，對三年前民主實施的估計，較低年級的大一與大二為低。

　　2.目前：四個年級之間，亦具顯著的差異性(F=3.13, p<0.05)。此
表示四個年級對目前民主實行的情況，亦非估計一致。再從四個平均
值（分別為 5.34，5.49，4.96，4.65）觀察，仍是大一與大二相近，而
與大二及大三，形成估計上高低的差異。

　　3.三年後：四個年級之間，差異性不過顯著(F=2.91, p>0.05)。但
從四個年級的平均數看，大一為 6.41，大二為 6.38，大三為 6.03，大
四為 5.72，仍大致呈現出一種年級愈高，愈對未來三年的發展，持保
留態度的趨勢。

五、結　語

　　我們在本文的引言中，曾提出三項問題作為探討大學生民主態度
的基礎，現就以上的各種發現與分析，對此三類問題，作一綜合的解
說：

　　1.在我國政治現代化的過程中，民主的理論價值，較易深入人心，爲絕大多數的知識份子所樂於接納。但對民主理論價值的接納，非必即意味民主政治「適宜」在我國實行。我們的調查顯示，受測的大學生一方面在理論價值與實行傾向之間，存有某種程度的差異，發生態度上的不盡一致，一方面則對實行的「適宜」性，持有相當保留與遲疑的心態。這一心態的造成，原因固多，但據大多受測學生的自稱，是感於傳統文化及現實環境的不許可，亦即因感於「不易」，而覺得「難行」。從這一心態中，我們也可發現受測學生對民主實行的功效意識，尚欠強烈，尤其是將難行的原因歸於外在的傳統及環境的阻力，這表現出一種外力控制(external control)的傾向。當然，我們必須指出：也有近三分之一的受測學生對民主的實行，具相當強烈的信念，認爲宜於實行，而另一面，採極端的消極態度，認爲相當及非常不宜於實行的，僅爲極少數，祇佔全數的 4%而已。

　　2.對我國民主政治建設的估計與展望，多數受測學生的態度仍然呈現出相當的審慎與保留。在目前與三年後的進展上，所作的展望趨向樂觀，但所估計的進展祇得一個層級，幅度不大，所以不能不看成審慎。在邁向民主理想的建設上，受測學生的態度更爲審慎與保留，眾數取向爲「下一代」，可見對民主的未來建設，多數仍存有疑慮與無力的心態。

　　3.大學教育對政治社會化具有相當的影響力，受測學生無論在民主實行價值的取向上，或對未來民主建設的展望上，都表現出年級間的差異：大一與大二爲一體，採取較積極的態度，而大三與大四爲另一體，採取較消極的態度。這樣情形的出現，可能是由於教育過程中，高年級受測學生對民主理論的了解愈切，對傳統及現實環境的困難體驗愈深，反使得對民主的實行及展望愈感不能過份樂觀。

　　總之，我們認爲絕大多數的受測學生皆以民主爲政治建設的理想

價值，這在政治現代化過程中，是一極大的成就；但要使理想成爲事實，必須同具實行的價值，且對未來的進展抱樂觀積極的心態，在這方面，雖有不少受測的學生具有積極的取向，不過，大多數仍嫌消極與疑慮。如何加強信念，提高功效意識，恐有待多方面的努力，其中政府的切實推行與知識界的熱心倡導等，最可收事半功倍之效。（原載：楊國樞、葉啟政編，《當前臺灣社會問題》，臺北：巨流圖書公司，1979，頁 111-133。）

大專學生的政治態度

一、引　言

　　本研究的主要目的在探究國內大專學生對政治的態度。一般說來，青年自離開中等學校進入大專院校後，無論在心智的成長、知識的學習、環境的轉變，以及同輩團體的重組上，也皆邁入一個新的境界。這些青年逐漸擺脫青澀的年代及制式的的學習環境，而在大專院校的校園中，陶鑄成熟的人格與開展無量的人生。他們開始關懷社會，但也面臨社會的挑戰。特別在政治上，他們的態度鮮明，感情純真，反應更具熱誠，所以世人常強調：「青年是社會的良心。」我們如回顧中國的近代史，即可發現若干重大的變革皆來自青年的推動。我們由此可知，校園中大專青年的政治態度，與國家的政治發展，實是息息相關，因之，我們對大專青年政治態度的探討，不僅可瞭解他們在行為上的心態結構，也可觀察總體政治的發展方向。

　　大專青年的政治態度雖廣受社會及教育界的重視，但有關系統性的科學研析，並不多見。1977 年，中國心理學會接受國民黨青年工作

會的委託，調查及研究大專學生對當前生活環境的看法，作者應邀參
與設計，並負責政治態度方面的研究，深感具有學術上的特別意義。
整體研究的樣本係取自全國各大專院校日間部的在學學生，共取樣 48
所院校，其中公立大學院校 12 所，私立大學院校 13 所，公立專科學
校 9 所，私立專科學校 14 所。受測的大專院校必須從性質不同的學院
或學部中，隨機取出一系或一種的學生接受測驗。由於施測時間在 6
月下旬，大專院校多已舉行畢業典禮，所以畢業班未能接受測驗。班
級的受測學生在大學爲一、二、三年級；三專爲一、二年級；五專則
爲四、五年級。施測的問卷共發出 19,640 份，收回問卷 17,659 份。凡
一份問卷有十題以上未做答的，即摒棄不用，結果共得有效問卷 14,958
份，取樣院校及學生數可見附錄一，分類後的取樣學生數可見附錄二。
問卷編製完成後，由中央青年工作會於 1978 年 6 月送交北、中、南三
區知青黨部，再轉請各校洽請講授心理學或相關科目的教師，主持施
測工作。施測時，特別說明：調查單位爲中國心理學會，受測學生不
必在問卷上填寫姓名，且問卷的分析係以團體爲單位，不以個人爲單
位。整個施測工作在 1978 年 7 月中旬完成。

二、概念架構與方法

　　態度是心理上的一種主觀取向，但較文化來得特定。在觀察上，
我們在本文對態度作較爲廣泛的界定，包括認知、評價、感情等等取
向。政治態度則是針對政治體系的取向，我們現觀察的政治體系則是
國家與政府。我們對政治體系的看法是：一個政治體系的維繫與運行，
首先有賴系統成員的認同，也就是自覺爲系統的一份子，而滋生權利
與義務的觀念。缺乏這類觀念，系統的基礎就不能堅固。其次，從系

統的運行觀察，我們可以就成員對系統的結構與功能過程所含各環節的心理取向，了解政治體系的性質，以及穩定的程度。我們所注重的系統環節，大致爲投入、轉變、產出及反饋等。根據以上的分析架構，我們選出較爲重要的項目，作爲調查的內容，現再分別列舉如下：

1.對國家的認同：整體政治體系的運行，皆必須建立在成員對體系的認同之上，否則體系的本身即無法維持，更不易奢談建設。但成員在認同上，採取怎樣的態度，則很影響到國家及政府的基本性質，應予密切注意。

2.對國家的要求與支持：此屬於投入的環節。成員對政治體系持怎樣的要求態度？或對支持抱怎樣的看法？皆關係到系統的整體運行。我們現分成對人及對事的兩個部份觀察。對人的部份，則特別著重選舉。選舉是一種人力的投入，所根據的基本原則爲民主，也就是在政治的民主結構上所進行的功能。選舉受到重視，即表示體系的民主結構受到支持與認同，此可導至系統的平穩與進步。

3.對決策過程的看法：政治體系的最大作用，就是透過權力組織，轉變或製作出政策。這一過程的能否順利而有效地運行，要看成員對權力組織的性質持何種態度，以及對行政結構與效能作怎樣的評估。在國家的體系中，這些皆與政府的組織與效能相關。

4.對政府施政及選舉制度的評價：政策是系統運行的產出，亦即是成員所期待的價值分配。成員所期待的價值，有些是一般性與經常性的，有些則牽涉到系統的結構及基本的政治建設，如民主與人權等。如政府在政治結構方面的建設，能使成員滿足，即易廣受支持。因之，我們常可從民眾對政府施政的評價，來衡量民眾對政府支持的程度。選舉制度是民權的具體實施，此方面的成就更直接關係到政治現代化的進展，更應特別加以注意。

5.對國是及政府施政的反應：政府的各種政策，既然對民眾構成

價值的分配，於是在得失之間，即產生反饋的現象。實際上，無論國是及一般施政，民眾所作的反應，皆是針對政府而發，因之，政府與民眾在這方面的交接關係，常影響到民眾的參與感與效能感。至於政府受到民眾信任的程度，也可從這一反饋的過程中看出。

6.對政黨活動的看法：政黨是國家體系內的次級政治系統，但能組合民意，推動參與，有助政治功能的運作，所以處於極爲重要的地位。我們欲對國家與政府層面的政治活動有所了解，就不能摒棄民眾對政黨活動所持的態度，否則即難窺全貌。

7.對消息及資料來源的分析：政府與民眾之間的各種互動關係，皆受相互瞭解的影響，此種瞭解則有賴溝通媒介所提供的消息與資料。如消息與資料正確，即易產生正確的認知與評價，而導致相互溝通的增進與體系運行的功效。

我們在上述概念架構下，共提十九個問題，由受測大學生作答，現將發現分別說明如下：

三、對國家的認同

我們共提出兩個問題，第一題有關個人與國家之間的關係，從中可以看出受測大專學生對國家認同的基本態度。第二題主在探測受測大專學生對國家認同的原因。現將問題及解析分述如下：

問題：一、下面是有關個人與國家之間的幾種關係，我覺得其中最適合的是：(1)只問我爲國家做什麼，不問國家爲我做什麼；(2)只問國家爲我做什麼，不問我爲國家做什麼；(3)應問我爲國家做什麼，也問國家爲我做什麼；(4)只要做好份內的事，不必多操心國家的好壞（上述問題的統計分析，可見表一）。

表一　個人與國家之間的關係

		(1)只問我為國家做什麼，不問國家為我做什麼		(2)只問國家為我做什麼，不問我為國家做什麼		(3)應問我為國家做什麼，也問國家為我做什麼		(4)只要做好份內的事，不必多操心國家的好壞	
		N	%	N	%	N	%	N	%
學校	公立大學	1838	34	60	1	3259	60	308	6
	私立大學	2211	34	101	2	3704	58	394	6
	公立專科	498	40	8	1	650	52	99	8
	私立專科	713	41	19	1	898	51	116	7
	$\chi^2 = 69.6487**$　p<.01								
院系	文	1099	37	32	1	1623	55	180	6
	法	334	29	14	1	753	65	59	5
	理	636	33	31	2	1131	59	131	7
	工	1174	34	35	1	2051	59	227	7
	農	250	37	12	2	372	55	45	7
	商	995	39	42	2	1395	54	150	6
	醫	275	30	9	1	581	63	51	6
	教	240	48	6	1	233	46	26	5
	海洋	170	37	3	1	259	56	33	7
	其他	57	39	2	1	74	50	14	10
	$\chi^2 = 120.5873**$　p<.01								
性別	男	3283	34	133	1	5651	58	631	7
	女	1973	38	54	1	2853	55	287	6
	$\chi^2 = 31.1902**$　p<.01								
省籍	臺灣省	3490	35	126	1	5676	57	690	7
	大陸各省	1689	36	55	1	2687	58	210	5
	$\chi^2 = 31.9171**$　p<.01								
年齡	廿歲以下	2669	36	105	1	4157	57	412	6
	廿一至廿五	2454	34	82	1	4144	58	490	7
	廿六以上	103	39	1	0	148	57	9	3
	$\chi^2 = 22.7485**$　p<.01								
年級	一	2087	36	85	1	3256	57	324	6
	二	1531	34	53	1	2652	59	297	7
	三	833	33	27	1	1533	60	166	6
	四	638	40	17	1	830	52	108	7
	五	130	44	3	1	147	49	18	6
	$\chi^2 = 49.2056**$　p<.01								
政黨	參加	3221	39	101	1	4586	55	455	5
	未參加	2001	31	85	1	3875	60	456	7
	$\chi^2 = 91.5168**$　p<.01								
城鄉	城市	2642	33	97	1	4715	60	450	6
	鄉村	2430	38	84	1	3529	55	432	7
	$\chi^2 = 39.1539**$　p<.01								
總計		5256	35	187	1	8504	57	918	6

　　本題共列四項選擇，代表對國家認同的四種基本態度。第一種是最消極的，而且是最自利的，在認同上，將個人與國家之間的關係看成：「國家爲我，我不爲國家」，也就是第(2)項選擇所代表的心態。作這一極端選擇的大專學生，僅及總數的百分之一。由此可見，今日的大專學生甚少是極端的自利者，而置國家於不聞不問。

　　第二種所代表的心態，在程度上較第一種略爲積極，而稍減自利，但對國家的前途，仍欠休戚的認同感。此表現在第(4)項選擇，即：「只要做好份內的事，不必多操心國家的好壞」。對這一選擇採取肯定態度的大專學生，雖較第一種稍多，但在總數中，只佔 6%，可見仍屬少數。

　　對國家的關係，既注重一己對國家的貢獻，也著重國家對一己的作爲的，屬第三種選擇，如第(3)項所述：「應問我爲國家做什麼，也問國家爲我做什麼」。這一選擇所代表的心態相當重視理性，而將國家與個人放在一種相對的地位。大專學生採取此種理性的認同態度的，爲數最多，共佔 57%。國家是一較抽象的概念，我們所指的國家的作爲，實際常被看成政府的作爲。因之，政府作爲的能否滿足人民的需要，也會影響到人民對國家的認同。從上述大專學生的多數選擇中，我們已可清晰地發現，對國家的認同感非可片面的、絕對的要求今日多數的大專學生，而須相對地注重國家的種種作爲否值得認同與支持，這對政府來說，構成極大的責任。

　　對國家作絕對的奉獻，毫不考慮國家相對的作爲，這是非常感情性的及無我性的認同，此表現在第(1)項的選擇：「只問我爲國家做什麼，不問國家爲我做什麼」。大專受測學生選擇這一認同的佔 35%，在四項選擇中爲次多數，可見仍有相當數目的大專青年，抱有絕對認同的情操。

　　上述的四種認同心態，第一種（亦即第(2)選項）可稱爲「絕對的

自利」，第二種（亦即第(4)選項）可稱為「相對的自利」，第三種（亦即第(3)選項）可稱為「相對的奉獻」，第四種（亦即第(1)選項）可稱為「絕對的奉獻」。前兩種欠缺對國家的積極認同，但所佔百分比皆小。後兩種則為積極的認同，卻佔甚大的百分比（各為 57% 與 35%，總共為 93%），由此可知，絕大多數大專青年皆具積極的國家認同感。我們尤其樂見其中大多數青年學生採取「相對奉獻」的理性態度，這對國家均衡而長期性的發展會產生莫大的助益的。

受測大專學生的性別、年齡、城鄉生長環境、籍貫、就讀學校、院系、年級與參加政黨等各類不同的個人背景，對四種認同心態的選擇，經卡方（χ^2）的檢定，均呈現顯著的差異性。其中值得提出說明的是：

1.在「相對的奉獻」選擇上，男性高於女性，而在「絕對的奉獻」的選擇上，女性則高於男性。這一差異表現出男性的大專學生較多重視與國家的相對關係，而較少強調絕對的片面奉獻。

2.在城市生長的大專學生比在鄉村生長的，較多「相對的奉獻」，而較少「絕對的奉獻」。

3.就讀公私立大學的比就讀公私立專科的，較多「相對的奉獻」，而較少「絕對的奉獻」。

4.在院系上，法學院及醫學院的大專學生選擇「相對的奉獻」的超過 60%，而以法學院學生為最。修習教育科系的是唯一低於 50%（為 46%），其他學科皆在 50% 至 59% 之間，其中以理、工科較高。反之，法學院及醫學院學生選擇「絕對的奉獻」的最低（分別為 29% 及 30%），而教育科系的則最高，也是唯一超過 40% 的（為 48%）。導致這樣的不同分配，可能與教育的內容與方式有關。

5.以年級看，選擇「相對的奉獻」的，由大一至大三，呈逐漸增多的趨勢（大四資料缺乏，不計），而選擇「絕對的奉獻」的，則呈

逐漸減少的趨勢。

6.參加政黨的，較多選擇「絕對的奉獻」，而未參加政黨的，則較多選擇「相對的奉獻」。

問題：二、當前最令我對國家引以為傲的是：(1)三民主義的建國理想；(2)反共國策；(3)民主法治的實施；(4)英明領袖的領導；(5)快速而均衡的經濟發展；(6)社會安定與和諧。（上述問題的統計分析，可見表二）。

對國家的認同，無論是「絕對的奉獻」或「相對的奉獻」，常來自自我所認同的價值。在「絕對的奉獻」，不過是無須回報，而在「相對的奉獻」，則盼回報，但從奉獻取向的本身觀察，皆須根據價值的導引。我們在本題共列出六種價值，包括政治、經濟及社會等項，以探測導引大專學生對國家認同的價值，也就是試圖闡釋認同的原因。在另一方面，我們亦可就所認同的價值作一檢討，以評估此類價值是否可長久維繫認同感的不變與社會整合的持續。

大專學生在六種價值選項中，以選擇第(6)項「社會安定與和諧」的為最多，佔 36%，其次為第(5)項「快速而均衡的經濟發展」，佔 20%。此兩項所代表的是非常現實的生活價值：前者重生活的安全感，後者重物質生活的滿足，但此兩者既不牽涉到政治體系的結構，也欠理想的色彩。在我們看來，現實生活最易受物質及社會環境的立即影響：經濟的風暴、治安的欠佳，皆會引起價值認同的變動，所以較少穩定性。與此相較，體系結構的價值則偏重根本，而未來的理想價值，卻較具凝固力，這些在認同感及社會整合的維繫上，應多生積極與持久的作用。大專學生在政治結構與建國理想的價值認同上，兩皆偏低。選擇有關結構價值的第(3)項「民主與法治的實施」及第(4)項「英明領袖的領導」的，各佔 4%與 11%。另選擇有關理想價值的第(1)項「三民主義的建國理想」與第(2)項「反共國策」的，則各佔 18%與 9%。

表二　對國家引以為傲的原因

		(1)三民主義的建國理想		(2)反共國策		(3)民主法治的實施		(4)英明領袖的領導		(5)快速而均衡的經濟發展		(6)社會安定與和諧		(7)其他	
		N	%	N	%	N	%	N	%	N	%	N	%	N	%
學校	公立大學	983	18	475	9	180	3	533	10	1017	19	2089	39	140	3
	私立大學	1089	17	586	9	267	4	688	11	1292	20	2316	36	139	2
	公立專科	270	22	88	7	29	2	198	16	218	18	425	34	15	1
	私立專科	298	17	108	6	88	5	272	16	421	24	532	31	16	1
	$\chi^2=185.1154$** p<.01														
院系	文	518	18	277	10	105	4	328	11	550	19	1063	37	63	2
	法	141	12	106	9	43	4	106	9	254	22	481	42	24	2
	理	380	20	164	9	53	3	182	9	367	19	710	37	66	3
	工	604	17	326	9	151	4	356	10	710	21	1242	36	74	2
	農	148	22	47	7	19	3	89	13	110	16	246	37	12	2
	商	417	16	171	7	120	5	342	13	623	24	861	34	34	1
	醫	163	18	63	7	32	4	99	11	167	18	366	40	20	2
	教	131	26	33	7	13	3	82	16	66	13	168	34	7	1
	海洋	99	21	50	11	16	3	72	16	64	14	151	33	9	2
	其他	20	14	14	10	9	6	22	15	27	19	52	36	1	1
	$\chi^2=255.0691$** p<.01														
性別	男	1725	18	867	9	374	4	1113	12	1971	20	3334	35	241	3
	女	912	18	388	8	190	4	575	11	978	19	2025	39	69	1
	$\chi^2=55.1504$** p<.01														
省籍	臺灣省	1715	17	688	7	368	4	1091	11	2101	21	3761	38	195	2
	大陸各省	876	19	546	12	183	4	567	12	806	17	1520	33	110	2
	$\chi^2=144.9976$** p<.01														
年齡	廿歲以下	1346	18	639	9	270	4	853	12	1413	19	2627	36	150	2
	廿一至廿五	1228	17	600	8	270	4	783	11	1468	21	2611	37	154	2
	廿六以上	45	17	10	4	21	8	38	15	50	19	93	36	3	1
	$\chi^2=31.3703$* p<.05														
年級	一	1003	18	499	9	223	4	681	12	1128	20	2065	36	132	2
	二	825	18	411	9	165	4	458	10	890	20	1650	37	84	2
	三	413	16	214	8	98	4	232	9	546	22	978	39	58	2
	四	325	21	106	7	53	3	237	15	313	20	515	33	26	2
	五	51	17	16	5	16	5	61	20	50	17	101	34	3	1
	$\chi^2=105.0343$** p<.01														
政黨	參加	1571	19	757	9	306	4	1023	12	1626	20	2871	35	150	2
	未參加	1053	17	490	8	253	4	656	10	1306	20	2457	39	158	2
	$\chi^2=58.9379$** p<.01														
城鄉	城市	1386	18	700	9	273	3	875	11	1556	20	2898	37	163	2
	鄉村	1159	18	502	8	270	4	758	12	1314	20	2297	36	134	2
	$\chi^2=13.6025$ n.s.														
	總計	2367	18	1255	9	564	4	1688	11	2949	20	5359	36	310	2

　　我們對大專學生的認同價值，是以「對國家引以為傲」的問題施測，由此所測知的價值選項，也正可反映出大專青年對國家實際成就的認定。如國家的成就被多數認定為現實生活的價值，我們似須進一步地著重政治結構與理想價值的建設，因這一建設較能促進更持久與更深厚的國家認同。

　　受測大專學生的各項個人背景因素，除「城鄉生長環境」一項外，經卡方(χ^2)檢定，對各種選項的選擇，皆具顯著的差異性。現就較具意義的差異，加以說明：

　　1.就現實生活的價值觀察，大專學生選擇安全感，第(6)項「社會安定與和諧」的為最多，但其中女性多於男性，本省籍多於外省籍，非黨員多於黨員。在教育背景上，就讀公私立大學的多於就讀公私立專科的；法、醫兩科學生為最高，而教育與海洋兩科為最低；年級愈高，且有愈增的現象。從以上的差異，一面可看到認同的趨勢，一面也可看出對國家引以為傲的實際成就。如大學生的選擇多於專科生，不僅說明在「社會安定與和諧」上較多認同，且意指國家的成就於此方面為多，餘可類推。

　　2.在第(1)項「三民主義的建國理想」的選擇上，差異較明顯的是：外省多於本省，黨員多於非黨員，法科學生最低，而教育科學生最高，且年級愈高，有愈低的趨勢。此一差異情況也出現在第(4)項「英明領袖的領導」的選擇上，且更為顯著。此兩項差異與前述表現在「社會安定與和諧」選項上的差異，正好相反。如法科學生對此兩項價值的認同及實際成就的認定，即皆較教育科學生為低，餘亦可類推。

四、對國家及政府的需求與支持

　　需求與支持都屬於政治體系運作過程中的投入環節，但兩者相輔而相成。需求的獲得滿足往往會增強對體系的支持，反之，則減弱。在另一面，強烈的支持態度常會抵銷需求上的不滿足，否則，即易導致需求不滿足的增強。我們先就大專青年對整體國家及政府體制上的基本需要，作一觀察，然後再看在社會政策方面的需求。

（一）體系上的基本需求

　　我們共提出兩個問題，一涉及整體國家的層面，一僅限於政治體制。現分述如下：

　　問題：三、我認為最可能作我國借鏡的國家是：(1)美國；(2)英國、(3)日本、(4)西德、(5)法國、(6)瑞士、(7)韓國、(8)新加坡、(9)以色列（上述問題的統計分析，可見表三）。

　　本問題共列九個國家作為選項，大專青年選答最多的為以色列（佔27%），依次為西德（佔 23%），韓國（佔 17%），美國（10%），日本（佔9%），新加坡（佔6%），瑞士（佔3%），英國（佔1%）。法國為 0%，可以不計。以色列自立國以來，即時刻處於緊急狀態，但仍能採行民主體制，抗拒環視的強敵，此種自立、自強及自主的精神，當然易為多數大專青年所嚮往。西德為一分裂國家，亦面臨共產集團的強大壓力，但同樣地採行民主政體，終能自立、自強，而同為多數大專青年所重視。此兩國選項的相加百分比為 50%，由此可反映出半數的受測大專學生，對國家的需求是：一面謀取民主體制的建立，以促進社會的統合；一面力求國家的自立自強，以抗拒外來的壓力。韓國的成就偏重後者，而美國及日本等國，較欠明顯而緊急的外力侵凌，一般受重視的成就，即偏重前者。以上諸國，因兩者不可得兼，乃在選項的百分比上下降。其他國家所佔百分比更小，無太大意義。

表三　作我國借鏡的國家

		(1)美國		(2)英國		(3)日本		(4)西德		(5)法國	
		n	%	n	%	n	%	n	%	n	%
學校	公立大學	495	9	77	1	470	9	1259	24	11	0
	私立大學	602	10	80	1	568	9	1560	25	22	0
	公立專科	141	12	12	1	101	8	270	22	3	0
	私立專科	247	14	19	1	176	10	291	17	5	0
	$\chi^2 = 128.4599$** p<.01										
院系	文	269	9	36	1	243	8	663	23	6	0
	法	108	9	20	2	139	12	254	22	4	0
	理	181	10	19	1	148	8	510	27	4	0
	工	325	9	37	1	268	8	847	25	12	0
	農	66	10	9	1	66	10	151	23	3	0
	商	262	10	30	1	269	11	503	20	8	0
	醫	122	14	21	2	91	10	204	23	0	0
	教	69	14	9	2	36	7	106	22	2	0
	海洋	44	10	6	1	38	8	91	20	2	0
	其他	24	16	0	0	15	10	35	24	0	0
	$\chi^2 = 207.2444$** p<.01										
性別	男	929	10	122	1	818	9	2308	24	26	0
	女	556	11	66	1	496	10	1067	21	15	0
	49.2547** p<.01										
省籍	台灣省	1054	11	131	1	981	10	2242	23	26	0
	大陸各省	405	9	57	1	314	7	1062	23	14	0
	$\chi^2 = 70.3953$** p<.01										
年齡	廿歲以下	726	10	78	1	584	8	1614	22	25	0
	廿一至廿五	727	10	101	1	687	10	1683	24	14	0
	廿六以上	21	8	7	3	36	14	59	23	1	0
	$\chi^2 = 70.6104$** p<.01										
年級	一	533	9	56	1	463	8	1349	24	19	0
	二	416	9	73	2	405	9	1082	24	10	0
	三	265	10	35	1	257	10	598	24	4	0
	四	222	14	23	1	144	9	262	17	6	0
	五	51	18	1	0	32	11	50	17	2	1
	$\chi^2 = 155.3730$** p<.01										
政黨	參加	817	10	92	1	707	9	1885	23	24	0
	未參加	656	10	95	1	603	10	1470	23	17	0
	$\chi^2 = 64.3871$** p<.01										
城鄉	城市	781	10	99	1	667	9	1857	24	25	0
	鄉村	658	10	83	1	590	9	1422	22	15	0
	$\chi^2 = 36.9882$** p<.01										
總計		1485	10	188	1	1314	9	3375	23	41	0

表三　作我國借鏡的國家（續）

		(6)瑞士		(7)韓國		(8)新加坡		(9)以色列		(10)其他	
		n	%	n	%	n	%	n	%	n	%
學校	公立大學	165	3	874	16	378	7	1421	27	201	4
	私立大學	214	3	1032	16	366	6	1661	26	195	3
	公立專科	25	2	209	17	54	4	380	31	29	2
	私立專科	55	3	314	18	88	5	449	26	64	4
院系	文	105	4	499	17	164	6	799	28	89	3
	法	29	3	159	14	92	8	295	26	39	3
	理	63	3	285	15	116	6	496	26	78	4
	工	85	2	563	16	201	6	985	29	105	3
	農	20	3	98	15	49	7	176	26	27	4
	商	94	4	512	20	140	6	634	25	77	3
	醫	27	3	116	13	65	7	215	24	31	3
	教	18	4	84	17	25	5	123	25	12	2
	海洋	14	3	79	17	26	6	140	31	18	4
	其他	2	1	23	16	7	5	31	21	9	6
性別	男	273	3	1517	16	589	6	2637	28	330	3
	女	186	4	909	18	298	6	1270	25	159	3
省籍	台灣省	314	3	1599	16	549	6	2582	26	303	3
	大陸各省	134	3	790	17	327	7	1267	28	183	4
年齡	廿歲以下	226	3	1280	18	391	5	2026	28	242	3
	廿一至廿五	218	3	1096	16	469	7	1803	26	233	3
	廿六以上	12	5	35	13	24	9	57	22	9	3
年級	一	166	3	983	17	311	6	1600	28	174	3
	二	163	4	698	16	276	6	1160	26	157	4
	三	72	3	420	17	187	7	598	24	84	3
	四	47	3	248	16	88	6	453	29	58	4
	五	8	3	57	20	14	5	61	21	10	3
政黨	參加	231	3	1422	17	427	5	2327	28	256	3
	未參加	225	4	987	16	454	7	1563	25	230	4
城鄉	城市	259	3	1305	17	522	7	1953	25	271	4
	鄉村	186	3	1048	16	337	5	1816	29	199	3
	總計	459	3	2426	17	887	6	3907	27	489	3

　　受測學生的不同背景，如性別、省籍等等，經卡方(χ^2)檢定，對不同國家的選擇，皆具顯著性。大致說來，男性對以色列及西德的選擇多於女性，而於韓國、美國及日本，則少於女性。本省籍較外省籍多重視美國、日本，而較少重視以色列與韓國。法科與醫科學生較少重視韓國，而商科、文科與教育科系學生，則反是。大學生較專科生多重視西德，而專科生則較多重視美國。在年級上，由大一至大三，對以色列的重視呈現遞減的趨勢，而於美國及日本則增強，對西德則保持不變。此一趨勢亦可見於年齡的變項，即由二十歲至二十六歲以上，對以色列及韓國的重視明顯地遞減，而於日本則遞增。由此可約略發現：隨年級及年齡的增高，大專學生可能愈為重視國家民主體制的建立。

　　問題：四、我覺得最理想的政治體制是：(1)英國式的政治體制、(2)美國式的政治體制、(3)日本式的政治體制、(4)西德式的政治體制、(5)新加坡式的政治體制、(6)韓國式的政治體制（上述問題的統計分析，可見表四）。

　　從上題的選答已可發現多數大專青年，皆需求民主的政治體制，現就本題的六個國家選項看，更可以肯定以上的發現。在本題的六個國家選項中，大專學生選答超過 10%的國家為美國、西德及英國等三國，這三個國家皆採取民主體制，但一般說來，美國的民主制度較為國人所熟悉，故所佔選答的百分比亦最高，達 33%。日本的體制多仿效英、美，大專青年若選答後者的，當然即不再選答日本。另韓國的體制有異於英、美，所佔的選答百分比乃趨低(7%)。受測大專學生的個人背景，亦影響到各國體制的選擇，經卡方(χ^2)檢定，皆具顯著性。其間差異的情況，與前題很相似。如在省籍上，本省籍亦較外省籍多重視美國、日本，而少重視韓國。再以年級（大一至大三）與年齡（二十至二十六歲以上）看，仍是愈增高者，愈多重視美國體制，而愈少

表四　最理想的政治體制

		(1)英國式的		(2)美國式的		(3)日本式的		(4)西德式的		(5)新加坡式的		(6)韓國式		(7)其他	
		n	%	n	%	n	%	n	%	n	%	n	%	n	%
學校	公立大學	585	11	1661	32	78	2	557	11	447	9	319	6	1520	29
	私立大學	630	10	2017	33	114	2	689	11	521	9	392	6	1730	28
	公立專科	119	10	397	33	27	2	144	12	77	6	91	8	334	28
	私立專科	174	10	528	32	52	3	239	14	131	8	146	9	404	24
	$\chi^2 = 70.2044$** p<.01														
院系	文	314	11	886	32	54	2	284	10	245	9	174	6	805	29
	法	195	17	365	33	19	2	133	12	88	8	51	5	269	24
	理	159	9	567	31	31	2	219	12	145	8	99	5	588	33
	工	313	9	1076	32	58	2	358	11	284	9	255	8	967	29
	農	52	8	213	33	22	3	79	12	39	6	50	8	188	29
	商	289	12	815	33	55	2	343	14	205	8	197	8	559	23
	醫	67	8	316	36	11	1	75	9	83	10	35	4	284	33
	教	56	12	171	36	7	1	59	13	34	7	34	7	110	23
	海洋	42	9	120	26	10	2	62	14	35	8	40	9	149	33
	其他	12	8	53	37	2	1	11	8	14	10	6	4	47	32
	$\chi^2 = 240.0461$** p<.01														
性別	男	1007	11	3084	33	180	2	995	11	716	8	621	7	2708	29
	女	500	10	1513	32	90	2	663	13	461	10	325	7	1278	27
	$\chi^2 = 40.9376$** p<.01														
省籍	台灣省	1023	11	3293	35	212	2	1122	12	750	8	589	6	2504	26
	大陸各省	468	11	1222	28	50	1	478	11	409	9	339	8	1427	32
	$\chi^2 = 122.0212$** p<.01														
年齡	廿歲以下	724	10	2104	30	128	2	829	12	570	8	519	7	2099	30
	廿一至廿五	740	11	2371	35	136	2	759	11	580	9	407	6	1805	27
	廿六以上	30	12	94	37	5	2	33	13	23	9	15	6	53	21
	$\chi^2 = 60.7415$** p<.01														
年級	一	542	10	1685	31	107	2	589	11	463	8	390	7	1715	31
	二	494	12	1477	34	85	2	492	11	331	8	272	6	1143	27
	三	272	11	382	35	32	1	287	11	218	9	146	6	621	26
	四	161	11	451	30	37	2	208	14	129	8	117	8	415	27
	五	21	8	111	40	6	2	44	16	19	7	16	6	58	21
	$\chi^2 = 95.0330$** p<.01														
政黨	參加	886	11	2500	32	138	2	900	11	595	8	568	7	2327	29
	未參加	609	10	2071	34	130	2	724	12	572	9	374	6	1635	27
	$\chi^2 = 42.1697$** p<.01														
城鄉	城市	738	10	2416	32	116	2	878	12	654	9	508	7	2175	29
	鄉村	715	12	2040	33	141	2	711	12	473	8	419	7	1670	27
	$\chi^2 = 29.4495$** p<.01														
	總計	1507	11	4597	33	270	2	1628	12	1177	8	946	7	3986	28

重視韓國體制。另法科與醫科學生也同樣地較少重視韓國體制。其他值得一說的，即法科學生較其他各科，特別重視英國體制。按英國爲實行民主憲政最具歷史與成效的國家，近雖國勢衰退，不若美國的興盛，但法科學生仍可據專門的知識，多加認可。總之，從本題的選答分析，更可清晰地發現：大專青年多數肯定民主體制的需求，且隨年齡的日增而有增強的趨勢，這些皆很值得我們的重視。

（二）社會政策的需求

在基本的需求上，如前所述，多數大專學生皆認定民主的體制及自立、自強的國家，但此類基本的需求，實質上牽涉到整個國家體系的結構與功能的根本性質與發展方向，往往具有一種理想及長期實踐的色彩。基本需求的有欠滿足，可能逐漸減低對國家的認同，但所造成的原因應是多面的：不僅由於政府的政策，尚包括國際的環境與政治文化等等。我們現在所討論的社會政策，完全以政府爲對象，在性質上，除基本的需求外，更著重當前最需解決的問題。大專青年對此等需求的滿足與否，直接影響對政府的支持，也間接影響對國家的認同。我們先提出有關需求的問題，至於政府的政策是否配合，將留待後節析論。

問題：五、我覺得今日最需政府解決的問題是：(1)犯罪日增；(2)部份官員操守不良；(3)法治未能貫徹；(4)選舉不盡公正；(5)不良社會風氣；(6)就業困難；(7)倫理觀念轉弱；(8)交通秩序紊亂；(9)中央民意代表的新陳代謝（上述問題的統計分析，可見表五）。

我們在本題共列出九種政策選項，其中包括文化的（第(7)項）、社會的（第(1)、(5)、(6)、(8)等項）及政治的（第(2)、(3)、(4)、(9)等項）。大專青年選答最多的爲「不良社會風氣」（佔28%），其次爲

表五　政府最需解決的問題

		(1)犯罪日增		(2)部份官員操守不良		(3)法治未能貫徹		(4)選舉不盡公正		(5)不良社會風氣	
		n	%	n	%	n	%	n	%	N	%
學校	公立大學	432	8	1128	21	570	11	180	3	1609	30
	私立大學	647	10	1402	22	488	8	291	5	1726	27
	公立專科	108	9	313	25	94	8	69	6	338	27
	私立專科	206	12	428	25	84	5	87	5	446	26
	$\chi^2 = 200.0471$** p<.01										
院系	文	334	12	577	20	221	8	133	5	884	31
	法	89	8	219	19	174	15	42	4	304	27
	理	157	8	429	23	153	8	60	3	537	28
	工	299	9	854	25	290	8	135	4	950	28
	農	54	8	153	23	64	10	32	5	173	26
	商	263	10	563	22	172	7	122	5	689	27
	醫	86	10	212	24	70	8	49	5	230	26
	教	54	11	102	10	49	10	15	3	168	34
	海洋	35	8	116	26	30	7	28	6	121	27
	其他	16	11	33	23	8	6	7	5	42	30
	$\chi^2 = 282.9390$** p<.01										
性別	男	828	9	2261	24	852	9	409	4	2507	26
	女	562	11	1009	20	382	8	218	4	1607	32
	$\chi^2 = 130.9187$** p<.01										
省籍	台灣省	922	9	2355	24	816	8	509	5	2533	26
	大陸各省	446	10	868	19	397	9	104	2	1511	33
	$\chi^2 = 183.0368$** p<.01										
年齡	廿歲以下	689	10	1589	22	542	8	304	4	2199	31
	廿一至廿五	663	9	1597	23	651	9	315	4	1852	26
	廿六以上	31	12	58	23	34	13	2	1	45	18
	$\chi^2 = 122.6867$** p<.01										
年級	一	558	10	1255	22	379	7	261	5	1660	29
	二	396	9	1021	23	424	10	184	4	1236	28
	三	232	9	538	21	291	12	84	3	650	26
	四	158	10	357	23	107	7	80	5	450	29
	五	35	12	65	22	22	8	10	3	92	31
	$\chi^2 = 148.4635$** p<.01										
政黨	參加	771	9	1812	22	707	9	304	4	2388	29
	未參加	607	10	1443	23	518	8	316	5	1708	27
	$\chi^2 = 42.9509$** p<.01										
城鄉	城市	742	10	1740	22	671	9	277	4	2230	29
	鄉村	611	10	1428	23	522	8	327	5	1762	28
	$\chi^2 = 40.2423$** p<.01										
	總計	1390	10	3270	22	1234	8	627	4	4114	28

表五　政府最需解決的問題（續）

		(6)就業困難		(7)倫理觀念轉弱		(8)交通秩序紊亂		(9)中央民意代表的新陳代謝		(10)其他	
		n	%	n	%	n	%	n	%	n	%
學校	公立大學	250	5	426	8	167	3	447	8	168	3
	私立大學	347	6	547	9	174	3	477	8	179	3
	公立專科	70	6	103	8	36	3	70	6	35	3
	私立專科	134	8	145	9	56	3	69	4	47	3
院系	文	187	6	226	8	78	3	172	6	79	3
	法	54	5	77	7	31	3	117	10	36	3
	理	107	6	172	9	67	4	145	8	61	3
	工	142	4	282	8	86	3	266	8	108	3
	農	43	6	55	8	19	3	56	8	22	3
	商	172	7	247	10	84	3	166	7	54	2
	醫	35	4	59	7	29	3	88	10	33	4
	教	23	5	44	9	16	3	19	4	9	2
	海洋	22	5	43	10	14	3	24	5	19	4
	其他	10	7	10	3	4	3	7	5	5	4
性別	男	491	5	769	8	284	3	772	8	317	3
	女	310	6	453	9	148	3	264	6	111	2
省籍	台灣省	556	6	801	8	278	3	759	8	254	3
	大陸各省	229	5	405	9	146	3	288	6	168	4
年齡	廿歲以下	340	6	654	9	203	3	469	7	205	3
	廿一至廿五	420	6	550	8	213	3	564	8	216	2
	廿六以上	33	13	16	6	11	4	22	9	5	2
年級	一	285	5	489	9	183	3	402	7	163	3
	二	247	6	381	9	116	3	333	7	119	3
	三	149	6	187	7	63	3	2353	9	88	3
	四	100	6	127	8	53	3	67	4	50	3
	五	12	4	29	10	11	4	12	4	5	2
政黨	參加	472	6	728	9	216	3	555	7	243	3
	未參加	323	5	488	8	212	3	503	8	186	3
城鄉	城市	383	5	644	8	224	3	604	8	245	3
	鄉村	383	6	535	8	190	3	422	7	165	3
	總計	801	5	1222	8	432	3	1064	7	428	3

「部份官員操守不良」（佔 22%）及「犯罪日增」（佔 10%）。選項在 10%以下的爲「法治未能貫徹」「倫理觀念轉弱」（各佔 8%）、「中央民意代表的新陳代謝」（佔 7%）、「就業困難」（佔 5%）及「選舉不盡公正」（佔 4%）。從以上的選答百分比可知，大專青年較多關心，而期待政府解決的需求，在社會問題上，爲社會的安定；在政治問題上，爲行政的效能。「不良的社會風氣」及「犯罪日增」兩項（共佔 22%）皆直接有關社會的安定，甚多大專學生可能對近年來社會與經濟結構的變遷所引發的不良風氣，如奢侈、浮華、虛僞及犯罪等，表示憂慮，而盼有所改革。至於「部份官員操守不良」，當然涉及政府的行政效能，由選答此項的多達 22%中可以看出，亦有甚多大專青年對政府的廉能抱有隱憂，而望能予革新。本題的其他選項在所佔百分比上，相差不多，皆可代表部份大專學生的需求。

　　受測大專青年對社會安定的需求，女性多於男性、外省籍多於本省籍、文科及教育科系的學生明顯地多於法科及農科等，另年齡與年級的愈增，對社會不良風氣的憂慮則呈現遞減的趨勢，此可能出於對社會變遷後果的較多體認與較佳適應。再看在行政效能方面的需求，專科學生高於大學生，男性多於女性，本省籍多於外省籍，但在年齡與年級上，相差不大。另法科學生較其他科系學生較重視「法治未能貫徹」（佔 15%），在「中央民意代表的新陳代謝」的選項上，法科與醫科學生爲最高（各佔 10%），而教育科及海洋科學生爲最低（各佔 4%及 5%）。以上的各項差異，經卡方(χ^2)檢定，皆具顯著性。

（三）對選舉的態度

　　對政治體系決策人員的選舉，在性質上屬投入環節有關人力支持的行動。但從整體的政治體制看，選舉的進行也是對民主體制的一種

支持。我國近年來，無論於中央民意代表及省、縣、市議員與縣、市首長等決策員的產生，皆運用選舉的方式，大專青年對這一重要的投入方式，究竟採取怎樣的態度，很值得我們的注意。我們共提出兩個問題，用以觀察參與選舉及決定投票的態度。至於政府舉辦選舉的得失等，將留待後節討論政策產出時，再作檢討。

問題：六、對地方上的各種選舉，我通常所採取的態度是：(1)熱心參加；(2)勉強參加；(3)很少過問；(4)經常棄權（上述問題的統計分析，可見表六）。

本題共分四個強度選項，由「熱心參加」直至「經常棄權」。大專青年選擇第一強度，即「熱心參加」的，爲數最多，共佔 41%；其次爲第三強度，即「很少過問」，共佔 29%；選擇第二強度，即「勉強參加」的，列第三，共佔 15%；最少的爲第四強度，即「經常棄權」，僅佔 3%。如以前兩個強度爲正面的參與，大專學生屬此類的，多達 56%，可見對選舉方式所持的肯定態度。再以後兩個強度爲負面的參與，所佔百分比亦達 32%，從中我們亦可看到仍有不少大專學生對今日的選舉制度，仍保持某種消極的支持態度。從另一面看，採取「熱心參加」的支持態度的，雖佔 41%，但持勉強及其他保留態度的，卻佔 59%，此一情況明顯地表露出大專學生的疑慮心態。對選舉的熱心支持，就是對政府及民主體制的熱心支持，因之如何加強大專青年的熱心支持態度，而相對地減少勉強與保留的心態，實是今日的當務之急。

在各種支持選舉的強度選項中，男性較女性多採熱心及勉強參加的態度；省籍在此兩項上，無所差異。在教育背景上，專科學生較多熱心參加，而大學生則較多勉強參加及很少過問。法科學生較少持熱心態度，而較多勉強與很少過問的心態，教育科系的學生卻較多熱心與較少不加過問。還有：年齡的增加似促動熱心與勉強的正面參與的

表六　對地方上的各種選舉通常採取的態度

		(1)熱心參加		(2)勉強參加		(3)很少過問		(4)經常棄權		(5)其他	
		n	%	n	%	n	%	n	%	n	%
學	公立大學	2082	39	850	16	1598	30	173	3	664	12
	私立大學	2574	41	935	15	1875	30	245	4	697	11
	公立專科	575	47	170	14	316	26	35	3	129	11
校	私立專科	788	46	244	14	475	28	34	2	162	10
	$\chi^2 = 66.5620**$ p<.01										
	文	1112	39	385	13	910	32	97	3	377	13
	法	408	36	201	18	349	30	35	3	152	13
院	理	807	42	286	15	529	28	71	4	206	11
	工	1425	41	576	17	959	28	118	3	360	10
	農	291	44	99	15	189	28	21	3	64	10
系	商	1058	42	361	14	773	30	78	3	268	11
	醫	369	41	125	14	264	29	42	5	105	12
	教	234	48	83	17	100	21	10	2	57	12
	海洋	221	49	55	12	130	29	12	3	34	8
	其他	59	41	22	15	42	29	1	1	19	13
	$\chi^2 = 110.1109**$ p<.01										
性	男	4005	42	1579	17	2738	29	382	4	847	9
別	女	2009	40	617	12	1523	30	104	2	806	16
	$\chi^2 = 231.1010**$ p<.01										
省	台灣省	4038	41	1491	15	2890	29	355	4	1033	11
籍	大陸各省	1882	41	668	15	1298	28	123	3	598	13
	$\chi^2 = 27.9105**$ p<.01										
年	廿歲以下	2810	39	837	12	2128	30	107	1	1294	18
	廿一至廿五	3037	43	1296	18	2046	29	359	5	347	5
齡	廿六以上	125	48	50	19	64	25	14	5	7	3
	$\chi^2 = 825.7373**$ p<.01										
	一	2286	41	682	12	1664	30	138	2	860	15
年	二	1822	41	712	16	1308	29	174	4	461	10
	三	1017	40	523	21	753	30	130	5	116	5
級	四	689	45	205	13	439	28	35	2	173	11
	五	153	53	54	19	54	19	4	1	26	9
	$\chi^2 = 355.5640**$ p<.01										
政	參加	3643	44	1292	16	2148	26	254	3	865	11
黨	未參加	2336	37	892	14	2088	33	228	4	781	12
	$\chi^2 = 125.0726**$ p<.01										
城	城市	3205	41	1155	15	2242	29	232	3	956	12
鄉	鄉村	2605	41	973	15	1877	30	239	4	652	10
	$\chi^2 = 20.1535**$ p<.01										
	總計	6014	41	2196	15	4261	29	486	3	1653	11

增多，並使很少過問遞減。另黨員較多正面參加，較少不加過問。上述的差異，皆達卡方(χ^2)檢定的顯著水準。

問題：七、在參加選舉的時候，通常我是這樣處理自己的一票：(1)依照政黨的決定；(2)信憑親友的請託；(3)參考輿論的趨向；(4)根據個人的判斷（上述問題的統計分析，可見表七）。

在本題的數個選項中，大專學生對投票的態度，大多數皆選答「根據個人的判斷」，所佔的比例為 63%，此實可反映出大專學生的獨立態度。次多的為「參考輿論的趨向」（佔 12%）、「依照政黨的決定」（佔 11%），最少的為「信憑親友的請託」（佔 2%）。由次多及最少的三個選項百分比可以看出，大專學生接受輿論、政黨及親友的影響的，所各佔的比例皆不大。因之，輿論界及政黨在選舉時如高估對大專學生的影響力，難免會造成錯失。政黨及候選人如欲贏取大專學生的支持，似更應注重過去的政績及本身的條件。

從各種背景因素觀察，受測大專學生雖大多持獨立的態度，但在比較上，男性較女性為多，本省籍較外省籍為多，非黨員較黨員為多，鄉村生長的較城市的為多，且隨年齡與年級（大一至大三）的增長，有增多的趨勢。在其他選項上，女性較多參考輿論的趨向，外省籍較多依照政黨的決定，此於黨員亦同。另專科學生較大學生多依照政黨的決定，但其中法科及醫科學生最少。在此項決定亦隨年齡與年級的增長而增多。以上差異，從卡方(χ^2)檢定，皆達顯著的水準。

表七　在參加選舉的時候是怎樣處理自己的一票

		(1)依照政黨的決定		(2)信憑親友的請託		(3)參考輿論的趨向		(4)根據個人的判斷		(5)其他	
		n	%	n	%	n	%	n	%	n	%
學	公立大學	565	11	107	2	562	11	3401	64	693	13
	私立大學	606	10	155	2	786	13	3969	63	764	12
校	公立專科	154	13	15	1	120	10	762	63	162	13
	私立專科	220	13	49	3	265	16	987	58	178	10
	$\chi^2 = 79.0145$** p<.01										
	文	313	11	58	2	395	14	1710	60	390	14
	法	96	8	29	3	129	11	720	63	165	14
院	理	212	11	35	2	193	10	1230	65	225	12
	工	349	10	74	2	354	10	2234	66	399	12
	農	79	12	16	2	79	12	420	64	67	10
系	商	250	10	61	2	365	15	1525	61	308	12
	醫	59	7	23	3	99	11	603	67	115	13
	教	86	18	8	2	35	7	296	62	55	11
	海洋	73	16	11	2	46	11	266	60	51	11
	其他	20	14	9	6	24	17	75	52	15	10
	$\chi^2 = 154.8894$** p<.01										
性	男	978	10	239	3	1023	11	6240	66	1002	11
別	女	568	11	86	2	707	14	2871	57	795	16
	$\chi^2 = 154.7702$** p<.01										
省	台灣省	664	7	223	2	1167	12	6510	67	1168	12
籍	大陸各省	859	19	95	2	531	12	2457	54	602	13
	$\chi^2 = 509.5562$** p<.01										
年	廿歲以下	686	10	90	1	811	11	4111	58	1400	20
	廿一至廿五	800	11	228	3	884	13	4772	68	380	5
齡	廿六以上	48	19	6	2	28	11	170	66	6	2
	$\chi^2 = 751.5627$** p<.01										
	一	486	9	96	2	659	12	3418	61	914	16
年	二	469	11	126	3	519	12	2867	64	473	11
	三	332	13	69	3	292	12	1689	67	149	6
級	四	199	13	25	2	210	14	902	59	201	13
	五	50	17	8	2	26	13	167	58	36	13
	$\chi^2 = 265.7722$** p<.01										
政	參加	1358	17	163	2	859	11	4836	59	933	11
黨	未參加	187	3	158	3	856	14	4215	67	863	14
	$\chi^2 = 702.3823$** p<.01										
城	城市	861	11	177	2	977	13	4729	61	1011	13
鄉	鄉村	623	10	136	2	695	11	4091	65	743	12
	$\chi^2 = 25.2266$** p<.01										
	總計	1546	11	325	2	1730	12	9111	63	1797	12

五、對決策與效能的態度

政治體系的成員必須透過權威機構的決策程序，才能使需求獲得滿足。成員在人力與物力上所做的種種支持，主要的目的仍然在此。我們對決策程序的觀察，著重三個層面，其一是對基本性質的探究，要點在權威機構在決策過程中，所應具的權力狀態，如應分權抑集權等。此種狀態可以反映出決策過程的基本性質是民主抑專權。其二為分析成員參與及影響權威機關決策的方式，我們從中可進一步地看出雙方的實質關係。其三涉及權威機關的效能，此與公務人員的觀念、能力及操守皆息息相關。以上三個層面的觀察，僅限大專青年對政府決策的態度，也就是他們主觀的心態，此與實際的情況，非必完全一致。現分三項加以說明。

（一）決策過程的性質

政府在進行決策時應分權抑集權，常牽涉到行政效能的問題，如：政府的行政機關若受立法機關的議會的監督，是否即影響行政效能的發揮？這就關係到決策過程的性質，我們所提出的問題，即據此而發。

問題：八、我覺得提高行政效能最有效的辦法是：(1)將大權集中行政首長，不受其他機關牽制；(2)使行政受議會的監督，以實現民意；(3)使行政受司法監督，以防濫用權力；(4)透過政黨政治之運用，以提高行政效率（上述問題的統計分析，可見表八）。

我們在答案中所列的選項，在性質可分為三類：

1.認為行政機關如受立法及司法機關的監督，可提高行政效能，也就是認為政府決策權力的分立與制衡，不僅可實現民意，防止濫權，

且有助行政效能的增進。

2.認爲不受其他機關的牽制，將大權集中行政首長，才可提高行政效能，此與前一類的觀念正好相反。

3.認爲可透過政黨政治的運用，以提高行政效能。這一心態實介於前兩類之間，即一方面不主張行政機關首長的高度集權，一方面亦不主張其他機關的正式監督。所謂透過政黨乃著重經由一非政府組織的政治團體從中溝通與策進，這是一種非正式，而具有彈性的監督過程。

贊同第一類機關監督的大專學生，表現在第(2)及第(3)兩個答案選項。第(2)選項爲「使行政受議會的監督，以實現民意」。選答的共佔33%。其中本省籍多於外省籍，非黨員多於黨員，醫科學生較多，性別則無大差異。第(3)選項爲「使行政受司法監督，以防濫用權力」。選答的共佔 20%。其中外省籍多於本省籍，非黨員多於黨員，教育科學生較多，性別則無差異。將此兩項選答合併觀察，所佔的總比例即高達 53%，此可說明大多數的大專學生皆認爲行政效能的提高，有賴其他機關的正式監督。我們也可進而看出分權與制衡的觀念，已爲多數大專學生所接受。

第二類的集權觀念，表現在第(1)選項，即「將大權集中行政首長，不受其他機關牽制」。大專青年選此答案的，爲數最少，僅佔 8%。其中男性多於女性，工科與海洋科學生較多，而省籍與黨籍於此無差異。由此可知集權與獨斷的觀念，已少爲大專學生所贊可。

第三類的非正式溝通與監督的觀念，表現在第(4)選項：「透過政黨政治之運用，以提高行政效率」。作此選擇的大專學生共佔 35%。其中女性多於男性，外省籍多於本省籍，黨員多於非黨員，文科與教育科的學生較多。在所有的五個選項中，此一選項所佔百分比爲最多，但在前述的三個類別的劃分上，則爲次多，可見經由非政府組織政黨

表八　提高行政效能的有效辦法

		(1)將大權集中行政首長		(2)使行政受議會的監督		(3)使行政受司法監督		(4)透過政黨政治之運用		(5)其他	
		n	%	n	%	n	%	n	%	n	%
學校	公立大學	440	8	1629	30	1087	20	2004	37	261	5
	私立大學	513	8	2173	34	1280	20	2196	34	205	3
	公立專科	100	8	407	33	255	20	458	37	30	2
	私立專科	107	6	637	37	382	22	571	33	34	2
	$\chi^2 = 85.7433$** p<.01										
院系	文	201	7	927	32	529	18	1154	40	92	3
	法	88	8	335	26	250	22	412	36	62	5
	理	147	8	624	33	405	21	671	35	72	4
	工	338	10	1140	33	687	20	1171	34	140	4
	農	56	8	224	33	144	21	230	34	24	4
	商	176	7	877	34	543	21	898	35	70	3
	醫	65	7	339	37	190	21	279	31	34	4
	教	29	6	149	30	125	25	189	38	11	2
	海洋	46	10	151	33	99	21	147	32	20	4
	其他	11	7	55	37	29	20	50	34	2	1
	$\chi^2 = 109.7813$** p<.01										
性別	男	928	10	3209	33	1964	20	3169	33	388	4
	女	231	5	1631	32	1041	20	2057	40	140	3
	$\chi^2 = 179.6453$** p<.01										
省籍	台灣省	752	8	3474	35	1944	20	3396	34	341	3
	大陸各省	390	8	1289	28	1006	22	1750	38	175	4
	$\chi^2 = 72.0627$** p<.01										
年齡	廿歲以下	549	8	2334	32	1469	20	2683	37	249	3
	廿一至廿五	582	8	2377	33	1447	20	2449	34	268	4
	廿六以上	20	8	101	39	61	23	69	27	9	3
	$\chi^2 = 21.3222$* p<.05										
年級	一	433	8	1893	33	1014	18	2171	38	196	3
	二	401	9	1464	33	994	22	1470	33	171	4
	三	183	7	811	32	523	21	913	36	113	4
	四	112	7	532	34	373	24	523	33	39	2
	五	16	5	97	33	68	23	108	37	5	2
	$\chi^2 = 85.8587$** p<.01										
政黨	參加	627	8	2533	31	1615	19	3273	39	256	3
	未參加	529	8	2284	36	1363	21	1922	30	270	4
	$\chi^2 = 141.2137$** p<.01										
城鄉	城市	613	8	2510	32	1670	21	2750	35	286	4
	鄉村	502	8	2179	34	1245	19	2297	36	220	3
	$\chi^2 = 11.1544$ n.s.										
	總計	1159	8	4840	33	3005	20	5226	35	528	4

的彈性運用，以達到非正式的溝通與監督效能的目的，仍爲不少大專學生所贊同。

　　以上所列的省籍等背景差異，從卡方(χ^2)檢定，皆達顯著水準。

（二）參與及影響的方式

　　政府爲權威的決策機關，民眾必須透過政府機關的決定，才能使需求實現，亦即獲得權威性的價值分配。在決策過程中，民眾採取怎樣的參與方式才能產生影響的效果，當然有關參與的性質。我們在這方面對大專學生態度的探究，採用下面的一個問題：

　　問題：九、如果我有事需請政府機關辦理，我覺得最有效的方式是：(1)照規定手續辦理；(2)託有關係的親友打招呼；(3)託議員或有地位的人關說；(4)私下與承辦人多交往或送些禮物；(5)委託熟悉機關內部作業的人代辦（上述問題的統計分析，可見表九）。

　　表中的各個答案選項係根據參與的公、私關係而定。第(1)項「照規定手續辦理」是最合法及最正式的直接參與，大專學生選答的共佔50%，爲最多數。此可反映出半數的受測學生皆認爲照規定的合法與正式的方式，即可產生效果。大專學生在選答時，可能對此項答案具有應然的考慮，但足可解釋所共趨的法治的態度。

　　第(5)項「委託熟悉機關內部作業的人代辦」，在公的關係中，即較爲間接，但仍屬一種委託的合法與正式的方式。選答此項的爲次多數，共佔 22%。大專學生可能一面有感作業程序的複雜或陌生，須委託熟悉的人士代辦，一面則仍視合法與正式的方式爲較佳的途徑，這一心態雖表現出較間接的公的效能觀念，但仍是傾向於法治的。

　　「託議員或有地位的人關說」及「託有關係的親友打招呼」爲第(3)及第(2)兩項的選答，前者偏重權勢的壓力，後者偏重人情的牽連，但

在性質上，已不屬直接而嚴正的公的關係，而為一種非正式及合法性較低的方式。對決策過程抱持這樣心態的大專學生，很可能對一般公務人員的公的效能，缺乏信心，從而也導致自身的公的能力感，亦即功效意識的減低。在全體受測的大專學生中，偏重權勢關係的，佔 11%；偏重人情關係的，佔 14%；兩者相加，共達 25%，亦佔相當的比例。

我們在選項中，也列入一項最偏私、最非正式，且近於不法的方式，即第(4)項：「私下與承辦人多交往，或送些禮物」。選答這一方式的大專學生僅佔 2%，可見贊同的比例甚少，此在法治的推進上，是一很好的現象。

再從受測大專學生的背景因素觀察，在選擇第(1)項，即最正式及最著重公的關係的 50%大專學生中，男略多於女，省籍無大差異，黨員多於非黨員，鄉村成長的多於都市成長的。還有：專科生多於大學生，其中教育科系、文科及海洋科皆超過 50%，而法科及醫科則僅為 42%及 43%。其他選項上的差異，值得一提的是：女性較著重權勢的力量，而男性則偏重委託熟悉的人代辦；外省籍較本省籍多重人情關係，而本省籍則較重權勢；城市成長的較鄉村成長的多重人情及委託關係，此一情形也呈現在大學的多於專科；在科系方面，教育與文科較不偏重權勢，而醫科則較多；教育科系也較不偏重人情，但海洋則較多；法科與醫科較重委託，教育與海洋科系則偏低。這些差異經卡方(χ^2)檢定，皆具顯著性。我們從以上的差異，大致可以看出，在各項百分比的範圍內，背景因素對大專學生在決策效能的態度上，所產生的不同影響。

表九　政府機關辦理事情的最有效方式

		(1)照規定手續辦理		(2)託有關係的親友打招		(3)託議員或有地位的人		(4)私下與承辦人多交		(5)委託熟悉機關內部作		(6)其他	
		n	%	n	%	n	%	n	%	n	%	n	%
學	公立大學	2551	47	838	15	534	10	127	2	1284	24	120	2
	私立大學	3150	49	953	15	718	11	117	2	1364	21	98	2
	公立專科	696	56	136	11	130	10	33	3	235	19	24	2
校	私立專科	959	55	192	11	179	10	41	2	343	20	28	2
	$\chi^2 = 94.2200$** p<.01												
	文	1519	52	414	14	274	9	51	2	618	21	50	2
	法	490	42	177	15	121	10	26	3	310	27	28	2
院	理	936	48	300	16	206	11	37	2	415	22	36	2
	工	1733	50	494	14	391	11	80	2	715	21	74	2
	農	326	48	84	12	70	10	22	3	163	24	16	2
	商	1288	50	367	14	263	10	52	2	563	22	37	1
系	醫	396	43	141	15	117	13	16	2	229	25	14	2
	教	300	59	40	8	47	9	15	3	98	19	5	1
	海洋	243	52	78	17	51	11	10	2	77	17	6	1
	其他	83	56	15	10	12	8	5	3	29	10	3	2
	$\chi^2 = 122.5456$** p<.01												
性	男	4870	50	1386	14	1083	11	232	2	1931	20	188	2
別	女	2479	48	730	14	479	9	86	2	1294	25	82	2
	$\chi^2 = 66.6216$** p<.01												
省	台灣省	4923	49	1338	13	1137	11	230	2	2165	22	168	2
籍	大陸各省	2304	50	754	16	380	8	80	2	1027	22	93	2
	$\chi^2 = 56.3858$** p<.01												
年	廿歲以下	3644	50	1057	14	728	10	146	2	1625	22	123	2
	廿一至廿五	3507	49	1027	14	795	11	162	2	1533	21	142	2
齡	廿六以上	153	59	25	10	22	8	8	3	47	18	4	2
	$\chi^2 = 21.7868$** p<.01												
	一	2916	51	817	14	594	10	117	2	1191	21	106	2
年	二	2128	47	713	16	496	11	96	2	1008	22	83	2
	三	1219	48	356	14	271	11	58	2	609	24	43	2
級	四	855	54	182	11	149	9	35	2	331	21	31	2
	五	165	55	35	12	36	12	9	3	50	17	4	1
	$\chi^2 = 52.9899$** p<.01												
政	參加	4299	52	1091	13	859	10	169	2	1776	21	147	2
黨	未參加	3003	47	1019	16	687	11	148	2	1432	22	122	2
	$\chi^2 = 40.4068$** p<.01												
城	城市	3634	46	1254	16	774	10	167	2	1911	24	140	2
鄉	鄉村	3483	54	796	12	740	11	140	2	1193	18	119	2
	$\chi^2 = 139.4591$** p<.01												
	總計	7349	50	2116	14	1562	11	318	2	3225	22	270	2

（三）政府的效能

　　對一般民眾來說，政府的效能常表現在公務人員的能力、操守與服務態度上。從實質看，也唯有具備這些條件的公務人員，才能一面尊重民意，一面運用專業的能力，制定符合人民與社會需要的政策。我們先用二個問題探測大專學生對一般公務人員及地方行政首長的印象，最後再以一個問題詢問理想公務人員的條件。從以上的三個問題，我們大體可以察覺大專學生對公務人員的實際及理想的態度。

　　問題：十、我對政府機關一般公務人員的主要印象是：(1)工作熱心積極；(2)具有相當的知識與才能；(3)刻苦勤奮；(4)奉公守法；(5)知識與才能皆不足；(6)具有官僚氣息，不能便民；(7)遇事推諉，敷衍塞責；(8)思想與觀念落後；(9)本位主義（上述問題的統計分析，可見表十）。

　　我們共列出九種選答的印象，其中四個是正面的（即：第(1)、(2)、(3)、(4)），五個是負面的（即：第(5)、(6)、(7)、(8)、(9)）。大專學生對四個正面選項的選答皆相當低落，合併的總值，僅佔 19%。在能力方面，大專學生肯定公務人員具有相當的知識與才能的，為 3%；在服務精神方面，肯定公務人員刻苦勤奮及奉公守法的，各為 4%及9%；在工作態度方面，肯定公務人員工作熱心積極的，為 3%。在此類百分值較低的正面印象中，女性、外省籍、專科學生、教育及文科學生，較肯定公務人員的操守，而法科及海洋科則較少。法科學生對公務人員的工作態度亦較少肯定，教育科與海洋科則較多。另專科學生及教育科學生較多肯定公務人員的能力。以上差異經卡方(χ^2)檢定，具顯著性。

表十　對政府機關一般公務人員的主要印象

		(1)工作熱心積極		(2)具有相當的知識與才		(3)刻苦勤奮		(4)奉公守法		(5)知識與才能皆不足	
		n	%	n	%	n	%	n	%	n	%
學校	公立大學	133	2	149	3	212	4	433	8	256	5
	私立大學	159	3	188	3	263	4	582	9	248	4
	公立專科	25	2	46	4	38	3	108	9	36	3
	私立專科	57	3	71	4	67	4	165	10	43	2
	$\chi^2 = 83.5102$** p<.01										
院系	文	65		96	3	125	4	305	11	132	5
	法	14	1	33	3	33	3	69	6	53	5
	理	52	3	61	3	95	5	187	10	69	4
	工	87	3	90	3	130	4	260	8	132	4
	農	17	3	23	3	26	4	57	9	39	6
	商	64	3	81	3	93	4	218	9	84	3
	醫	24	3	18	2	33	4	83	9	32	4
	教	25	5	21	4	21	4	60	12	19	4
	海洋	21	5	15	3	15	3	29	6	11	2
	其他	2	1	8	5	6	4	13	9	9	6
	$\chi^2 = 179.2318$** p<.01										
性別	男	270	3	288	3	381	4	743	8	364	4
	女	103	2	166	3	197	4	542	11	218	4
	$\chi^2 = 111.2519$** p<.01										
省籍	台灣省	249	3	278	3	355	4	789	8	385	4
	大陸各省	119	3	166	4	214	5	484	11	189	4
	$\chi^2 = 107.8304$** p<.01										
年齡	廿歲以下	188	3	250	3	306	4	692	10	295	4
	廿一至廿五	172	2	196	3	256	4	567	8	272	4
	廿六以上	9	4	8	3	15	6	18	7	15	6
	$\chi^2 = 70.6902$** p<.01										
年級	一	149	3	187	3	233	4	491	9	233	4
	二	107	2	122	3	179	4	388	9	176	4
	三	50	2	58	2	87	3	209	8	119	5
	四	45	3	67	4	62	4	159	10	40	3
	五	13	4	16	5	13	4	30	10	11	4
	$\chi^2 = 77.8460$** p<.01										
政黨	參加	207	3	263	3	330	4	751	9	316	4
	未參加	161	3	187	3	247	4	524	8	263	4
	$\chi^2 = 7.1776$ n.s.										
城鄉	城市	171	2	221	3	300	4	672	9	300	4
	鄉村	188	3	212	3	255	4	568	9	264	4
	$\chi^2 = 31.3932$** p<.01										
	總計	373	3	454	3	578	4	1285	9	582	4

表十　對政府機關一般公務人員的主要印象（續）

		(6)具有官僚習氣，不能		(7)遇事推諉，敷衍塞責		(8)思想與觀念落後		(9)本位主義	
		n	%	n	%	n	%	n	%
學校	公立大學	2198	41	1407	26	180	3	383	7
	私立大學	2607	41	1690	27	148	2	397	6
	公立專科	481	39	371	30	24	2	104	8
	私立專科	701	41	473	27	26	2	118	7
院系	文	1129	39	764	27	60	2	199	7
	法	537	47	280	25	39	3	83	7
	理	753	40	496	26	56	3	122	6
	工	1421	42	912	27	105	3	272	8
	農	256	39	189	29	13	2	41	6
	商	1020	40	772	30	61	2	154	6
	醫	391	44	246	28	19	2	46	5
	教	198	40	118	24	8	2	20	6
	海洋	190	42	120	26	13	3	42	9
	其他	66	45	29	20	1	1	12	8
性別	男	4023	42	2436	26	297	3	697	7
	女	1959	39	1506	30	81	2	305	6
省籍	台灣省	4226	43	2680	27	210	2	624	6
	大陸各省	1653	36	1202	26	156	3	364	8
年齡	廿歲以下	2773	38	2043	28	154	2	506	7
	廿一至廿五	3060	44	1819	26	212	3	468	7
	廿六以上	101	39	60	23	6	2	24	9
年級	一	2289	41	1520	27	130	2	404	7
	二	1882	42	1201	27	125	3	273	6
	三	1052	42	667	27	87	3	178	7
	四	591	38	447	29	26	2	117	8
	五	111	38	71	24	6	2	22	8
政黨	參加	3343	41	2215	27	201	2	579	7
	未參加	2610	42	1703	27	174	3	418	7
城鄉	城市	3132	40	2150	28	220	3	580	7
	鄉村	2671	42	1664	26	141	2	390	6
	總計	5982	41	3942	27	378	3	1002	7

　　對負面的五個選項，大專學生選答的共佔總值的 81%，爲絕大多數。再就五個選項各別觀察，大專學生在能力方面，認爲公務人員知識才能不足，以及思想與觀念落後的，均不過多，各佔 4%及 3%，合佔 7%。但在服務精神上，指爲敷衍、推諉，不能實心辦事的，則佔27%，另在服務態度上經認定具有官僚習氣，不能便民的，以及具有本位主義的，各佔 40%與 7%，合佔 47%。在負面的選項中，以指認不便民的爲最多，其中，男性又多於女性，本省籍多於外省籍，法科與醫科的學生較多，而文科及農科則較少。以上差異經卡方(χ^2)檢定，亦具顯著性。

　　我們從上述可知，大專學生雖不覺公務人員的能力相當充足，卻大多認爲在服務精神與便民態度上，有所欠缺。這種看法非必與事實相符，但足可表現出大專青年對公務機關效能的不滿，很值得我們的注意。

　　問題：十一、目前一般地方行政首長給人的印象是：(1)公忠體國；(2)認真負責；(3)圓滑敷衍；(4)不能盡職（上述問題的統計分析，可見表十一）。

　　政府機關的一般公務人員，在民眾的觀念中，與行政首長仍存有職位上的差異，從而，對行政首長的評判標準與印象，亦可能有異於一般公務人員。目前地方行政首長多經民選產生，大專青年作何觀感，更值得我們的探究。對這一問題，我們所列的四個選項較偏重於政治上的責任：第(1)項「公忠體國」及第(2)項「認真負責」皆爲肯定的選項，第(3)項「圓滑敷衍」及第(4)項「不能盡職」則爲否定的選項。大專學生選答肯定的兩個選項的，各爲 13%與 43%，合計爲 56%，超出半數以上，此可顯示出多數大專青年對地方行政首長持有良好的印象。但就兩個肯定選項分別觀察，肯定「認真負責」的，較「公忠體國」的多出甚多。大專學生可能認爲地方首長雖很負責，但在國家的整體

表十一　目前一般地方行政首長給人的印象

		(1)公忠體國		(2)認真負責		(3)圓滑敷衍		(4)不能盡職		(5)其他	
		n	%	n	%	n	%	n	%	n	%
學校	公立大學	595	11	2358	44	1428	26	625	12	400	7
	私立大學	804	13	2698	43	1747	28	738	12	359	6
	公立專科	190	15	549	44	329	26	128	10	52	4
	私立專科	326	19	750	44	406	24	182	11	58	3
	$\chi^2=126.7378$** p<.01										
院系	文	343	12	1257	43	745	26	382	13	172	6
	法	122	11	488	43	298	26	160	14	79	7
	理	269	14	841	44	495	26	182	10	125	7
	工	452	13	1508	43	927	27	352	10	228	7
	農	79	12	280	42	189	28	83	12	42	6
	商	360	14	1123	44	662	26	301	12	105	4
	醫	101	11	358	40	295	33	87	10	56	6
	教	78	16	206	41	130	26	60	12	25	5
	海洋	72	16	199	43	120	26	41	9	26	6
	其他	24	16	65	45	33	23	16	11	8	5
	$\chi^2=94.0983$** p<.01										
性別	男	1282	13	4139	43	2667	28	961	10	574	6
	女	629	12	2211	43	1241	24	712	14	295	6
	$\chi^2=63.5077$** p<.01										
省籍	台灣省	1192	12	4088	41	2876	29	1162	12	546	6
	大陸各省	683	15	2174	47	954	21	488	11	308	7
	$\chi^2=137.7854$** p<.01										
年齡	廿歲以下	975	13	3313	46	1717	24	868	12	401	6
	廿一至廿五	883	12	2899	41	2093	30	771	11	445	6
	廿六以上	40	16	103	40	75	29	24	9	16	6
	$\chi^2=78.4945$** p<.01										
年級	一	709	12	2550	45	1440	25	687	12	312	5
	二	563	13	1928	43	1256	28	459	10	282	6
	三	275	11	1010	40	733	29	325	13	192	8
	四	307	20	687	44	348	22	162	10	64	4
	五	45	16	115	40	93	32	24	8	13	4
	$\chi^2=143.0277$** p<.01										
政黨	參加	1112	13	3604	44	2193	26	922	11	454	5
	未參加	780	12	2712	43	1696	37	743	12	411	6
	$\chi^2=11.2267$ n.s.										
城鄉	城市	1047	13	3567	46	1835	23	862	11	509	7
	鄉村	792	12	2588	40	1957	31	750	12	327	5
	$\chi^2=104.5438$** p<.01										
	總計	1911	13	6350	43	3908	26	1673	11	869	6

層次，仍感不足。另在「公忠體國」的選項上，性別出入不大，外省
籍多於本省籍，專科學生多於大學生，教育及海洋科系學生為最高，
而法、醫科學生則最低。在「認真負責」的選項上，外省籍亦多於本
省籍，城市生長的則多於鄉村生長的，再：年齡與年級（大一至大三）
的增加使得肯定的態度有下降的趨勢。以上的差異，皆具卡方(χ^2)檢
定上的顯著性。

　　對兩個否定的選項，大專學生選答「圓滑敷衍」的及「不能盡職」
的，各佔 26%及 11%，合計為 37%，亦佔相當的比例。「圓滑敷衍」
偏重推卸責任，「不能盡職」則涉及能力問題。在此兩個否定選項上，
大專學生似較多否定責任，而較少否定能力，亦即認為地方行政首長
欠缺能力的較少，而欠缺責任感的較多。再觀察大專學生的背景因素，
否定責任的，男性多於女性，本省籍多於外省籍，鄉村生長的多於城
市生長的，大學生多於專科生，其中尤以醫科學生為最多，另年齡與
年級（大一至大三）的增加，使得持否定態度的亦隨著增多。在否定
能力的選項上，則女性多於男性，省籍與生長環境無太大影響，大學
生較專科生略多，其中以法科學生為最多，而海洋科學生為最少。此
類差異，經卡方(χ^2)檢定，亦具顯著性。

　　前面共討論兩個問題，一涉及一般公務人員，一涉及地方行政首
長。大致說來，大專學生對前者效能的評估相當低落，而對後者則給
予較高的評價。這一心態顯示出大專學生對政府的決策體系有贊同的
層面，但也有相當保留的層面，此在公務執行的行政效能方面尤為明
顯。

　　問題：十二、我覺得一位好公務人員主要的條件是：(1)奉公守法
做份內的工作，不偷懶，也不多事；(2)忠實執行上級的命令，至於別
人的看法如何，則不加計較；(3)時時考慮社會大眾的需要，採取積極
服務的態度；(4)憑自己的良心辦事，不遷就上級，也不遷就民眾；(5)

有創新觀念，能擔當責任（上述問題的統計分析，可見表十二）。

　　大專青年心目中的理想公務人員應屬何種類型？此是本問題擬探索的所在。我們共列五個選項，但在性質上可分成三類：

　　　1.有關能力的，著重點在觀念與才能，此見第(5)項「有創新觀念，能擔當責任」。

　　　2.有關工作精神與操守的，著重點在守法與勤惰，此見第(1)項「奉公守法做份內的工作，不偷懶，也不多事」。

　　　3.有關民意與便民態度的，我們感覺這一類型最關緊要，特別再分三個層次的強度選項施測，第一為獨斷型的，即既不根據民意，也不尊重上級，全以一己的判斷為準，此見第(4)項「憑自己的良心辦事，不遷就上級，也不遷就民眾」。第二為順從型的，即僅順服上級，對自己或社會的觀念，不加考慮，此見第(2)項「忠實執行上級的命令，至於別人的看法如何，則不加計較」。第三為社會型的，即一方面尊重民意與社會的需要，一方面採取積極的便民態度，此見第(3)項「時時考慮社會大眾的需要，採取積極服務的態度」。

　　在上述的三個類型中，大專學生選擇能力型的，即「有創新觀念，能擔當責任」的，僅佔 11%；另選擇工作精神與操守型的，即「奉公守法做分內的工作，不偷懶，也不多事」的，亦僅佔 10%。選擇最多的，亦即最為關心的是一般公務人員對民意及便民的態度，在這一類型中，贊同獨斷型及順服型的各為 14%及 6%，取向社會型的則最多，佔 60%。從以上的分析可知，大專學生在類型的選擇上，如三者不能得兼時，比較輕能力與工作精神操守，而特重民意與便民。在民意與便民的類型中，又較輕順服型與獨斷取向，而特重社會取向，也就是強調理想的公務人員應是尊重與實踐民意的及積極為民服務的。

表十二　一位好公務員最主要的條件

		(1)奉公守法作份內的工作		(2)忠實執行上級的命令		(3)時時考慮社會大眾的		(4)憑自己的良心辦事		(5)有創新觀念，能擔當	
		n	%	n	%	n	%	n	%	n	%
學校	公立大學	425	8	299	5	3304	60	818	15	631	12
	私立大學	639	10	376	6	3892	61	880	14	624	10
	公立專科	139	11	63	5	721	57	175	14	158	13
	私立專科	234	13	103	6	989	57	239	14	180	10
	$\chi^2=73.1830**$ p<.01										
院系	文	297	10	128	4	1765	60	441	15	308	10
	法	81	7	53	5	740	64	158	14	129	11
	理	181	9	115	6	1164	60	273	14	197	10
	工	302	9	229	7	2067	59	533	15	362	10
	農	66	10	30	4	416	61	82	12	88	13
	商	262	10	157	6	1529	59	352	14	281	11
	醫	108	12	50	5	531	58	124	14	100	11
	教	59	12	20	4	327	65	47	9	52	10
	海洋	56	12	46	10	238	51	74	16	50	11
	其他	18	12	9	6	84	57	19	13	18	12
	$\chi^2=94.9101**$ p<.01										
性別	男	919	9	671	7	5721	59	1378	14	1028	11
	女	517	10	167	3	3180	62	733	14	564	11
	$\chi^2=86.2944**$ p<.01										
省籍	台灣省	988	10	554	6	6081	61	1363	14	999	10
	大陸各省	422	9	264	6	2698	58	709	15	558	12
	$\chi^2=24.2731**$ p<.01										
年齡	廿歲以下	695	9	398	5	4373	60	1118	15	758	10
	廿一至廿五	707	10	415	6	4320	60	950	13	790	11
	廿六以上	22	8	20	8	158	60	28	11	35	13
	$\chi^2=19.7048$ n.s.										
年級	一	537	9	349	6	3529	61	794	14	547	10
	二	437	10	247	5	2703	60	676	15	475	10
	三	221	9	132	5	1534	60	345	13	329	13
	四	187	12	87	5	880	55	245	15	190	12
	五	39	13	17	6	180	60	28	9	34	11
	$\chi^2=56.3189**$ p<.01										
政黨	參加	788	9	501	6	5079	61	1139	14	844	10
	未參加	639	10	327	5	3773	59	964	15	738	11
	$\chi^2=20.1816**$ p<.01										
城鄉	城市	736	9	399	5	4756	60	1159	15	858	11
	鄉村	632	10	394	6	3898	60	838	14	674	10
	$\chi^2=10.9965$ n.s.										
	總計	1436	10	838	6	8901	60	2111	14	1592	11

在背景因素上，較具顯著影響的是外省籍及農科學生對公務人員的能力較多重視（各為 12%及 13%）。專科學生較大學生多重視工作精神及操守，唯其中以法科學生為最低。強調獨斷與順服取向的皆以海洋科學生為較多，另男性較多取向順服型。再就佔 60%的社會取向觀察，女性多於男性，本省籍多於外省籍，黨員多於非黨員，專科學生多於大學生；在各院系中，以教育及法科學生較多，而海洋科則較少。經卡方(χ^2)檢定各類差異，皆達顯著水準。

六、對政府施政及選舉制度的評價

政治體系的產出，亦即所作的價值分配，在政府的層級，則表現在施政的成果上。政府施政的良窳，並非絕對，常須配合民眾的需求觀察，而民眾的需求則又隨不同的社會環境與資源分配而變遷。我們對大專學生態度的觀察，係先注重對政府一般成就的評估，並配合所表示的需求，加以比較衡量。其次再就政府對政治的基本建設，即民主與人權的成就，探索有關的評價。最後則選擇選舉制度以分析所具的觀感。

（一）政府的一般成就

如前所述，政府的成就具有時空的相對性，也非必與大專青年的主觀需求相當，但仍可先就大專學生對既有成就的評值作一分析。

問題：十三、我覺得今日政府最大的成就是：(1)十大建設；(2)教育普及；(3)國防強大；(4)實行民主法治；(5)整飭政治風氣；(6)解決民間疾苦（上述問題的統計分析，可見表十三）。

表十三　政府最大的成就

		(1)十大建設		(2)教育普及		(3)國防強大		(4)實行民主法治		(5)整飭政治風氣		(6)解決民間疾苦		(7)其他	
		n	%	n	%	n	%	n	%	n	%	n	%	n	%
學校	公立大學	2378	44	1648	30	128	2	433	8	327	6	419	8	121	2
	私立大學	3130	49	1662	26	134	2	523	8	354	6	479	7	122	2
	公立專科	580	46	324	26	28	2	118	9	69	6	116	9	18	1
	私立專科	1003	58	364	21	45	3	120	7	76	4	116	7	20	1
	χ^2=135.8111** p<.01														
院系	文	1522	52	758	26	50	2	217	7	154	5	188	6	41	1
	法	542	47	317	27	20	2	98	8	80	7	70	6	30	3
	理	862	45	531	28	41	2	136	7	143	7	159	8	50	3
	工	1439	41	1051	30	88	3	290	8	210	6	331	9	78	2
	農	288	42	214	32	25	4	64	9	41	4	35	5	12	2
	商	1440	56	585	23	64	2	182	7	107	6	162	6	36	1
	醫	451	49	245	27	18	2	77	7	30	3	80	9	13	1
	教	234	46	135	27	10	2	53	11	25	5	38	8	9	2
	海洋	202	43	117	25	12	3	46	10	23	5	56	12	9	2
	其他	79	53	29	20	5	3	19	13	10	7	6	4	0	0
	χ^2=276.2278** p<.01														
性別	男	4245	44	2687	28	241	2	877	9	580	6	841	9	222	2
	女	2842	55	1306	25	94	2	317	6	245	5	288	6	59	1
	χ^2=214.2644** p<.01														
省籍	台灣省	4814	48	2801	28	177	2	727	7	536	5	746	8	164	2
	大陸各省	2155	46	1139	25	149	3	441	10	276	6	366	8	114	2
	χ^2=79.1692** p<.01														
年齡	廿歲以下	3509	48	1881	26	179	2	614	8	403	6	620	8	118	2
	廿一至廿五	3412	48	2019	28	146	2	544	8	403	6	484	7	159	2
	廿六以上	118	45	75	29	9	3	23	9	13	5	19	7	4	2
	χ^2=37.8604** p<.01														
年級	一	2699	47	1505	26	130	2	497	9	322	6	483	8	106	2
	二	2177	48	1238	27	103	2	356	8	256	6	314	7	83	2
	三	1154	45	781	31	43	2	200	8	147	6	169	7	63	2
	四	831	52	367	23	49	3	103	6	76	5	133	8	26	2
	五	152	51	70	24	8	3	28	9	19	6	18	6	2	1
	χ^2=75.9729** p<.01														
政黨	參加	3898	47	2235	27	192	2	712	8	470	6	680	8	148	2
	未參加	3153	49	1741	27	136	2	469	7	352	5	442	7	132	2
	χ^2=21.1849*														
城鄉	城市	3827	48	2097	27	166	2	666	8	445	6	532	7	161	2
	鄉村	3036	47	1774	27	151	2	488	8	357	6	547	8	109	2
	χ^2=23.5570** p<.01														
	總計	7087	48	3993	27	335	2	1194	8	825	6	1129	8	281	2

　　我們所列的各種選項，有涉及經濟的（見第(1)項「十大建設」）、有涉及政治與行政效能的（見第(4)項「實行民主法治」，及第(5)項「整飭政治風氣」）、有涉及社會問題的（見第(6)項「解決民間疾苦」）、有涉及國防的（見第(3)項「國防強大」）、有涉及教育的（見第(2)項「教育普及」）。大專學生的選答，以經濟為最多（佔 48%），教育其次（佔 27%），其他各項皆在 10%以下（民主政治、社會問題均為 8%，行政效能為 6%，國防最少，僅為 2%）。在以上各項成就的百分值中，女性、本省籍、專科學生皆較多著重經濟成就，商科學生亦較多重視，而工科學生為較少。男性與本省籍對教育普及的評價，則較女性與外省籍為多，且隨年齡與年級（大一至大三）的增加而遞增，另大學生較專科生為較多。其他較具意義的差異是，男性與外省籍對民主法治及社會問題的評價，較女性與本省籍為多，教育科系學生亦較他科為多。這些差異，在卡方(χ^2)檢定上，皆具顯著性。

　　上述大專學生對政府施政的評價，如與對政府的需求對比，我們即可發現兩者之間具有明顯的歧異。大專學生對政府施政評價最高的為經濟，而所需求最高的則為社會問題的解決，此可參見本章第四部份第二項問題五的分析。還有：大專學生相當著重行政效能的改良，列為次高的需求，但對政府在此方面的評價則列為次低。此類分歧如不能作適度的彌補與溝通，或會影響到雙方的信任與融和。因之，政府在施政上，雖仍應重視經濟建設，但同時亦可多著重社會建設，使能平衡發展，以贏取更多大專青年的支持。

（二）民主與人權的建設

　　政治現代化的基本方向，主在民主與人權的建設。政府近年來，亦頗著力於此。大專青年對政治較為熱心關注，所作的評價，當然值

得我們的注意。現用兩個問題，分別探測。

　　問題：十四、民主政治在我國行之有年，仍有人覺得未盡理想。我認為在當前環境之下，我國的實行情形：(1)很好；(2)還不錯；(3)尚待加強；(4)極待加強（上述問題的統計分析，可見表十四）。

　　本題共列四個強度選項，由第(1)項的「很好」，至第(4)項的「極待加強」。大專學生選答最多的則為第(2)項的「還不錯」及第(3)項的「尚待加強」，各佔 38%。另選答「很好」的及「極待加強」的，各佔 14% 及 9%。由上述可知，大專青年對民主的實行感覺非常滿意及非常不滿意的，皆佔少數，而大多數則持正面的或負面的保留心態。「尚待加強」是一種負面的保留心態，大專學生選答的最多，可見對民主建設滿意的程度，尚感不足。

　　大專學生的背景因素，對四項強度的選擇亦產生某種程度的影響。男性在「很好」及「極待加強」的兩個極端強度上，較女性為多；女性則在「還不錯」及「尚待加強」的兩個溫和強度上，多於男性。以省籍看，外省籍選擇「很好」的較多，本省籍則選擇兩個負面強度較多。另黨員較非黨員多肯定正面的價值，反之亦然。至於年齡與年級（大一至大三）的增長，在正面強度的選擇上，反有下降的趨勢，在負面強度的選擇上，則趨於上升。再看教育背景，專科生較大學生多作正面的估價，大學生則相反地較專科生多作負面的估價，還有法科學生較多負面的估價，較少正面的估價，而教育科系的學生則反是。大體說來，教育程度愈高，年齡及年級愈長的學生，對民主建設的估價，反呈下降的跡象，此很值得我們注意。以上的差異，在卡方(χ^2)檢定上，皆達顯著的水準。

表十四　民主政治實施情形

		(1)很好		(2)還不錯		(3)尚待加強		(4)極待加強		(5)其他	
		n	%	n	%	n	%	n	%	n	%
學校	公立大學	622	11	1964	36	2238	41	604	11	50	1
	私立大學	850	13	2499	39	2429	38	591	9	50	1
	公立專科	239	19	494	39	422	34	93	7	10	1
	私立專科	303	17	700	40	625	36	107	16	7	0
	$\chi^2=142.4578^{**}$ p<.01										
院系	文	363	12	1118	38	1163	40	271	9	22	1
	法	92	8	381	33	522	45	156	13	10	1
	理	274	14	737	38	728	38	171	9	22	1
	工	524	15	1309	37	1294	37	345	10	28	1
	農	83	12	253	37	257	38	82	12	7	1
	商	355	14	1010	39	1016	39	186	7	14	1
	醫	108	12	350	38	345	38	103	11	6	1
	教	83	16	237	47	151	30	31	6	4	1
	海洋	102	22	169	36	162	35	30	6	3	1
	其他	17	12	64	44	55	37	10	7	1	1
	$\chi^2=177.1893^{**}$ p<.01										
性別	男	1448	15	3566	37	3590	37	1025	11	94	1
	女	563	11	2087	40	2122	41	368	7	23	0
	$\chi^2=121.1727^{**}$ p<.01										
省籍	台灣省	1248	12	3803	38	3891	39	979	10	68	1
	大陸各省	727	16	1771	38	1722	37	386	8	47	1
	$\chi^2=38.2922^{**}$ p<.01										
年齡	廿歲以下	1063	14	2933	40	2706	40	585	8	61	1
	廿一至廿五	903	13	2598	36	2860	40	770	11	52	1
	廿六以上	31	12	90	34	109	41	30	11	3	1
	$\chi^2=65.4737^{**}$ p<.01										
年級	一	791	14	2241	39	2157	37	522	9	51	1
	二	590	13	1701	37	1778	39	432	10	36	1
	三	244	10	900	35	1107	43	298	12	19	1
	四	312	20	629	40	524	33	111	7	10	1
	五	59	20	137	46	85	29	16	5	1	0
	$\chi^2=165.8266^{**}$ p<.01										
政黨	參加	1253	15	3231	39	3111	37	699	8	69	1
	未參加	746	12	2394	37	2562	40	687	11	47	1
	$\chi^2=60.6504^{**}$ p<.01										
城鄉	城市	1071	14	2982	38	3096	39	703	9	66	1
	鄉村	875	14	2476	38	2438	38	643	10	46	1
	$\chi^2=7.1660$ n.s.										
	總計	2011	14	5653	38	5712	38	1393	9	117	1

　　問題：十五；我覺得我國對人權保障的情形是：(1)非常完善；(2)相當完善；(3)尚稱完善；(4)仍嫌不足；(5)極待加強（上述問題的統計分析，可見表十五）。

　　對人權建設的評估，我們共列五個強度選項，前兩個強度完全是正值的（即第(1)「非常完善」及第(2)「相當完善」），第三個強度雖為正值，但趨於保留（即第(3)項「尚稱完善」），後兩個強度則均屬負值（即第(4)項「仍嫌不足」及第(5)項「極待加強」）。大專青年採取正值的保留態度的為最多（佔 38%），作「相當完善」的正值估價的，亦達 36%，但感覺「非常完善」的，僅佔 9%。在兩個負值的評價上，大專學生皆趨低，僅各為 14%與 2%。大致說來，大專青年對我國人權保障的情形，雖有保留，但仍感滿意。

　　與評估民主建設的情形相近似，大專的男性青年在極端的正值及兩個負值強度上，較女性為多，女性則在較溫和的兩個正值強度上較男性為多。外省籍對前二個完善的正值強度多持肯定的態度，而本省籍則多取向正值的保留強度及負值強度，此一情形也同樣表現黨員與非黨員，專科生與大學生的不同態度上。上述態度與強度之間的取向情形，也可在年齡與年級增長的趨勢中看到，即愈是增長，愈在兩個完善的正值強度上趨低，而在正值的保留強度與負值強度上趨多。最後就不同的科系觀察，法科學生於兩個完善正值強度為較低，而於正值保留強度及負值強度為較高。以上的差異，經卡方(χ^2)檢定，皆具顯著性。

表十五　對人權保障的情形

		(1)非常完善		(2)相當完善		(3)尚稱完善		(4)仍嫌不足		(5)極待加強	
		n	%	n	%	n	%	n	%	n	%
學	公立大學	432	8	1955	36	2168	40	798	15	131	2
	私立大學	579	9	2269	35	2503	39	914	14	171	3
	公立專科	159	13	498	40	408	32	156	12	38	3
校	私立專科	243	14	722	41	573	33	182	10	29	2
	χ^2=138.1176** p<.01										
	文	270	9	1053	36	1186	40	364	12	69	2
	法	61	5	353	30	467	40	232	20	49	4
院	理	173	9	710	37	742	38	277	14	37	2
	工	325	9	1285	37	1331	38	476	14	89	3
	農	55	8	239	35	269	40	95	14	21	3
系	商	274	11	1000	39	971	38	294	11	50	2
	醫	92	10	298	32	327	36	164	18	36	4
	教	46	9	239	47	163	32	52	10	6	1
	海洋	95	20	172	37	123	26	71	15	6	1
	其他	12	8	63	43	52	35	20	14	1	1
	χ^2=255.1664** p<.01										
性	男	989	10	3513	36	3506	36	1451	15	288	3
別	女	421	8	1927	37	2143	41	598	12	81	2
	χ^2=95.9618** p<.01										
省	台灣省	868	9	3505	35	3899	39	1470	15	271	3
籍	大陸各省	519	11	1851	40	1662	36	540	12	88	2
	χ^2=79.7816** p<.01										
年	廿歲以下	765	10	2974	40	2618	36	869	12	134	2
	廿一至廿五	619	9	2351	33	2901	40	1109	15	223	3
齡	廿六以上	19	7	86	33	93	35	55	21	9	3
	χ^2=166.1906** p<.01										
年	一	600	10	2274	39	2068	36	694	12	132	2
	二	369	8	1547	34	1841	40	682	15	114	3
	三	174	7	785	31	1100	43	429	17	82	2
級	四	233	15	659	41	480	30	187	12	32	2
	五	30	10	123	41	106	36	33	11	6	2
	χ^2=241.2415** p<.01										
政	參加	893	11	3221	38	3057	36	1031	12	172	2
黨	未參加	511	8	2189	38	2561	40	1002	16	188	3
	χ^2=96.3069** p<.01										
城	城市	696	9	2918	37	3016	38	1117	14	186	2
鄉	鄉村	655	10	2357	36	2462	38	1853	13	165	3
	χ^2=9.7160 n.s.										
	總計	1410	9	5440	36	5649	38	2049	14	369	2

（三）對選舉制度的評價

問題：十六、我對選舉結果的看法是：(1)所選出的全部理想；(2)所選出的大部份理想；(3)所選出的半數理想；(4)所選出的大部份理想；(5)所選出的全部不理想（上述問題的統計分析，可見表十六）。

選舉是由選民直接參與選擇政府體系內決策人選的一種方式，所以選舉本身就是一種制度。此一制度的運行，一面雖取決於政府的政策與執行，一面則須視選民的參與及選擇。如對所選出的人選感覺滿意，即可反映出對選舉制度的成果，具有正值的評價，反之，亦然。我們在本題共列五個選項，即係用以觀察大專學生在選舉成果方面的評價情形。第(1)項爲正值的極端，即「所選出的全部理想」，第(2)項則爲「大部分理想」，當中的第(3)項爲「半數理想」；第(4)項的趨向轉成負值，爲「大部份不理想」，第(5)項爲另一極端，即「全部不理想」。大專學生選答兩個極端項的爲數極微，僅各佔 1%。在其他三個選項中，選答「大部分理想」佔 54%，爲最多數，次多的爲「半數理想」，佔 29%，較少的爲「大部份不理想」，佔 15%。從以上的分析可知，多數的大專學生對選舉的成就，持正值的評價，由此也可看出對民眾的參與，以及對選舉制度本身，亦多採支持的態度。

大專學生的不同背景也造成各項選答上的差異，經卡方(χ^2)檢定，大多皆達顯著水準。在多數所選擇的「大部份理想」的選項上，外省籍多於本省籍，黨員多於非黨員，專科學生多於大學生，但隨年級的上升（大一至大三）反有下降的趨勢。以科系看，法科學生爲較少，而教育及海洋科系爲較多。在次多的「半數理想」的選項上，女性多於男性，本省籍多於外省籍，非黨員多於黨員，大學生多於專科生，且隨年級（大一至大三）的上升而增多，另法科的學生爲較多，而海

表十六　對選舉結果的看法

		(1)所選出的全部理想		(2)所選出的大部份理想		(3)所選出的半數理想		(4)所選出的大部份不理		(5)所選出的全部不理想	
		n	%	n	%	n	%	n	%	n	%
學校	公立大學	56	1	2811	52	1651	30	899	16	33	1
	私立大學	70	1	3461	54	1898	30	950	15	38	1
	公立專科	12	1	776	62	318	25	145	12	5	0
	私立專科	26	1	1057	61	474	27	183	10	5	0
	χ^2=92.3241** p<.01										
院系	文	32	1	1575	54	879	30	437	15	8	0
	法	11	1	578	50	369	32	190	16	8	1
	理	20	1	1009	52	599	31	285	15	13	1
	工	25	1	1902	54	994	28	548	16	28	1
	農	13	2	366	54	178	26	114	17	6	1
	商	25	1	1484	58	742	29	319	12	6	0
	醫	17	2	454	50	284	31	150	16	8	0
	教	10	2	317	63	126	25	50	10	2	0
	海洋	10	2	292	63	111	24	52	11	2	0
	其他	0	0	94	64	36	24	17	12	0	0
	χ^2=121.0786** p<.01										
性別	男	110	1	5311	55	2694	28	1527	16	66	1
	女	54	1	2786	54	1645	32	649	13	15	0
	χ^2=52.4858** p<.01										
省籍	台灣省	96	1	5299	53	3009	30	1531	15	46	0
	大陸各省	60	1	2695	58	1249	27	597	13	35	1
	χ^2=47.2735** p<.01										
年齡	廿歲以下	78	1	4194	57	2086	28	946	13	24	0
	廿一至廿五	71	1	3713	52	2151	30	1184	16	57	1
	廿六以上	9	3	144	55	74	28	34	13	0	0
	χ^2=85.431** p<.01										
年級	一	67	1	3274	57	1566	27	816	14	28	0
	二	51	1	2367	52	1388	31	690	15	32	1
	三	17	1	1233	48	845	33	447	17	15	1
	四	19	1	980	62	413	26	171	11	6	0
	五	6	2	179	60	85	29	26	9	0	0
	χ^2=126.7237** p<.01										
政黨	參加	88	1	4771	57	2374	28	1082	13	35	0
	未參加	74	1	3280	51	1935	30	1087	17	46	1
	χ^2=73.1746** p<.01										
城鄉	城市	98	1	4233	54	2332	30	1186	15	48	1
	鄉村	58	1	3584	55	1875	29	925	14	31	0
	χ^2=8.6835 n.s.										
總計		164	1	8097	54	4339	29	2176	15	81	1

洋及教育科系學生則轉少。在較少的「大部份不理想」的選項上，男性、本省籍、非黨員及大學生皆相對地較多於女性、外省籍、黨員及專科生，另亦隨年級的上升而有趨多的趨勢，至於科系，以農、法等科為較多，而教育及海洋科系為較少。

七、對國事及政府施政的反應

我們在以前各節曾就大專學生對政府所提出的需求、在決策效能上的意見，以及有關施政及選舉制度的評價，已作過若干討論，現要進一步探究的是：如對國事及政府的施政，經過價值判斷後，產生意見，則應作怎樣的反應？換句話說，對整個國家體系所面臨的問題及政府的產出，在反饋上，大專青年究持何態度？從此類態度中，我們應可看出功效意識的強弱及參與的情況。這些都會影響到政治體系的穩定與發展，所提出的問題有一：

問題：十七、假如我對政府的規定或措施有意見，我覺得最應採取的態度是：(1)主動向政府有關人員提出，請予改善；(2)向家人，親友或同學訴說或發頓牢騷；(3)寫文章或向報紙投書提出批評；(4)逆來順受，培養達觀的態度；(5)放在心裡，等有機會再徹底改進（上述問題的統計分析，可見表十七）。

在本題所列的各選項中，第(1)項「主動向政府有關人員提出，請予改善」，所表露的是一種參與的，且具效能感的心態。大專學生取向這一心態的為最多，共佔 39%。由此可以看出，多數學生對所不滿的政府措施，不僅不加容忍，且有直接要求改善的參與感。此種參與感的對象既是政府，即表示對政府的改善寄予希望與信任，也反映出自覺可促使改善的能力感。具如此心態的大專青年，女性多於男性，

表十七　對政府的規定或措施有意見所應採取的態度

		(1)主動向政府有關人員		(2)向家人親友或同學		(3)寫文章或向報紙投書		(4)逆來順受培養達觀		(5)放在心裡等有機會		(6)其他	
		n	%	n	%	n	%	n	%	n	%	n	%
學校	公立大學	2058	38	354	6	1567	29	414	8	962	18	100	2
	私立大學	2507	39	421	7	1648	26	631	10	1074	17	117	2
	公立專科	545	43	67	5	296	24	130	10	198	16	21	2
	私立專科	747	43	110	6	414	24	192	11	257	15	21	1
	χ^2=74.9268** p<.01												
院系	文	1202	41	162	6	904	31	244	8	376	13	40	1
	法	412	36	80	7	370	32	78	7	196	17	21	2
	理	758	39	115	6	457	24	166	9	396	21	34	2
	工	1322	38	265	8	814	23	345	10	674	19	64	2
	農	265	39	35	5	174	26	65	10	122	18	18	3
	商	1024	40	174	7	700	27	250	9	391	15	36	1
	醫	334	37	59	6	228	25	101	11	162	18	26	3
	教	268	53	21	4	131	26	29	6	51	10	7	1
	海洋	177	38	26	6	95	20	62	13	96	21	9	2
	其他	60	41	12	8	41	28	17	12	15	10	9	2
	χ^2=245.7591** p<.01												
性別	男	3605	37	633	7	2335	24	1025	11	1879	19	204	2
	女	2249	44	317	6	1590	31	338	7	610	12	55	1
	χ^2=288.4529** p<.01												
省籍	台灣省	3958	40	666	7	2525	25	1035	10	1599	16	177	2
	大陸各省	1802	39	278	6	1341	29	309	7	838	18	70	2
	χ^2=74.9675** p<.01												
年齡	廿歲以下	2953	40	483	7	1967	27	629	9	1197	16	104	1
	廿一至廿五	2371	38	446	7	1867	26	706	10	1253	18	151	2
	廿六以上	134	51	12	5	69	26	19	7	27	10	0	0
	χ^2=48.2042** p<.01												
年級	一	2322	40	357	6	1572	27	479	8	918	16	96	2
	二	1688	37	325	7	1128	25	451	10	858	19	77	2
	三	961	38	162	6	729	29	224	9	421	16	56	2
	四	701	44	79	5	396	25	161	10	225	14	21	1
	五	134	45	18	6	64	22	38	13	39	13	4	1
	χ^2=86.7654** p<.01												
政黨	參加	3546	43	495	6	2126	25	669	8	1381	17	123	1
	未參加	2274	35	453	7	1765	28	689	11	1101	17	133	2
	χ^2=96.1227** p<.01												
城鄉	城市	2954	37	546	7	2139	27	692	9	1424	18	137	2
	鄉村	2690	42	383	6	1666	26	637	10	977	15	110	2
	χ^2=46.4004** p<.01												
	總計	5854	39	950		3925	26	1363	9	2489	17	259	2

本省籍略多於外省籍，黨員多於非黨員，鄉村生長的多於城市，專科學生多於大學生，教育科系學生為較多，而法科學生為較少。

　　在參與感上仍然很高，但直接促動政府改善的能力感趨低的，是第(3)項所顯示的心態，即「寫文章或向報紙投書提出批評」。這一心態意在引起輿論的共鳴，增大改善要求的壓力，使政府採取行動。但就自我的能力來說，即相對地偏低，此於政府的信任感，亦偏低。具此類心態的大專青年，亦不過少，共佔 26%。其中女性、外省籍、非黨員皆多於男性、本省籍及黨員，大學生亦多於專科生，另法科學生為較多，而海洋科學生為較低。

　　參與感、效能感皆較低，而疏離感仍在的，是第(2)項所反映的心態：「向家人、親友或同學訴說，或發頓牢騷」。大專學生選答此項的為最少，僅佔 6%，可不必細作分析。

　　既缺參與感、效能感，亦無濃烈的疏離心態的，顯示在第(4)項「逆來順受，培養達觀的態度」。在性質上，此一心態為消極與容忍的，對政府並不十分信任。具此心態的為數不多，共佔 9%，其中男多於女，本省多於外省，非黨員多於黨員，專科學生多於大學生，海洋科學生為較多，而教育科學生為較少。

　　第(5)項為「放在心裡，有機會再徹底改進」。從這一選項所代表心態中，我們一面可以看出參與感，一面也可以看出疏離感；自我的功效意識從中並未完全喪失，但對現實環境可能有所顧慮，於是不能不暫作逃避，或先作參與改進的準備。如環境的阻力加大，參與感與功效感或轉趨萎縮，也可能進而發之於激烈的手段，這要再看個人的其他心理狀態而定。選擇此一選項的大專青年，亦達 17%，其中男性多於女性，外省籍多於本省籍，城市生長的多於鄉村，大學生多於專科學生，理科學生為較高，而教育系學生則較低。

　　前述五項中的不同背景對選項所生的差異，經卡方(χ²)檢定，皆

達顯著水準。

八、對政黨活動的看法

政治體系的參與決策，常有賴政黨的從中組合與運用，此在現代化的政治體系中，尤為必要。近年來，我國從事政治現代化的建設，大專生對政黨活動持何態度，當然很值得我們的注意。我們現用一個問題，加以探究。

問題：十八、你對知識份子參加政黨活動的看法是：(1)應積極熱心地去瞭解政黨並參加政黨；(2)參加政黨可能會帶來麻煩應儘可能避免；(3)應致力於學業不必參加任何政黨活動；(4)參加政黨與否視個人興趣而定;(5)根本就不需要政黨（上述問題的統計分析，可見表十八）。

本題所列的各種選項，大體可分成數類，第一類為積極地肯定政黨的活動，此可見第(1)項「應積極熱心地去瞭解政黨並參加政黨」。第二類正好相反，為消極地否定政黨的活動，此可見第(5)項「根本就不需要政黨」。第三類則較持彈性的開放態度，即第(4)項所顯示的「參加政黨與否，視個人興趣而定」。第四項為消極取向，但不絕對否定。這一態度表現在兩個選項，即第(2)項「參加政黨可能會帶來麻煩，應儘可能避免」，以及第(3)項「應致力於學業，不必參加任何政黨活動」。大專學生選答第二類完全否定的，僅佔 1%，另選答第四類的消極態度的，在兩個選項（即第(2)與第(3)）上，亦僅各佔 2%與 4%，皆不值得重視，但從中可見絕大多數的大專學生皆摒棄對政黨活動的否定及消極的看法。

大專青年對政黨的活動採取彈性開放態度的，亦即選答第(4)項「參加政黨與否視個人興趣而定」的，為最多，共達 52%。此一情形可以

表十八　對知識份子參加政黨活動的看法

		(1)應積極熱心地去瞭解		(2)參加政黨可能會帶來麻煩		(3)應致力於學業不必參加		(4)參加政黨與否視個人		(5)根本就不需要政黨		(6)其他	
		n	%	n	%	n	%	n	%	n	%	n	%
學校	公立大學	2052	37	71	1	177	3	3022	55	68	1	88	2
	私立大學	2418	38	120	2	291	5	3396	53	97	2	89	1
	公立專科	632	50	30	2	56	4	511	41	9	1	21	2
	私立專科	850	49	41	2	83	5	743	43	16	1	13	1
	χ^2=200.1770** p<.01												
院系	文	1283	44	34	1	93	3	1450	49	31	1	46	2
	法	445	38	15	1	40	3	630	54	17	1	11	1
	理	716	37	32	2	91	5	1035	53	26	1	35	2
	工	1246	36	59	2	151	4	1943	56	53	2	46	1
	農	266	39	15	2	20	3	357	53	11	2	12	2
	商	1115	43	49	2	107	4	1258	49	28	1	28	1
	醫	268	30	23	3	54	6	534	59	13	1	16	2
	教	304	60	16	3	10	2	165	33	3	1	8	2
	海洋	213	46	14	3	28	6	200	43	4	1	7	2
	其他	63	43	2	1	7	5	72	49	1	1	2	1
	χ^2=257.1279** p<.01												
性別	男	3697	38	201	2	506	5	5019	52	158	2	139	1
	女	2251	44	60	1	99	2	2649	51	32	1	72	1
	χ^2=158.3998** p<.01												
省籍	台灣省	3747	38	201	2	447	4	5309	53	142	1	144	1
	大陸各省	2098	45	54	1	141	3	2247	48	45	1	64	1
	χ^2=95.1535** p<.01												
年齡	廿歲以下	3082	42	111	2	249	3	3725	51	75	1	101	1
	廿一至廿五	2712	38	142	2	342	5	3774	53	113	2	105	1
	廿六以上	111	43	8	3	9	3	129	49	2	1	2	1
	χ^2=53.3307** p<.01												
年級	一	2398	42	81	1	199	3	2927	51	74	1	77	1
	二	1631	36	100	2	215	5	2454	54	71	2	75	2
	三	917	36	35	1	100	4	1450	57	23	1	33	1
	四	800	50	34	2	68	4	649	41	16	1	21	1
	五	154	52	9	3	13	4	115	39	4	1	3	1
	χ^2=186.2928** p<.01												
政黨	參加	4352	52	126	2	251	3	3484	42	71	1	80	1
	未參加	1560	24	135	2	349	5	4144	64	118	2	127	2
	χ^2=1182.472** p<.01												
城鄉	城市	2916	37	128	2	295	4	4351	55	97	1	121	2
	鄉村	2834	44	124	2	286	4	3072	47	86	1	84	1
	χ^2=89.4783** p<.01												
	總計	5948	40	261	2	605	4	7668	52	190	1	211	1

說明目前的大專青年，頗重視個人的興趣與判斷。政治僅是社會活動中的一種，而非全部，所以應據興趣而定，這一心態相當能表現出相對的興趣觀及自主感。取向這一心態的，男性略多於女性，本省籍多於外省籍，城市生長的多於鄉村，而非黨員則遠多於黨員。在教育背景上，大學生多於專科學生，年級（大一至大三）增加有增多的趨勢，另醫科學生為最多，而教育科學生為較少。此種差異，經卡方(χ^2)檢定，皆具顯著性。

取向第一類積極肯定態度的，亦即選答第(1)項「應積極熱心地去瞭解政黨並參加政黨」的大專學生，亦達 40%，可見對政治，尤其是政黨活動，具濃烈興趣及責任感的，仍然很多。其中以女性多於男性，外省籍多於本省籍，鄉村生長的多於城市，黨員則遠多於非黨員。再看教育背景，專科學生多於大學生，年級（大一至大三）愈高，有降低的趨勢，另以教育科系學生為最，醫科學生為較少。此經卡方(χ^2)檢定，亦具顯著的差異性。

九、消息與資料的來源

任何政治系統的運行，無論於參與政策的決定、執行或評價，皆必須根據對系統的環境、自身的價值與處境，以及權威機構的決策等有所瞭解，而此則有賴消息與資料的獲得。正確的消息與資料，可產生較正確的認知與判斷，反之，則產生相反的結果，所以，消息與資料的來源，在系統的運行上，很關重要。我們對大專青年的消息與資料來源用下面的一個問題探索：

問題：十九、我對於一件公眾事項的瞭解與看法，最主要的依據是：(1)報章雜誌的報導；(2)廣播電視的報導；(3)師長、家長的說明(4)同學、朋友的閒聊、(5)道聽途說（上述問題的統計分析，可見表十九）。

表十九　對公眾事項的瞭解與看法的依據

		(1)報章雜誌的報導		(2)廣播電視的報導		(3)師長、家長的說		(4)同學、朋友的閒聊		(5)道聽途說		(6)其他	
		n	%	n	%	n	%	n	%	n	%	n	%
學校	公立大學	3484	64	639	12	424	8	464	9	39	1	402	7
	私立大學	3944	62	932	15	520	8	490	8	53	1	441	7
	公立專科	732	58	234	19	118	9	92	7	5	0	72	6
	私立專科	932	54	391	23	182	10	127	7	21	1	82	5
	$\chi^2=182.4104$** p<.01												
院系	文	1802	62	442	15	261	9	215	7	19	1	184	6
	法	746	65	134	12	96	8	96	8	9	1	74	6
	理	1222	64	247	13	152	8	157	8	9	0	131	7
	工	2234	64	477	14	214	6	270	8	30	1	255	7
	農	381	56	116	17	53	8	61	9	8	1	59	9
	商	1456	57	467	18	271	11	204	8	29	1	145	6
	醫	567	62	107	12	76	8	81	9	9	1	72	7
	教	284	57	83	17	66	13	40	8	2	0	26	5
	海洋	267	58	86	19	38	8	38	8	2	0	33	7
	其他	97	67	22	15	6	4	5	3	1	1	14	10
	$\chi^2=162.0454$** p<.01												
性別	男	6042	62	1379	14	619	6	771	8	87	1	774	8
	女	3046	59	816	16	624	12	398	8	32	1	221	4
	$\chi^2=215.3105$** p<.01												
省籍	台灣省	6092	61	1492	15	796	8	841	8	82	1	637	6
	大陸各省	2849	62	664	14	430	9	304	7	37	1	344	7
	$\chi^2=26.4839$** p<.01												
年齡	廿歲以下	4402	60	1161	16	673	9	573	8	58	1	436	6
	廿一至廿五	4469	62	979	14	548	8	574	8	59	1	525	7
	廿六以上	154	59	38	15	18	7	20	8	2	1	29	11
	$\chi^2=44.0184$** p<.01												
年級	一	3432	60	878	15	532	9	450	8	51	1	385	7
	二	2846	63	637	14	342	8	360	8	34	1	303	7
	三	1675	66	283	11	178	7	202	8	14	1	195	8
	四	884	56	329	21	150	9	114	7	14	1	89	6
	五	173	58	48	16	28	9	29	10	5	2	13	4
	$\chi^2=119.2542$** p<.01												
政黨	參加	5189	62	1266	15	678	8	628	8	53	1	516	6
	未參加	3845	60	915	14	557	9	536	8	64	1	478	7
	$\chi^2=24.1914$** p<.01												
城鄉	城市	4808	61	1153	15	687	9	606	8	63	1	556	7
	鄉村	3974	62	969	15	513	8	536	8	51	1	406	6
	$\chi^2=7.8225$ n.s.												
	總計	9088	61	2195	15	1243	8	1169	8	119	1	995	7

　　在本題的各種選項中，大專青年以選答第(1)項「報章雜誌的報導」的，佔 61%，爲最大多數。由此可以看出，報章雜誌仍爲目前大專青年獲得消息與資源的最大媒介。選答次多的爲第(2)項的「廣播電視的報導」，共佔 15%，遠較報章雜誌爲少。除掉以上的兩種大眾傳播的媒介外，依據第(3)項及第(4)項，即「師長、家長的說明」與「同學、朋友的閒聊」，僅各佔 8%，而來自第(5)項「道聽途說」的，只佔 1%。由此可以看出，對公眾事項的看法，大專學生接受親友師長與同學的觀點的甚少，反不若大眾傳播工具的影響力。從背景因素觀察，在選答最多的報章雜誌的選項中，男性多於女性，黨員多於非黨員，大學生多於專科學生，年級增高有增多的趨勢，另以法科學生爲最多。女性較重廣播電視與師長、家長的說明，專科學生亦較大學生多重此二者，但隨年級的增高，則有下降的趨勢。另海洋科學生較重廣播電視，教育科系學生較重師長與家長的說明，而法、醫科學生皆較低。以上差異經卡方(χ^2)檢定，皆達顯著水準。（原載：心理學會編，《大專學生對當前生活環境的看法》，臺北：自由青年社，1979，頁 244-300。）

政治文化與政治風度

一、民主的風範

　　最近報上常談論到政治風度的問題，例如一位女立法委員和一位男立法委員，為衛生技術人員考試的問題，爭執不下，不但把麥克風敲壞，雙方幾乎打了起來，場面的火爆迫使會議無法進行，只得草草結束，這就牽涉到政治風度的問題。在我們的政治舞台中，政治風度常在不同的方式上出現問題。議會中的吵罵，已是大家所習聞習見的。如我們的風度不能轉向民主，不僅是議會的民主，就是整體民主政治的發展，也會大受影響的，我想其間有很多文化上的因素，值得大家檢討。

　　在歷史悠久的民主國家，民主政治文化的根基較厚，使得他們的風度問題不很嚴重。前幾年，一位英國歷史上很傑出的政治家－邱吉爾去世了。我們今日還可從英國國會記錄中，看到他與反對黨議員們滔滔雄辯的精彩情形。他言語犀利，闢喻精當，識見卓越，很少有人可同他相比的，但在他從下院退休時，不論是本黨或反對黨的議員都同聲為他喝采，感念他一生對英國的貢獻。全體簇擁著他步下下院的台階，場面的感人使得任何人皆曉民主風範的可貴。不久之前，美國

的一位著名的政治家韓福瑞也過世了。他的言鋒也甚爲凌厲，且極富機智。在國會裡，他也以雄辯著稱，但在年前他患癌症，已無可救，但他仍堅持返回國會。當時國會的議員，無分黨籍皆起立喝采，給他一種英雄式的歡迎。他則說出非常感人的話，認爲大家雖有爭辯，雖有不同意見，但卻相互尊重，他對這樣的國會，引爲自傲。

邱吉爾與韓福瑞是典型的例子，他們的雄辯，雄在言詞的內容與技巧，而非雄在人身的攻擊，或惡毒的謾罵，更無以拳代舌了。他們的風度真有揖讓以爭的味道。我以他們作例，主要在說西方民主國家在實行議會民主上，已經經歷了很久的時期，具備雄厚的民主文化，而使得民主風度也一併提高起來。換句話說，我感覺政治風度與政治文化是連結在一起的；有什麼樣的文化，就會有什麼樣的風度，同樣的，表現出什麼樣的風度，必也有什麼樣的文化相表裡。

二、權力的價值取向

首先我們來看看，什麼是政治文化：有人認爲，政治文化是我們心理上對政治事件所作的眾數取向，大致可包括認知的、感情的及價值的三類。但什麼是政治事件？近年來比較流行的看法是以政治體系多環節的運行爲主。例如說我們對政治體系有什麼要求？應作怎樣的支持？我們是否希望參與、干涉使它的決策對我們有利？還有我們又如何分配那些利益？不過，我個人另有一種看法，即政治研究的中心對象，仍是權力，所以政治文化應以與權力有關的多種取向作爲主要的內容。

我們現可把權力分成幾種情況加以觀察，對各種權力取向有所了解後，政治風度的討論就較能具體了。

1.權力取向的第一類是有關政治參與的地位的。譬如我們加入一

個政治體系，不管我們作怎樣的要求，作怎樣的影響，或希望對利益作怎樣的分配，在這些過程中，我們大家，也就是體系中的成員，究應以何種的權力地位去參與呢？是否大家相等，或某些人較有地位，具有特權？在傳統上我們是個特權的社會，誰有好的門第背景，誰有錢財，誰就有勢。除此以外，像性別，槍桿等等，也會造成參與地位的不平等，這一類的實例，在歷史上比比皆是。

　　2.政治體系必需具有權力才能對利益作分配，這種統治的權力，從何而來？是來自人民？還是來自上帝，或其他源流？這是權力取向的第二類。如大家認為是來自上帝，統治者就變成了天子，我們就必需接受他的統治了。如大家認為這種統治是來自老百姓的委託，那麼政府各級的官員皆成了公僕，老百姓反成了主人。終歸一句話，統治權來源的取向，影響到政治體系的性質。

　　3.國家或政府與人民之間的權力關係，決定另一權力取向的內容，此即人民的自由取向抑是政府極權取向。自由取向是認為政府只是一種工具，主要的功能是為人民作事，因之，政府權力的大小，應受制於人民的決定，而不是絕對無限，反客為主地來控制人民的。人民有許多基本自由，常須保障，政府的一項主要功能，就是給以保障，而不是剝奪，這一取向是很著重相對觀念的。

　　4.統治權行使時應當集中或分散，是政治權力取向的另一分類。從權力觀點來看，若統治權集中於一人或一機關，則易濫用，若分開制衡，一方面可避免濫用，一方面可分工合作。這是西方國家三權（立法、行政、司法）分立的原因。在中國過去，統治的權力是從來不分的，而且十分依賴一個具有絕大權威的人物。這位人物不僅是最高的決定者，而且是超越法律之上的。這樣的權威層層節制而下，人民乃變成最低層的被統治者。在性質上，這樣的政治體系是偏重人治而非法治的，如人民作這樣的權力取向，政治文化也就取向集權統治，而

非分權統治了。

5.從團體與國家及政府之間的關係看，相互的權力分配與限制是另一種權力取向的分類，任何團體皆是社會的一環，皆有特定的社會功能，是否在某種程度上，統治權對團體的行使，也應有所限制，亦即團體也應有相當的自主與自由權呢？

在歷史上，國家與團體之間應具有怎樣的權力關係，曾有過很多爭執，尤其在西方國家為甚，如中古時期，教會與國王之間的爭執，即很激烈，後來政教分離，信仰的事由教會管轄，世俗的事，由國王管治，如此才逐漸使問題解決。

美國開國元勳 Thomas Jefferson 曾說：「政治與宗教之間隔層牆。」就是強調教會與國家之間應採多元的權力關係。本此概念伸延下去，演變成社會上的團體，只要不違反公共秩序和善良風俗，國家就應盡少干涉，一任自由；而且，團體越多，參與越多，社會則越發充實。一個充實的社會是經得起動盪，是比較壓不垮的。我國的政治權力取向，則非常著重國家及政府的絕對權力，任何團體皆必須接受國家及政府的統治，在這樣的取向下，多元的、相對的權力觀念是不易產生的。

三、文化與風度

上面是對政治權力的取向作了一些扼要的說明，我們對這一以權力為中心觀念的政治文化有所了解後，那就要再問：政治風度究竟是什麼呢？我覺得政治風度植根在權力的文化中，一方面是本質的表現，一方面是運用的表現。從本質來說，權力文化的一個極端是特權的、集權的、絕對的、封閉的，因而是不能懷疑，不能變動的。這可稱作極權的文化；另一個極端則是平權的、分權的、相對的、開放的，因

而是可加懷疑，可以變遷的。這樣的文化，我們也可稱作民主的文化。如我們受到極權文化的影響，在權力運用的人際關係上，就難免會表現出唯我獨尊，唯我絕對，不能容忍不同的意見，且拒絕作任何理性的討論與對自己意見加以修改的風度。假若我們的政治風度，非常的堅持己見，不願接受別人的挑戰，不肯自作若何變更，結果一定會變得非常僵硬而沒有彈性。在議會中如雙方皆抱持同樣的風度，一定會相互敵視發生嚴重的爭執。還有具如此風度的人，常會堅持一種價值，堅守一種意理，無論是政治的或經濟的或社會的皆必須符合這種意理，否則就不以為然。這種風度往往不能就事論事，時時存先入為主的態度，亦即無論對人對事，皆不能作設身處地的了解，知道該怎麼做才最有利。反過來看，民主文化所培育的風度是尊重異見，接納異己，樂於相互討論，自作修正，具這樣風度的人比較務實，也就是著重就事論事，能設身處地的為人及為事著想。這些人客觀運用理性來尋找解決問題的可行的辦法，方法是從程序一直考慮到結果，不讓一個框子先範圍住自己的思想。如人人都有這樣的風度，相互不但易於溝通，也能互作欣賞；縱有爭執，也較能妥協，不致僵持或惡化到不能兩立的地步。

四、政治的現代化

以上討論到權力文化本質的表現，而風度則是權力文化運用的表現，在這方面我們首先所重視的是權力在政治層面的運用是否影響到其他方面的日常生活，譬如一位主管是否因自身的權力而弄得公私不分，在用人上，只任用自己的私人，而無視公事的需要？這麼一來，政治現代化的建設就會落空了。

再進一步看，不同黨派或不同政見的黨員，是否會因政治立場的

不同，而影響到其他方面的私人關係呢？如在這種關係上公私不分，就不能互相結成朋友。這又造成了政治上的交通斷絕，社會關係的壁壘森嚴，緊張的氣壓一定會壓倒和諧的氣氛。民主國家的政治體系比較安定和諧，是與此有關的。

政治生活只是社會生活的一環，而不是全部，所以無論從政治生活或其他的社會生活的立場看，皆要作相對觀，使能融溶，分化敵視的生活面。

在權力運用上最後要談的是在政治層面的相互交往上，是否能謙恭而具有禮貌。如一位議員一開口就出言傷人，任何討論就難得美滿了。

總之，我們要改進我們的政治風度，必須要從民主文化的建立入手，這實在也就是我們從事政治現代化建設的大道。　（原載：《中國論壇》，5 卷，12 期，1978，頁：11-12。）

臺灣價值分歧的結構對統獨立場與投票抉擇的影響

一、導　論

　　二十世紀進入七〇年代中期以後，從南歐到南美，再從東亞到東歐，一共大約四十幾個國家，不論是自出於民族主義的激情，或是原有經濟體制的崩潰，都使原有的專權體制擋不住這一次世界性的民主浪潮。政治學者便把這次政治變遷的過程稱之爲「第三波民主化」(Huntington 1991)。在這一波民主改革的聲浪中，除了臺灣的國民黨政權以外，其餘各國專權時期的執政黨，紛紛在民主改革後第一次的自由選舉中，喪失執政的地位。因此，探究國民黨在民主改革後何以還能繼續執政，以及由威權時期執政的國民黨領導臺灣整個民主改革過程，對臺灣未來民主的前景究竟造成何種影響，就成爲政治學探究民主化的一個重點。

　　然而，近年來國內外有關民主化問題的研究，大都集中在以下兩個研究途徑：第一，強調民主轉型期政治菁英互動過程的重要性(O'Donnell and Schmitter 1986; Przeworski 1991; Higley and Gunther

1992)；第二，強調民主轉型期制度的結構因素對菁英選擇構成那些限制(Karl 1990; Karl and Schmitter 1990)。雖然這些成果對研究臺灣政治變遷，提供若干參考的價值，然而，他們共同忽略了一般民眾內在價值與觀念在民主轉型期的改變，以及對民主化過程的作用。

這十幾年來，臺灣的政治結構慢慢朝向「主權在民」的民主目標前進。黨禁、報禁相繼解除，使人民言論的自由、集會結社的自由獲得進展。各項重要的選舉依次展開，例如總統選舉、省市長選舉，以及中央民意代表全面的改選。依選舉結果來決定由誰擁有國家公權力的原則，獲得確立。然而，臺灣民主化的路程，並非毫無阻礙。事實上，唯有將這過程中出現幾個難題加以排除，臺灣才能建立穩定的民主體制，而其中之一就是價值衝突的問題。我們同意 Gabriel A. Almond 及 Sidney Verba(1963)的看法，一個穩定的民主政治，必須建立在一個適當的政治文化基礎上，否則民主政治不會持久。最近 Larry Diamond(1992:422-26)也認為，政治文化對民主化過程而言，是一個非常重要的中介變項(intervening variable)，對各種環境變遷有反饋(feedback)的影響。一個國家如果有支持民主政治的文化，國家若遇到任何危機，民主政治也不會發生動搖，例如在印度以及哥斯達黎加，既使他們國家發生經濟倒退或經濟危機，民主制度仍能維持穩定的運作。Donald L. Horowitz(1993)更進一步指出，族群認同的衝突才是影響民主鞏固的主要因素。

我們可約略回顧一下西方民族國家價值分歧的發展軌跡。在十六、七世紀時，歐洲首先爆發出民族國家的革命，各民族間開始進行整合，並與當時的羅馬教廷產生衝突，最後確立了以民族作為國家最重要的疆界之一。十八世紀時，英國率先產生工業革命，以市場經濟取代以往的莊園經濟，逐漸成為歐洲發展的新趨勢。此時階級利益便成為另一個衝突點。進入二十世紀中期後，隨著後工業化社會的來臨，價值

分歧就成為主要的衝突點。根據 Ronald Inglehard(1977, 1990)的研究指
出，在後工業化社會發生所謂「代間轉移」(intergeneration shift)的情
況。西方價值取向已從以往重視物質主義的需求，轉變為後物質主義
的需求。前者強調物質、安全的基本需求，後者強調生活品質的提高，
如環保、女權與反核運動等。這個理論建立在物質稀少性(scarcity
hypothesis)與社會化(socialization)二個假設之上。Inglehard 結合了
Maslow 的需求理論，認為我們通常對稀少性物質會給於較高的評價。
在二次大戰後，隨著經濟發展使物質等基本的需求獲得滿足，故後現
代社會所追求的是「質」的提升；另一方面，因成長環境的不同，會
使「代間」的社會化過程產生差異，而造成不同「代間」價值體系的
相異。

　　非西方在追求民族國家的建立與民主化問題時，與西方發展的路
徑大不相同。族群認同、經濟發展與民主化等問題必須在同一時間內
解決，而且三個問題彼此交錯、相互影響。我們認為，民主化的過程
與價值分歧息息相關。民主制度的整建與鞏固，取決於價值衝突的性
質與程度。因此，如不探討臺灣價值的分歧與衝突，根本無法深入觀
察整體政治的變遷，特別是今日臺灣在民主化過程中，所產生的種種
問題。

　　本文從三個層面來探討臺灣價值分歧的問題。第一個層面著重探
討臺灣價值分歧的結構與變遷，臺灣價值分歧的性質與內涵，主要由
族群認同與民主價值取向二個面向所構成。依照這兩個面向，我們可
以建構出四類不同價值取向的類型，作為理論分析的基礎。第二個層
面則探討不同類型的價值取向及其變遷，對臺灣統獨立場與投票抉擇
的影響，並以此勾勒出國民黨、民進黨與新黨間政黨競爭的價值立場。
第三個層面將研析不同社會背景的選民在價值取向上的差異，據此我
們可以進一步探究價值分歧未來可能的動向。

二、價值分歧類型的建構

　　社會中的不同利益，不外來自社會發展與分工所造成的種種人口與社會屬性上的差異。這些差異如有「社會關係終界的一種形式」的特性時，則被視為社會分歧。社會分歧若具有政治意義，則可視為政治分歧（徐火炎　1993）。

　　政治價值分歧即為政治分歧的一種，而其核心概念則為體系內成員對權力關係所抱持的取向。這種取向我們我們將之分為三種層面：(1)群體認同的價值取向，亦即體系成員在體系內所具有的一種認同與聚合的感情與意願，也就是成員的歸屬感；(2)權力結構的價值取向，亦即體系成員對相互之間，或成員與權威當局之間，或權威當局之間，應具有何種權力關係的價值取向；(3)政策的價值取向，亦即體系在運作過程中，應制訂或不制訂何種政策的價值取向。這三種層次的價值取向即構成價值分歧的三個面向。[1]

　　一般說來，西方主要的價值分歧，大多集中在政策的爭議上，如Ronald Inglehart 的研究重點即在後物質主義(post-materialism)的價值，在性質上，都屬於前述政策價值的取向。然而，根據我們對臺灣的觀察，臺灣的價值分歧則集中在群體認同與權力結構的價值取向上。

　　這裡要特別強調的是，政治的價值取向都可按個別的性質加以分類，但在結構上則為一種有機的組合。過去的研究常選擇一類取向作為觀察的對象，所獲得的發現難免有所限制，特別在政治變遷過程中，若牽涉到多類價值分歧時。本文則嘗試將群體認同及結構價值取向加

---

[1]　有關價值取向三個層面更詳細的討論，請參考胡佛(1988, 1990, 1995)；胡佛、陳德禹、朱志宏(1978)。

以組合，區分為四種價值取向的類型，作為進一步探究的架構。我們建構的過程是：先將群體認同分割為大中國認同與臺灣認同，再將權力結構的價值取向分割為民主取向及威權取向，由此建構出四類價值取向，如表一所示。

表一　臺灣價值分歧的類型

		權力價值取向	
		民主取向	威權取向
群體認同取向	大中國取向	大中國民主取向	大中國威權取向
	臺灣取向	臺灣民主取向	臺灣威權取向

根據表一，所分割的四種類型為：

第一類為大中國民主取向。這類取向者自認為中國人，但對民主具有正面的評價；第二類為大中國威權取向。這類取向者自認為中國人，但接受威權統治的價值；第三類為臺灣民主取向。這類取向者自認為臺灣人，但對民主有正面的評價；第四類為臺灣威權取向。這類取向者自認為臺灣人，同時又能接受威權統治的價值。

我們的探究是實證性的，對群體的認同，我們採用「中國人」與「臺灣人」的認同指標，而測量的題目是：「在您個人感覺上，您比較屬於那個族群？中國人或是臺灣人？」對權力價值取向，我們採用平等權、參政權、自由權、多元權、制衡權的價值指標，測量題目詳見附錄一。

我們分析的資料來自兩次立法委員選舉後（1989 年與 1992 年），針對臺灣地區二十歲以上合格的選民，所進行的面訪資料。樣本數各

為 1301 人與 1398 人。[2]

三、主要研究發現

（一）臺灣價值分歧的變遷

表二 臺灣價值分歧的變遷：1989至1992年

	大中國民主取向		大中國威權取向		臺灣民主取向		臺灣威權取向	
	n	%	n	%	n	%	n	%
1989 年	112	9.7	868	75.3	30	2.6	143	12.4
1992 年	91	10.8	376	44.4	90	10.6	289	34.2
百分比變動值		+1.1		-30.9		+8.0		+21.8

根據表二，我們可以得到兩個重要的發現：第一個發現是，近年來具有大中國意識的選民有大幅下滑的現象。[3] 根據我們的資料顯示，在 1989 年時，有 85%的選民有大中國取向，到 1992 年時，下降到55.2%，約減少了三成(29.8%)。另一方面，具臺灣本位意識的選民則明顯增加。在 1989 年時有 15%具有本土意識，到 1992 年時，增加到44.8%，成長將近三倍。值得注意的是，兩者的差距逐漸接近。我們第二個重要的發現是，隨著臺灣政治體制的轉型，民眾的民主價值取

---

[2] 詳細抽樣過程與抽樣資料，請參考國科會的專題研究報告(1991, 1994)。

[3] 大中國意識選民的比例係由大中國民主取向與大中國威權取向兩者加總而成；臺灣意識選民的比例係由臺灣民主取向與臺灣威權取向的選民兩者加總而成；民主取向選民的比例係由大中國民主取向與臺灣民主取向的選民兩者加總而成；威權取向選民的比例係由大中國威權取向與臺灣威權取向的選民兩者加總而成。

向亦呈現緩慢的成長，但是威權取向的選民仍居多數。具民主取向的
選民，在1989年時有12.3%，到1992年時，增加到21.4%，增加了9.1%。
相對地，威權取向的選民則有下降的趨勢。

　　臺灣的政體轉型過程，無論在整體政治結構，或是個別行動者（包
含政治菁英和一般群眾）的政治行為與態度上，都呈現和以往不同的
變化，尤其在價值層面上特別明顯。在轉型的過程中，民眾本土意識
的提高大於民主信念的成長，此隱含著政治轉型背後的主要特質為：
群體認同比民主信念更具影響力。我們可以進一步推論，推動臺灣政
體轉型的力量，本土意識大於民主價值。這種特性，一方面反應臺灣
政治環境由外省籍政治菁英主導，移轉至由本省籍菁英主導；另一方
面，這種特性亦將支撐政治本土化。進一步而言，經由政治菁英與設
計的協商式轉型(transition through transaction)(Share 1987:525-84)，在
民主鍛造(crafting democracy)過程中，國家權力結構由外省菁英與侍從
的本土政治人物間的結盟，迅速轉為國家行政菁英、地方派系與企業
集團三者結盟的新統治集團(Chu 1992:155)，本土化的權力重組已告完
成，直接影響到民眾群體意識的改變。另一方面，臺灣意識的抬頭，
使本土化後的權力菁英，獲得足夠的民意基礎，加速排除黨內反對派，
強化統治的同質性與正當性。

（二）價值分歧與統獨立場

　　國家認同（或統獨問題）一直是臺灣的重大社會分歧，實際上，
多數發展中國家也都面臨同樣的問題，不過臺灣國家認同問題有其特
殊性，因牽涉到日本殖民統治的經驗、國民黨先前統治的方式與結果，
以及兩岸關係的互動等。對於統獨立場的分類與測量，我們採用吳乃

德所設計的量表。[4] 在這個基礎上，我們將國家認同區分爲四類：第
一類爲認同統一者，亦即：在兩岸經濟、社會、政治條件相當下，他
們贊成統一，但在任何條件下他們都反對獨立；第二類爲認同獨立者，
亦即：如果臺獨能與中共維持和平關係，他們就主張獨立，但在任何
條件下都反對統一；第三類稱爲現實主義者，亦即：當臺灣獨立而能
與中共維持和平關係時，他們贊成獨立，當大陸和臺灣兩地的經濟、
社會和政治各方面相當時，他們可以接受統一；第四類稱爲維持現狀
者，亦即：在任何條件下他們反對統一，也反對獨立，或者是對統一
或獨立沒有意見。

表三　價值衝突與統獨立場的交叉分析

	認同統一		認同獨立		現實主義		維持現狀		合　計	
	n	%	n	%	n	%	n	%	n	%
大中國民主取向	51	59.3	3	3.5	20	23.3	12	14.0	86	11.4
大中國威權取向	171	51.0	30	9.0	70	20.9	60	19.1	335	44.3
臺灣民主取向	8	10.1	26	32.9	34	43.0	11	13.9	79	10.4
臺灣威權取向	31	12.1	45	17.6	82	32.0	98	38.3	256	33.9

$\chi^2 = 182.00$　　p<.001

　　表三顯示價值分歧與民眾統獨立場有顯著的相關。大中國民主取
向者與大中國威權取向者，較支持統一的立場，分別爲 59.3%和 51%。

[4] 吳乃德設計兩道測量國家認同的問題,第一道題是：如果臺灣宣布獨立之
後，仍然可以和中共維持和平關係，那麼臺灣就應該獨立成為一個新的
國家？第二道題是：如果大陸和臺灣兩地在經濟、社會、政治各方面的
條件相當，那麼兩岸就應該統一？吳乃德指出，每個人對於國家的選擇，
同時受兩種力量的牽引：一個是情感的；另一個是理性的。前者將國家
視為終極價值，後者對國家的選擇基於現實利益的考量（吳乃德
1993:43-49）。

他們最反對臺灣獨立，分別只有 3.5%和 9%贊成。臺灣民主取向者比其他類別更支持臺灣獨立，不過也有 43%的人抱持現實主義立場。臺灣威權取向者最希望兩岸能維持現狀，佔 38.3%，其次是抱持現實主義的立場，也佔 32%。整體而言，如果統一條件成熟的話，有 82.6%具有大中國民主取向者和 71.9%具有大中國威權取向者贊成兩岸統一。另一方面，如果獨立條件成熟時，有 75.9%的臺灣民主取向者贊成臺灣獨立。至於臺灣威權取向者，有 70.3%對統一或獨立沒有感情的認同（現實主義與維持現狀的總和）。

（三）價值分歧與黨派投票

西方學者對投票行爲的研究，相當強調社會分歧(social cleavage)對選民與政黨間的重組(realignment)與解組(dealignment)作用，他們認爲社會結構若發生重大的轉變，將引起社會的脫序與衝突，會形成新的社會分歧，而改變選民與政黨之間的連結關係(Flanagan 1980)。Seymour Martin Lipset 和 Stein Rokkan(1967)即認爲西方歷史曾出現兩次重大的革命，皆與社會分歧結構的形成有關。第一次爲民族革命，出現附屬文化與主導文化間、教會與國家間的兩種衝突。第二次爲工業革命，出現地主與資本家間、勞工與資本家間的兩種衝突。另外根據美國密西根學派的因果漏斗模型，政黨認同在解釋選民投票抉擇上扮演關鍵性的影響。[5]

除了社會分歧與政黨認同外，國內的其他研究亦發現價值衝突對

[5] 由於直到 1986 年才出現政黨競爭的形態，而且測量方式大都探詢受訪者主觀喜歡或不喜歡國民黨或民進黨，所以研究者大都以「政黨偏好」概念代替「政黨認同」概念。根據劉義周研究指出，政黨偏好結構實爲預測選民政黨支持的重要指標之一（劉義周 1987）另外徐火炎亦得到相同的研究結果（徐火炎 1993）。

選民政黨選擇具有相當強的解釋力（林佳龍 1988；張佑宗 1991）。

表四 價值分歧與黨派選擇

	1989 年			1992 年			
	國民黨	民進黨	小 計	國民黨	民進黨	新黨	小 計
	%	%	人數	%	%	%	人數
大中國民主取向	68.2	31.8	85	55.3	21.3	23.4	47
大中國威權取向	80.2	19.8	575	66.5	14.5	18.9	227
臺灣民主取向	29.2	70.8	24	17.9	78.6	3.6	56
臺灣威權取向	61.9	38.1	84	50.0	48.7	1.3	156
合 計			768				486

χ^2=133.12　p<.001　　　　χ^2=133.13　p<.001

表四中顯示價值衝突與黨派選擇有明顯的相關，我們從中可以得知國民黨、民進黨、新黨選票的變動趨勢。就國民黨而言，1989 年和 1992 年兩屆立委選舉，在四類選民中選票皆發生流失的現象：在大中國民主取向者中，流失 12.9%；在大中國威權取向者中，流失 13.7%；在臺灣民主取向者中，流失 11.3%；最後在臺灣威權取向者中，流失 11.9%。具大中國取向者的國民黨選票流向新黨，而具臺灣取向者的國民黨選票則流向民進黨。[6] 至於民進黨方面，在大中國取向者中的選票亦有流失的跡象，在大中國民主取向者中，流失 10.5%；在大中國威權取向者中，流失 5.3%。不過，在臺灣取向的選民中，對民進黨的支持則有明顯的增加，分別在臺灣民主取向者中，增加 7.8%；在臺灣威權取向者中，增加 10.5%。至於新黨，其票源主要來自二類大中

---

[6] 在 1992 年，國民黨、民進黨、新黨的得票率百分比為 53：31：5，而我們樣本顯示各政黨得票率百分比為 54：33.5：11.9，新黨得票稍高於其實際得票，原因在抽樣時新黨候選人選區被抽中較多的緣故。

國取向者的支持，分別獲得 23.4%和 18.9%的支持。至於具有臺灣取
向者，則鮮少支持新黨。

　　從以上的分析，我們可得出以下結論：第一、國民黨在四類選民
中的三類選民中，獲得較多的支持，不過選票有逐漸流失的現象。第
二，民進黨在則在愈傾向大中國意識與威權價值者中，較難獲得支持。
新黨票源則完全集中在大中國意識兩類選民身上。

（四）南北差異、政治世代、教育程度與價值分歧

　　分析不同地區、政治世代與教育程度在政治價值上的差異，是本
文另一個研究重心。首先，我們以濁水溪為分界點，將臺灣分為北臺
灣與南臺灣兩區，觀察其中在政治價值上是否有差異存在。表五顯示
臺灣南北部與價值分歧有顯著的差異，主要的差異是在群體認同：北
部民眾的 65.6%具有大中國意識，而在南部只有 40.8%持有大中國意
識，兩者相差24.8%。相反地，在臺灣意識上，南部則比北部多出24.7%，
這說明了南部民眾本土意識較強。至於在民主價值取向方面，南北部
的差異則較小，民主取向選民的比率分別為 20.2%與 23.1%，南部稍
高於北部。

表五　　南北差異與價值分歧的交叉分析

區域	大中國民主取向		大中國威權取向		臺灣民主取向		臺灣威權取向	
	n	%	n	%	n	%	n	%
北臺灣	53	10.8	269	54.8	46	9.4	123	25.1
南臺灣	38	10.7	107	30.1	44	12.4	166	46.8

χ^2=59.13　p<.001

　　在分析個人背景與個人政治價值與行為時，研究者往往使用年齡
為解釋變項，不過其時間點的劃分不具有理論上的意義。因此，本文

以政治世代取代年齡。由於生長在同一時代環境中的人，傾向於有一致的態度，因此「政治世代」的概念比年齡更具有理論意義。[7] 另外，在臺灣政治世代這個概念，除了考慮出生年份外，同時也需考慮省籍因素。本文依國民黨威權體制的發展，劃分為三個世代，分別是 1945年以前，1945-1972 年，1972 以後。1945 年為日本結束在臺灣的統治，重歸中國統治。1945 到 1979 年為國民黨威權體制發展期。1972 年以後臺灣退出聯合國，開始注意本土化問題。[8] 另外我們將外省籍獨立成另一個世代。[9]

表六　政治世代與價值分歧的交叉分析

政治世代	大中國民主取向		大中國威權取向		臺灣民主取向		臺灣威權取向	
	n	%	n	%	N	%	N	%
本省第一代	3	3.7	16	19.5	5	6.1	58	70.7
本省第二代	24	7.2	124	37.1	49	14.7	137	41.0
本省第三代	38	14.1	111	41.3	35	13.0	85	31.6
外省族群	24	16.1	122	81.9	1	0.7	2	1.3

$\chi^2 = 184.13$　　p<.001

　　表六顯示政治世代與價值分歧存有顯著的差異。在大中國意識方面，以外省群最高，達 98%，其次是本省第三代，有 55.4%，第三為本省第二代，為 44.1%，最後為本省第一代，只有 23.2%。在民主取

---

[7]　劉義周(1993)將臺灣選民劃分為七個政治世代，其後(1994)簡化為本省籍、外省籍各三個世代。

[8]　我們以十四歲為依基準，理由是我們認為一個人到十二歲時，其社會化已相當定型，以後變動的情況較小。

[9]　將外省籍只分為一個世代基於兩個理由：第一個理由是外省籍族群的樣本數過少無法進行深度統計分析；第二個理由是，若將外省籍也分為三個世代，這三代間的價值分歧程度未達顯著差異。

向方面，以本省第三代最高，有 27%，其次是本省第二代，有 21.9%，再來是外省籍群，有 16.8%，最後是本省第一代，只有 9.8%。越年輕的世代越具有中國意識，同時他們也最具民主價值取向。

表七　教育程度與價值分歧的交叉分析

教育程度	大中國民主取向		大中國威權取向		臺灣民主取向		臺灣威權取向	
	n	%	n	%	n	%	n	%
低教育程度	4	1.5	82	31.3	22	8.4	154	58.8
中教育程度	43	11.2	192	50.0	42	10.9	107	27.9
高教育程度	43	22.1	100	51.3	56	13.3	26	13.3

χ^2=144.199　p<.001

　　表七顯示教育與價值分歧亦呈顯著的相關。高教育者較傾向大中國認同，高達 73.4%，同時也最具民主價值傾向，有 35.4%。教育程度最低者，較具臺灣認同取向，有 67.2%，同時民主價值取向也最低，只有 9.9%。[10] 國內也有類似的研究，例如王甫昌(1993)在對臺灣族群融合現象研究後，即指出臺灣是屬於「教化式」的同化過程，即支配族群單方面將被支配族群教化為同類的過程，而以本省高教育者的融合程度最高。

（五）南北差異、政治世代、教育程度與價值分歧

　　為了進一步檢視價值分歧與地區、政治世代、教育程度的差異，我們使用對數線性模型分析(log-linear model analysis)， 估算每一變項在控制了其它變項及其互動關係的效果。

　　表八列出對數線性模型的分析結果。第一列是依變項價值分歧的

---

[10] 本文將臺灣教育程度分成三類：國小教育以下為第一類；國中、高中為第二類；大專以上為第三類。

主效果，意指任何一選民價值取向分配的機率大小。整體而言，以大
中國威權取向者較多。[11] 第一行代表不同社會背景對大中國民主取向
的乘數效果，第二行代表不同社會背景對中國威權取向的乘數效果，
第三行代表不同社會背景對臺灣民主取向的乘數效果，第四行代表不
同社會背景對臺灣威權取向的乘數效果。參數若大於 1，表示有正面
效果，參數若小於 1，則表示有負面效果。各參數間可做比值比較，
例如在高教育程度者，大中國民主取向者機率是臺灣民主取向者的 102
倍，而中等教育琵度者，推論為臺灣民主取向的機率是大中國民主取
向者的 6.7 倍。

表八　社會背景影響價值分歧的對數線性模型分析

	Multiplicative 參數估計				
	大中國民主取向	大中國威權取向	臺灣民主取向	臺灣威權取向	其他
價值衝突的效果	0.190	4.735	0.106	0.908	11.549
南北差異對價值衝突的效果					
1.北臺灣	0.830	1.578	0.860	0.692	1.283
2.南臺灣	1.205	0.634	1.163	1.445	0.779
教育程度對價值衝突的效果					
1.低教育程度	0.076	2.002	1.150	1.121	5.097
2.中教育程度	0.721	0.842	4.868	0.872	0.388
3.高教育程度	18.262	0.593	0.179	1.023	0.506
政治世代對價值衝突的效果					
1.本省第一代	0.611	0.409	0.476	0.235	35.773
2.本省第二代	0.483	0.496	1.463	4.528	0.635
3.本省第三代	2.171	4.699	1.980	2.210	0.022
4.外省族群	1.561	1.409	0.725	0.425	1.982

---

[11] 表八的其他類表示對大中國意識或臺灣本位意識態度模擬兩可，或對該
問題未具認知，我們將不列入分析。

　　表九是依據表八各參數相乘進一步而計算出。其中居住在北臺灣、本省第三代、高教育程度者，屬大中國民主取向者的機率是臺灣民主取向者的 195 倍。居住在北臺灣、外省籍群，高教育程度者屬於大中國民主取向者的機率是臺灣民主取向者的 374 倍。居住在南臺灣、本省第二代、中教育程度者屬於臺灣民主取向者的機率是大中國民主取向者的 11 倍。

表九　各類背景選民價值取向的對數線性模型參數估計

區　域	政治世代	教育程度	大中國民主取向	大中國威權取向	臺灣民主取向	臺灣威權取向
北臺灣	本省第一代	低教育程度	0.007	6.118	0.050	-0.166
		中教育程度	0.069	2.573	0.211	0.129
		高教育程度	1.760	1.812	0.008	0.151
	本省第二代	低教育程度	0.006	7.419	0.153	3.189
		中教育程度	0.055	3.120	0.647	2.481
		高教育程度	1.391	2.198	0.024	2.911
	本省第三代	低教育程度	0.026	70.290	0.207	1.557
		中教育程度	0.247	29.563	0.876	1.211
		高教育程度	6.246	20.820	0.032	1.421
	外省籍群	低教育程度	0.019	15.692	0.076	0.299
		中教育程度	0.177	6.600	0.322	0.233
		高教育程度	4.492	4.648	0.012	0.273
南臺灣	本省第一代	低教育程度	0.011	2.458	0.067	0.346
		中教育程度	0.101	1.034	0.286	0.269
		高教育程度	2.557	0.728	0.011	0.315
	本省第二代	低教育程度	0.008	2.981	0.207	6.660
		中教育程度	0.080	1.254	0.876	5.181
		高教育程度	2.019	0.883	0.032	6.078
	本省第三代	低教育程度	0.038	28.241	0.281	3.251
		中教育程度	0.358	11.877	1.188	2.528
		高教育程度	9.076	8.365	0.044	2.966
	外省籍群	低教育程度	0.027	6.304	0.103	0.625
		中教育程度	0.258	2.651	0.435	0.486
		高教育程度	6.520	1.867	0.016	0.570

透過以上的對數線性模型分析，我們可進一步分析由價值對立所呈現各種不同社會化的結果。教育程度越高、外省籍、本省籍第三代者越容易導向大中國民主取向。南臺灣、中教育程度、本省籍第三代者越容易導向臺灣民主取向。低教育程度、本省籍第一代者越容易導向大中國威權取向或臺灣威權取向。

四、結　論

本研究初步獲得以下的結論：

1.在民主轉型過程，臺灣選民的本土意識大幅提高，然而大部份選民仍傾向威權取向，這說明了臺灣最近幾年的政治變遷主要的特色在本土化。

2.由價值分歧與黨派投票的分析中，民進黨除了在臺灣民主取向中獲得多數支持外，國民黨在其餘三類都維持優勢，這說明了國民黨統治基礎仍算穩固。至於新黨，幾乎無法得到具有本土意識者的支持，這似乎是新黨發展的局限所在。

3.經由價值分歧與統獨立場的分析，我們發現即使排除了現實的障礙，臺灣威權取向者可接受統一者仍不到半數，更值得重視的是，具有大中國意識的選民可接受臺灣獨立的不到三成。

4.根據我們的研究發現，年輕的世代、高教育的選民，具有中國意識與民主取向的比例趨高。這個趨勢是否能持續發展，值得我們作進一步的觀察。　（本文由作者與張佑宗先生及歐陽晟先生合作完成，初稿曾於 1994 年 7 月 8 日在臺灣大學政治研究所選舉研究小組主辦的「民主化、政黨政治與選舉」研討會上宣讀，現重加修訂與增刪而成。）

參考文獻

王甫昌，1993，〈省籍融合的本質：一個理論與經驗的探討〉，載：《族群關係與國家認同》，臺北，國家政策研究中心，頁 53-100。

吳乃德，1993，〈國家認同和政黨支持：臺灣政黨競爭的社會基礎〉，《中央研究院民族學研究所集刊》，頁 1-28.

胡佛，1988，〈臺灣地區民眾對政治參與的態度：系統權力功能的權力價值取向〉，《中央研究院民族學研究所專刊》，乙種之 20，頁 327-54。

胡佛，1990，〈民主政治的價值取向：一項實證性的探究〉，載：政通等編，《自由民主的思想與文化》，自立報系出版部，頁 61-100。

胡佛，1995，〈政治文化的意涵與觀察〉，載：喬健、潘乃谷編，《中國人的觀念與行為》，天津人民出版社，頁 389-410。

胡佛、陳德禹、朱志宏，1978，〈權力價值取向：概念架構的建構與評估〉，《社會科學論叢》（臺灣大學法學院印行），27 輯，頁 327-54。

胡佛、陳德禹、張佑宗等，1991，《政治體系與選舉行為：民國七十八年增額立法委員選舉的分析》，國科會專題研究報告。

胡佛、陳德禹、范雲等，1994，《政治體系與選舉行為：民國八十一年第二屆立法委員選舉的分析》，國科會專題研究報告。

徐火炎，1993，〈選舉競爭與政治分歧結構的變遷：國民黨與民進黨勢力的消長〉，《人文及社會科學集刊》，第六卷第一期，頁 37-74。

林佳龍，1988，《國民黨與民進黨的民眾基礎：臺灣選民政黨支持的比較分析（1983-1986）》。臺大政研所碩士論文。

張佑宗，1991，《民主轉型與臺灣政治文化的變遷：一九八０年代》，臺灣大學政治學研究所碩士論文。

劉義周，1987，《選民的政黨偏好》，國科會專題研究報告。

劉義周，1993，〈臺灣的政治世代〉，《政治學報》，二十一期，頁99-120，臺北，中國政治學會。

劉義周，1994，〈臺灣選民政黨形象的世代差異〉，《選舉研究》，第一卷第一期，頁53-74。

Almond, Gabriel A. and Sidney Verba. 1963. *The Civic Culture*. Princeton: Princeton University Press.

Chu, Yan-han. 1992. *Crafting Democracy in Taiwan*. Taipei: Institute For National Policy Research.

Diamond, Larry. 1992. "Causes and Effects." In Larry Diamond (ed.) *Political Culture and Democracy in Developing Countries*. Boulder: Lynne Reinner.

Flanagan, Scott C. 1980. "Value Cleavages, Economic Cleavage and the Japan Voter." *American Journal of political Science* 24(2):177-206.

Higley, John, Richard Gunther and Michael Burton. 1992. Elites and Democratic Consolidation in Latin America and Southern Europe. Cambridge: Cambridge University Press.

Horowitz, Donald L. 1993. "Democracy in Divided Societies." *Journal of Democracy* 4(4):18-34.

Huntington, Samuel P. 1991. *The Third Wave: Democratization in the Late Twentieth Century*. Norman: University of Oklahoma Press.

Inglehart, Ronald. 1977. *The Silent Revolution: Changing Values and Political Styles Among Western Publics*. Princeton: Princeton University Press.

Inglehart, Ronald. 1990. *Culture Shift in Advanced Industrial Society*. Princeton: Princeton University Press.

Karl, Terry Lynn. 1990. "Dilemmas of Democratization in Latin America." *Comparative Politics* (October):1-21.

Karl, Terry Lynn and Philippe Schmitter. 1990. *Modes of Transition and Types of Democracy in Latin American, Southern and Eastern Europe*. Stanford University.

Lipset, Seymour Martin and Stein Rokkan. 1967. "Cleavage Structure, Party System, and Voter Alignment." Reprinted in Seymour Martin Lipset, *Consensus and Conflict: Essays in Political Sociology*. New York: Transactions Books, pp.113-85.

O' Donnell, Guillermo A., Philippe C. Schmitter. 1986. *Transition from Authoritarian Rule: Comparative Perspective*. Baltimore: Johns Hopkins University Press.

Przeworski, Adam. 1991. *Democracy and the Market: Political and Economic Reforms in Eastern Europe and Latin America*. Cambridge: Cambridge University Press.

Share, Donald. 1987. "Transitions to Democracy and transition Through Transaction." *Comparative Political Studies* 19(4)(January):525-48.

附錄一：基本權力價值取向量表

平等權：

1.像民選的議員或民選的官員（鄉鎮長或縣市長等），最好由有錢的人來出任。

2.女性不應該像男性一樣參加政治活動。

參政權：

3.為了避免選舉的麻煩，鄉鎮長不如由中央指派。

4.政府首長等於是大家庭的家長，一切大小國事皆應聽從他的決定。

自由權：

5.對付殘暴的罪犯，應立即處罰，不必等待法院審判的複雜程序。

6.大家的想法應該一致，不然社會就會不安定。

7.一種觀念能否在社會流傳，應由政府決定。

多元權：

8.在一個地方（社區）上，出現各種不同的民間團體，就會影響到地方的安定與和諧。

9.政黨競爭有礙政治上的安定。

制衡權：

10.政府如時常受到議會的牽制，就不可能有大作為了。

11.法官在審判重大案件時，應該接受行政機關的意見。

政治文化的類型與政黨支持

（1983-1989 年）

一、概　說

　　自五０年代以後，政治文化理論即與理性選擇理論(rational choice)，在政治學上並稱爲兩大理論(Eckstein 1988)。但由於政治文化概念使用太過概括，因此常被批評爲「剩餘範疇」(residual category)，亦即只要找不出其他因素可以解釋，就歸諸於文化因素(Huntington 1987)。因此，對政治文化解釋力的評價，主要有兩種態度，一種是持否定的態度，另外一種則肯定政治文化的貢獻。

　　否定文化解釋的價值，主要來自兩種理論的看法，分別爲馬克斯主義(Marxism)和理性選擇理論。馬克斯主義者認爲政治文化或價值，可以化約到階級利益中，文化因素只不過是統治階級爲合法化其統治正當性的一種工具而已。理性選擇理論，則強調個人政治行爲的動力，係來自個人基於不同立場(standpoint)與利益的考量，而在工具理性的思考邏輯下，如何求取個人最大效益。政治文化或價值，在理性選擇的理論中，並不足提供解釋或預測個人的政治行爲(Rogowski 1974)。我們一方面認爲政治文化乃是政治互動中重要的一環,雖與階級有關,

但不可化約爲階級利益。另一方面，政治文化理論(political cultural theory)最基本的假設即認爲，行爲者的行動並非依情境(situation)直接反應，而是透過傾向(orientation)的中介才回應，理性只是所有傾向之一，傾向則與政治文化有關。

但是，肯定政治文化解釋具有獨立地位亦有待商榷。早期政治文化研究者，大都認爲是單一導向(unidirectional)的因果假設，即認爲有什麼樣的政治文化，便會產生適於該類文化的體制與結構。例如 Harry Eckstein(1965)研究挪威後，認爲維持民主政治穩定的因素，關鍵在政治上的權威與社會領域內的權威，在性質上要一致。也就是說，假如社會被威權所籠罩，在政治上要實行民主是不可能的。另外，Gabriel A. Almond 和 Sidney Verba(1963)依民眾對整個政治體系，以及投入、產出及自我能力評價等四種環節所具有的不同傾向，而將政治文化區分爲三種類型：部落的(parochial)、子民的(subject)、參與的(participation)政治文化。而混合上述三種文化而形成的公民文化(civic culture)最適於產生穩定民主政治的作用。另外研究拉丁美洲的威權主義國家也發現：威權制度而不是民主制度，才是民眾所期待的政治體制。Jeane Kirkpatrick 研究阿根廷後亦發現，威權文化貫穿整個社會，大眾都在期盼強人再現，以解決危機(Tiano 1986)。

但是，這種單向因果假設曾遭受許多的批判。Carole Pateman(1980)和 Brian Barry(1970)批評 Almond 等人的研究忽略掉反方向因果關聯，也就是忽略了結構對塑造特定政治文化的作用。事實上，公民文化是經由充足的民主經驗所學習到的。Richard Fagen(1969)研究古巴的革命後發現，在革命政府下，民眾的信念可透過特殊機構進行再社會化工程，進而塑造適合新體制的政治文化。J. A. Booth 和 M. A. Seligson(1984, 1990)對威權主義體制下的墨西哥、尼加拉瓜從事經驗研究後亦發現，民眾對民主規範的支持並不低於美國，但這二個國家卻維持威權體制。

政治文化與政治結構間的關係相當複雜，並非是誰能決定誰的問題，兩者是相互影響與強化的(Lijphart 1980:47; Almond 1983:127)。事實上，當我們欲解釋某一複雜現象(如民主化問題)時，最好將文化視為環境與個人行為間的中介變項(intervening variables)，但文化本身的來源尚需解釋。Barrington Moore Jr.(1966:484–87)早就指出文化或價值，不是從天而降影響歷史進行，文化不是獨立變項，但要完全加以解釋，必需當做中介變項始可。

另外一點是，政治文化的研究，在方法上屬於個體的分析層次(micro-analysis)，並不能直接推論到總體的結構變遷，否則會有合成的謬誤(fallacy of composition)。結構限制社會過程，並反覆塑造行為模式；另一方面，結構本身亦會產生矛盾或緊張關係，需經由政治或社會運動改變原有結構。

因此，政治文化與政治結構的關聯，可以區分出兩個階段：第一個階段是結構對政治文化的塑造過程；第二個階段是政治文化如何影響個人的政治行為，進而改變既有的政治結構。第一個階段要處理的問題是：過去政治體制與經社發展過程，究竟塑造何種類型的政治文化？這種型態的政治文化如何轉變？第二個階段要處理的問題是：政治文化如何影響個人的政治行動？我們將以臺灣的個案，解答上述的問題。

二、政治文化的概念架構

政治文化的概念相當分歧，但並非沒有脈絡可尋。Verba(1965:513)將政治文化界定為：「包括經驗的信念(empirical beliefs)、表達的符號(expressive symbols)、價值(value)所形成的體系，它限定政治行為發生的背景」。Almond 和 G. Bingham Powell Jr.(1978:25)則認為是「在某

一國家特定時間內民眾對現行政治的態度、信念與感情的組合」。Walter A. Rosenbaum(1975)認為政治文化是人民對於政治體系基本要素的集體態度取向。Samuel Beer(1962)認為政治文化是社會整體文化的一個面向，是關於政府應如何治理與該做些什麼的價值觀。Glenda M. Patrick(1984:297)將有關政治文化的界定作概念分析後，認為政治文化是「基本信念、價值和態度的組合，給予政治體系特質並指導成員的互動」。歸納上述的看法，我們可以將政治文化視某一群體的特性，這些特性由個人基本信念和價值所組成。我們一方面強調政治文化的組成要素；另一方面也強調它是群體集合的特性。[1]

如何將政治文化的概念運作化？首先我們認為政治文化的內涵必須是「政治的」，而政治的本質便是權力關係（胡佛、陳德禹、朱志宏 1978；胡佛、徐火炎 1983）。權力關係是一種交互影響的能力作用，這種作用在價值觀念與行為規範的導引下，含有持續性及規則性，一面構成結構，一面發揮功能，統合起來使成體系（胡佛 1988）。政治文化即對權力關係的自覺性與正當性信念，亦即對整個政治體系的認同、結構與功能所具有的心理取向。本文所探究的即為結構性的政治文化，因這一文化與民主轉型較有相關。

多年來胡佛、陳德禹、朱志宏（1978）等教授即發展測量結構性政治文化的量表。他們按組成份子或成員在權力結構中的身份或角色行為，區分二種具演繹性的基本關係，並發展出四類權力關係的結構：

（一）成員與權威機構之間的權力關係

1.權威機構權力的來源：即整個決策階層所掌有的權力，來自何

---

[1] David J. Elkins 和 Richard E. B. Simeon(1979)認為每個人都有信念，價值和態度，但不能說他們有文化，文化是一集合概念。

處？這是主權在民與否的關係。

2.個人行使權力的範圍：即統治權應否受到限制，有否逾越侵犯憲法保障的自由權？

3.社團行使權力的範圍：即統治權不可干預杜團的組織與運作，有否充份給予自由權（多元權）？

（二）權威機構相互之間的權力關係

這種關係就是要問：決策單位所掌的權力，應否按權力的性質，加以分立制衡？這是集權與分權之間的選擇。

以上兩種基本關係所產生的四類權力關係，實際上涵蓋現代政體的三層領域：權威機構、政治社會、民間社會，可見下圖：

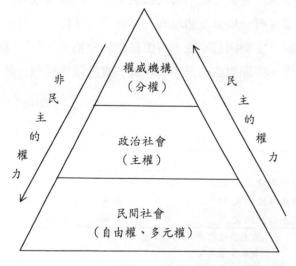

圖一　四種價值取向與三層領域的結構

大致來說，在民主國家中，市民社會具有充份的個人與社會的自

由權，進而影響到政治社會對政權的行使；另一方面政治社會亦掌有充份的政權，而影響國家機構權力的行使。反之，在一個非民主國家，權威機構具有壓倒性的優勢，可控制並滲透民間社會與政治杜會（胡佛 1989:10–11）。

三、政治文化的類型及變化

我們可進一步將民眾對自由權（個人與社團）、主權、分權所具不同的價值取向，區分為三類政治文化的類型：傳統的極權政治文化、現代的威權政治文化、自由民主的政治文化（見表一）。傳統的極權政治文化對四種權力關係皆呈負值取向，亦即對自身毫無權力的自覺與正當性信念，完全受統治者的節制。現代的威權政治文化在主權或制衡權中至少有一項具正值取向，亦即具有某程度參與政治的觀念與價值，但缺乏主動與自立性。自由民主的政治文化對四種權力關係皆具正值取向，亦即對自由民主的規範與實際運作過程，具有充份的信念。

表一　政治文化的分類

	主權	自由權	多元權	分權
傳統的極權政治文化	－	－	－	－
現代的威權政治文化	○	－	－	○
自由民主的政治文化	＋	＋	＋	＋

說明：「十」表示正值取向。
「一」表示負值取向。
「○」共列二項，表示至少有一項為正值取向。

我們曾分別在 1983、1986 及 1989 年在全省抽取民眾樣本，進行

訪問調查（樣本數分別為 1692、1429 及 1301）。[2] 根據三次調查的分析，我們發現三種類型的政治文化皆發生變化。從表二我們可以看出以下的趨勢：在臺灣主導的是一種現代的威權政治文化，幾乎有三分之二的民眾屬於這類型的政治文化。最近幾年面臨民主轉型，但其比例不降反升。從 1983 的 63.7%到 1986 的 60.8%，到 1989 的 68.3%，維持穩定的多數。在另一面，傳統的極權政治文化，則呈現出逐年下降的趨勢。從 1983 的 23.5%到 1986 的 12.1%，到 1989 的 11.1%。因為臺灣的威權體制一直沒有否定民主政治的價值，只因基於時空因素的考量而不充份實行，但仍維持部分的民主設計。因此傳統的極權政治文化乃逐年下降。對威權體制最具挑戰的民主政治文化最近幾年亦有升高的趨勢。從 1983 的 12.8%到 1986 的 27.1%，在 1989 又下降到 20.7%。

表二　臺灣三種類型的政治文化：1983-1989年的變動情形

	1983	1986	1989	1989-1983	1989-1986
傳統的極權政治文化	23.5	12.1	11.1	-12.4	-1.0
現代的威權政治文化	63.7	60.8	68.3	4.6	7.5
自由民主的政治文化	12.8	27.1	20.7	7.9	-6.4

四、民主政治文化形成的因素

過去臺灣在威權體制的嚴密控制下，到底那些人較易產生與威權主義相反的民主價值與觀念，這是本節主要研究的問題。

---

[2] 詳細的抽樣過程與資料，請參閱由作者所主持的國科會研究計劃的結案報告（1986, 1991, 1994)。

表三　社經背景對民主政治文化的影響

| | 1983 | | 1986 | | 1989 | | 增減 | |
| | | | | | | | 1989-1983 | 1989-1986 |
	n	%	n	%	n	%	%	%
性 別								
男性	147	17.10	242	34.10	172	27.30	10.20	-6.80
女性	69	8.30	146	20.30	97	14.50	6.20	-5.80
年 齡								
20-29 歲	91	16.80	138	29.70	121	26.80	10.00	-2.90
30-39 歲	67	16.50	142	36.30	75	23.50	7.00	-12.80
40-49 歲	21	8.20	46	21.90	39	20.60	12.40	-1.30
50-59 歲	23	9.60	37	19.90	15	9.60	0.00	-10.30
60 歲以上	15	6.00	25	14.00	19	10.20	4.20	-3.80
省 籍								
本省	11	12.70	327	26.20	217	19.50	6.80	-6.70
外省	40	13.20	61	33.70	52	27.70	14.50	-6.00
教育程度								
未入學	11	3.10	19	7.30	3	1.70	1.40	-5.60
小學	33	7.40	89	21.90	32	10.00	2.60	-11.70
國中	38	14.10	58	26.60	26	13.80	-0.30	-12.80
高中職	48	15.00	117	35.10	96	24.70	9.70	-10.40
大專	81	27.80	95	48.20	108	43.90	16.10	-4.30
研究所以上	5	62.50	10	71.40	9	81.80	19.30	10.40
階 級								
農人	10	7.90	8	9.40	10	9.60	1.70	-0.20
工人	39	13.40	78	24.50	43	16.70	3.30	-7.80
工商機構普通職員	20	12.50	47	36.20	40	25.20	12.70	-11.00
國家雇員	38	21.10	42	39.30	42	39.60	18.50	-0.30
自由業	45	17.90	105	42.70	52	27.50	9.60	-15.20
未就業	64	7.90	108	21.00	82	16.90	9.00	-4.10

說明：各變項在 1983、1986、1989 年的百分比值，係根據總樣本人數計算而得。

從三次調查的資料顯示（參見表三），性別與民主價值取向皆具

顯著相關(1983: χ^2=36.58, p<.001; 1986: χ^2=35.37, p<.001; 1989: χ^2= 32.9l, p<.001)。在 1983、1986、1989 年的三次測量中，男性具民主價值的比例，分別爲 17.1%、34.1%、27.3%，女性分別爲 8.3%、20.3%、14.5%。男性具民主價值取向的比例高於女性，三次皆高出十個百分點以上。再看時間的因素，男性方面 1989 年比 1983 年增加 10.2%，但比 1986 年少 6.8%；女性方面 1989 年比 1983 年增加 6.2%，但比 1986 年少 5.8%。

年齡與民主價值取向在三次調查中亦具顯著相關(1983: χ^2=69.17, p<.001; 1986: χ^2=53.40, p<.001; 1989: χ^2=38.45, p<.001)。在 1983、1986、1989 年的三次測量中，年齡在 20-29 歲之間的民眾，具民主價值取向者，分別爲 16.8%、29.7%、26.8%；30-39 歲之間者，分別爲 16.5%、36.3%、23.5%；40-49 歲之間者，分別爲 8.2%、21.9%、20.6%；50-59 歲者，分別爲 9.6%、19.9%、9.6%；60 歲以上者，分別爲 6.0%、14%、l0.2%。由以上的資料可以看出，年紀愈輕者，民主價值取向的比例愈高。再詳細比較各年的差異，1989 年皆比 1983 在各年齡層上要高，但皆比 1986 年低。

省籍與民主價值取向在 1983 年未呈現顯著相關，1986 年與 1989 年則呈顯著相關(1986: χ^2=6.84, p<.05; 1989: χ^2=9.59, p<.01)。在 1986 年、1989 年，本省籍具民主價值取向者，分別爲 26.2%、19.5%；外省籍分別爲 33.7%、27.7%。外省籍要比本省籍具較高比例的民主價值取向。再看時間因素，1989 年亦比 1986 年不論在本省或外省籍皆要低。

教育程度與民主價值取向在三次調查中皆呈顯著相關(1983: χ^2= 152.24, p<.001; 1986: χ^2=130.84, p<.001; 1989: χ^2=166.92, p<.001)。在 1983、1986、1989 的三次測量中，未入學而具民主價值取向者，分別爲 3.1%、7.3%、1.7%；國小程度者，分別爲 7.4%、21.9%、10%；國

中程度者，分別為 14.1%、26.6%、13.8%；高中(職)程度者，分別為 15%、35.1%、24.7%；大專程度者，分別為 27.8%、48.2%、43.9%；研究所以上者，分別為 62.5%、71.4%、81.8%。我們很明顯地可以看出，學歷愈高者，具民主價值取向的比例愈高。再看時間因素，學歷愈低者，民主價值取向增加的比例愈小，而學歷愈高者，增加的比例愈高。

　　階級與民主價值取向在三次調查中亦呈顯著相關(1983: χ^2=48.45, p<.001; 1986: χ^2=80.33, p<.001; 1989: χ^2=52.90, p<.001)。在 1983、1986、1989 年的三次測量中，農民階級而具民主價值取向的比例分別為 7.9%、9.4%、9.6%；工人階級分別 為 13.4%、24.5%、16.7%；工商機構普通職員分別為 12.5%、36.2%、25.2%；國家僱員分別為 21.1%、39.3%、39.6%；自由業者分別為 17.9%、42.7%、27.5%；未就業者分別為 7.9%、21%、16.9%。相互比較國家僱員這一層具較多的民主價值取向，其次是自由業。再看時間因素，1989 年各階層皆比 1983 年提升，但亦較 1986 年為低。

　　雖然性別、年齡、省籍、教育程度與階級都會影響到民主價值的形成，但當我們控制教育的變項後，其它因素都不具相關。我們在此可得到最後的結論，即：所有在性別、年齡、省籍、階級上所顯現的差異，背後皆受教育程度的影響。

五、政治文化的類型與政黨支持

　　西方投票行為的研究，非常強調社會分歧(social cleavage)，特別是選民與政黨之間的組合 (alignment)、重組 (realignment) 與解組 (dealignment)。他們假設政治系統的穩定與變遷決定在社會分歧的模式，假若社會結構產生重大轉變，將引起脫序與衝突，新的社會分歧將會形成，而改變現有的體系(Flanagan 1980)。這些社會分歧，就會

連帶影響選民對政黨的偏好與支持，如 Seymour Martin Lipset 和 Stein Rokkan(1967)即曾建構就社會分歧與政黨體系之間的歷史連結，加以研析。Alford(1963)建構的「階級投票指標」(index of class voting)，對研究政黨的階級基礎即具突破性的貢獻。A. Lijphart(1979)研究比利時、加拿大、南非、瑞士時發現，宗教與語言在政黨選擇上，亦有決定性的影響。Ronald Inglehart(1977)則質疑社會分歧的解釋，在理論上是否充足，試圖找出價值分歧在選民與政黨間連結與重組的作用。他的理論建立在兩個命題上：環境改變(contextual change)和社會化，並認爲二次大戰後出生的世代，成長於較富裕的環境中，使他們傾向追求非物質利益的價值觀念。而環境改變，雖迫使每個人重新進入再社會化的過程，但每個人再社會化的程度不一樣，因而產世代間轉變(intergenerational shift)。他更進一步指出，這群年輕的世代投射到政黨支持時，出身中產階層的家庭，傾向支持左派政黨；相反的，出身於工人階層的家庭，由於未享有富裕的成長環境，反而支持保守政黨。

我們現要探究的是：價值觀念的分歧與衝突，是否影響到臺灣選民對政黨支持的模式？還有：那種政治文化類型者較支持國民黨？那種政治文化類型者相對地較支持民進黨？

表四顯示在三次調查中，不同政治文化類型者與政黨選擇，呈顯著差異(1983: χ^2=73.78, p<.05; 1986: χ^2=133.14, p<.001; 1989: χ^2=87.66, p<.001)。取向傳統的極權政治文化者絕大部分傾向支持國民黨，鮮少支持民進黨。在支持國民黨部分，1983 年爲 90.03%，1986 年爲 99.2%，1989 年爲 89.4%；在支持民進黨部分，1983 年爲 9.7%，1986 年爲 0.8%，1989 年 10.6%。1983 年至 1989 年間國民黨與民進黨在此類型的支持者變動率不大(0.9%)。現代威權政治文化類型者亦大部分支持國民黨，只有少部分支持民進黨，但在持續增加。在支持國民黨部分，1983 年爲 83.5%，1986 年爲 83.0%，1989 年爲 76.4%，在逐年減退；在支持

民進黨部分，1983 年爲 16.5%，1986 年爲 17.0%，1989 年增爲 23.6%，在逐年增加。1983 年至 1989 年間國民黨與民進黨在此類型的支持者，有 7.1%的變動。

　　取向自由民主文化類型者有較多支持民進黨的趨勢。在支持國民黨部分，1983 年爲 66.%，1986 年爲 62.%，1989 年爲 63.4；在支持民進黨部分，1983 年爲 33.8%，1986 年爲 37.1%，1989 年爲 36.6%。1983 年至 1989 年間，國民黨與民進黨在此類型的支持者亦有部分變動 (2.8%)。

表四　　政治文化與政黨支持

		1983 年		1986 年		1989 年	
		n	%	n	%	n	%
傳統的極權	國民黨	270	90.3	118	99.2	93	89.4
政治文化	民進黨	29	9.7	1	0.8	11	10.6
現代的威權	國民黨	571	83.5	124	83.0	401	76.4
政治文化	民進黨	113	16.5	124	23.6	94	17.0
自由民主的	國民黨	96	66.2	180	62.9	118	63.4
政治文化	民進黨	49	33.8	106	37.1	68	36.6

　　我們如控制省籍，再看不同類型的政治文化者，在政黨選擇上有無差異。從表五、六中我們可以看出在本省籍方面，三次調查顯示，不同政治文化類型者的政黨選擇，皆呈明顯差異(1983: χ^2=73.776, p<.015; 1986: χ^2=133.144, p<.001; 1989: χ^2=87.664, p<.001)。本省籍且屬於傳統極權政治文化類型者，在政黨選擇上，支持國民黨者，在 1983 年爲 86.9%，1986 年爲 99%，1989 年爲 86.7%；支持民進黨者，1983 年爲 13.1%，1986 年爲 1%，1989 年爲 13.3%。可見絕大部分支持國民黨籍候選人，而 1983 年至 1989 年的變動率，只有 0.2%。

表五　本省籍：政治文化的政黨支持

		1983 年		1986 年		1989 年	
		n	%	n	%	n	%
傳統極權	國民黨	166	86.9	97	99.0	72	86.7
政治文化	民進黨	25	13.1	1	1.0	11	13.3
現代威權	國民黨	468	80.7	379	80.0	325	72.9
政治文化	民進黨	112	19.3	94	19.9	121	27.1
自由民主	國民黨	73	60.3	142	59.2	86	56.6
政治文化	民進黨	48	39.7	98	40.8	66	43.4

表六　外省籍：政治文化的政黨支持

		1983 年		1986 年		1989 年	
		n	%	N	%	n	%
傳統極權	國民黨	74	100	21	100	21	100
政治文化	民進黨	0	0.0	0	0.0	0	0.0
現代威權	國民黨	28	93.3	38	82.6	32	94.1
政治文化	民進黨	2	6.7	7	17.4	2	5.9
自由民主	國民黨	0	0.0	0	0.0	0	0.0
政治文化	民進黨	0	0.0	0	0.0	0	0.0

　　本省籍且屬於現代威權政治文化類型者，在政黨選擇上，支持國民黨籍者，在 1983 年為 80.7%，1986 年為 80.1%，1989 年為 72.9%。雖然大部分屬此類型者也是選擇支持國民黨，但 1983 年至 1989 年間有較大的變動率，支持民進黨籍者增加 7.8%。

　　本省籍且屬於民主政治文化類型的選民，在政黨選擇上，支持國民黨者，在 1983 年為 60.3%，1986 年為 59.2%，1989 年再降為 56.6%；在支持民進黨方面，在 1983 年為 39.7%，1986 年為 40.8%，1989 年再增為 43.4%。民進黨從 1983 年至 1989 年增長 3.7%，與國民黨近平

分秋色。

在外省籍方面，在三次調查中，不同政治文化類型者對政黨的選擇，除 1986 年外，1983 年及 1989 年皆未呈顯著差異(1983: χ^2=30.02, p>.05; 1986: χ^2=82.873, p<.001; 1989: χ^2=38.884, p>.05)。外省籍者甚少支持民進黨籍候選人，如在外省籍且屬於傳統的極權政治文化類型者，在三次調查中，從無支持民進黨籍者。另外屬於現代的威權政治文化類型者，支持民進黨的比例最高，也不過 3.8%。屬於自由民主文化類型者，支持民進黨的比例，除 1986 年達 17.4%外，其餘兩年幾乎只到 6%。

六、結 論

由以上的研究中發現，在臺灣民主轉型的過程中，分別出現幾項有利與不利於未來民主鞏固的政治文化因素。

首先，在不利於民主鞏固的政治文化因素方面，我們發現現代威權主義的政治文化仍然是臺灣的主流文化。雖然民眾對主權與制衡權較有正面的取向，但對個人與社會的自由權，則負面的取向則較高。這顯示臺灣集體主義式的民主的概念與西方值基於個人主義式的民主觀念仍有不同。再者，現代威權主義者較支持國民黨，會使得執政黨內部對民主改革的內容與速度產生歧見，進而增加民主改革的阻力。

在有利於民主鞏固的政治文化因素方面。民主政治文化穩定的成長及上升的趨勢清楚可見。加上教育因素是形成民主政治文化因素最重要的因素，而隨著教育程度不斷的提高，我們可以合理地推測自由民主的政治文化終將取代現代威權的政治文化，進而影響未來臺灣的政治變遷。 （本文由作者與張佑宗先生合作完成。）

參考文獻

胡佛，1988，〈臺灣地區民眾對政治參與的態度：系統權力功能的權力價值取向〉，《中央研究院民族學研究所專刊乙種之 20》，頁 327-54。

胡佛，1989，〈民主政治的迷思與實踐—促進中國民主政治的建議〉，時報文教基金會主辦：「中國民主前途研討會」論文。

胡佛、陳德禹、朱志宏，1978，〈權力價值取向：概念架構的建構與評估〉，《臺大社會科學論叢》，27 輯，頁 327-54。

胡佛、陳德禹、徐火炎等，1986，《我國選民的選舉行為：民國七十二年增額立法委員選舉的分析》，國科會專題研究報告。

胡佛、陳德禹、林佳龍等，1989，《政治體系與選舉行為：民國七十五年增額立法委員選舉的分析》，國科會專題研究報告。

胡佛、陳德禹、張佑宗等，1991，《政治體系與選舉行為：民國七十八年增額立法委員選舉的分析》，國科會專題研究報告。

胡佛、徐火炎，1983，《結構性的政治文化：概念類型及面向探討〉，中央研究院三民主義研究所編，《第三次社會指標研討會論文集》，臺北：中研院三民主義研究所。

Almond, Gabriel A. 1983. "Communism and Political Culture Theory." *Comparative Politics* 15:127-28.

Almond, Gabriel A. and Sidney Verba. 1963. *The Civic Culture*. Princeton: Princeton University Press.

Almond, Gabriel A. and G. B. Jr. Powell. 1978. *Comparative Politics: System, Process, and Policy*. Boston: Little, Brown.

Barry, Brian. 1970. *Sociologist, Economist and Democracy*. Collier: Macmillan Press.

Beer, Samuel. 1962. "The Analysis of Political Systems." In Samuel Beer and A. Ulam (eds.) *Pattern of Government*. New York: Random House.

Booth, J. A. and M. A. Seligson. 1984. "The Political Culture of Authoritarianism in Mexico: A Reexamination." *Latin American Research Review* 19(1):106-24.

Booth, J.A. and M. A. Seligson. 1990. "Political Culture and Democratization: Evidence from Nicaragua and Costa Rica." Paper Presented at the *Conference on Structural Change in Developing Countries*. Sponsored by N. T. U. and University of Pitts.

Eckstein, Harry. 1965. *Division and Cohesion in a Democracy*. Princeton: Princeton University Press.

Eckstein, Harry. 1988. "A Culturalist Theory of Political Change." *American Journal of political Science* 82(3):789-804.

Elkins, David J. and Richard E. B. Simeon. 1979. "A Cause In Search of Its Effect, or What Does Political Culture Explain?" *Comparative Politics* 11:127-45.

Fagen, Richard. 1969. *The Transformation of Political Culture in Cuba*. Stanford: Stanford University Press.

Flanagan, Scott C. 1980. "Value Cleavages, Economic Cleavage and the Japan Voter." *American Journal of Political Science* 24(2):177-206.

Huntington, Samuel P. 1987. "The Goals of Development." In Myron Weiner and S. P. Huntington (eds.) *Understanding Political Development*. MA: Little, Brown, pp.3-32.

Inglehart, Ronald. 1977. *The Silent Revolution: Changing Values and*

Political Styles Among Western Publics. Princeton: Princeton University Press.

Lijphart, A. 1979. "Religious vs. Linguistic vs. Class Voting: The Crucial Experiment of Comparing Belgium, Canada, South Africa, and Switzerland." *American Political Science Review* 73:442-58.

Lijphart, A. 1980. "The Structure of Inference." In G. A. Almond and S. Verba (eds.) *The Civic Culture Revisited.* Boston, MA: Little, Brown.

Lipset, Seymour Martin and Stein Rokkan. 1967. "Cleavage Structure, Party System, and voter Alignment." Reprinted in Seymour Martin Lipset, *Consensus and Conflict: Essays in Political Sociology.* New York: Transactions Books, pp. 113-85.

Moore, Barrington, Jr. 1966. *Social Origins of Dictatorship and Democracy: Lord and Peasant in the Making of the Modern World.* Boston: Beacan Press.

Pateman, Carole. 1980. " The Civic Culture: A Philosophic Critique." In G. A. Almond and S. Verba (eds.) *The Civic Culture Revisited.* Boston, MA: Little, Brown.

Patrick, Glenda M. 1984. "Political Culture." In G. Sartori (ed.) *Social Science Concepts: A System Analysis.* Beverly Hills, CA: Sage.

Rogowski, Ronald. 1974. *Rational Legitimacy.* Princeton: Princeton University Press.

Rosenbaum, Walter A. 1975. *Political Culture.* New York: Praeger.

Tiano, Susan. 1986. "Authoritarianism and political Culture in Argentina and Chile in the Mid-1960s." *Latin American Research Review* 21(1).

Verba, Sidney. 1965. "Conclusion: Comparative Political Culture." In Lucian W. Pye and Sidney Verba (eds.) *Political Culture and Political*

Development. Princeton: Princeton University Press.

政治生活的文化

一、政治生活與政治體系

　　政治文化是支配政治生活的主要因素，也可說是政治生活的基本原則，而政治生活則是政治體系內進行的。因之，我們要探討政治文化，就必須先對政治生活與政治體系有一瞭解。

　　人類的生活是群體的，群體的生活則不能不是政治的。政治學者甚至強調：如有天堂，天堂的生活不能無政治；如有地獄，地獄的生活也不能無政治。這樣的看法當然是廣義的，但其中卻有一中心的概念，即：權力(power)(Dahl 1963)。換句話說，政治就是一種權力的關係與脈絡；所謂政治生活實際就是權力關係的生活。那麼，權力的意涵又是什麼呢？大致說來，權力是指某一種「能力」(ability)，內含對某種對象所能產生的作用。由於作用，則建立「關係」(relationship)。所以權力是一種關係的作用。在群體的生活中，權力爲「關係人」所持有、接受及運作，所產生的作用則是某人的能力改變他人的行爲，或不爲他人所改變。假如這種權力的關係爲群體所接受及確認，亦即被視爲「正當」(legitimate)，即具有「象徵性」(symbolic)，而不再是力的本質的「實力」(force)（胡佛、徐火炎 1983）。所謂象徵性是一

種代表的意義，並非力的本質的意義。至於所產生的作用是來自代表的價值，而非力的本身所固有的價值。我們現以錢幣做比，錢幣的價值即來自象徵的代表性，而非金屬或紙張的本身。由此我們可進一步推論，一旦錢幣欠缺正當性，象徵的代表價值即消失，結果是：不僅貨幣體制無法維持，社群的經濟生活也會陷入混亂。同樣地，一旦權力欠缺正當性，不能發揮象徵的代表作用，權力的規範結構非但不能維繫，也將嚴重影響社群政治生活的秩序與安定。在這樣的情況下，很可能出現實力對抗的局面。我們由上述的討論可知，權力關係的正當性與社群的政治生活真是息息相關。正當性在性質上原是一種「信念」(belief)，也可以看成一種價值觀念。這種心理上的價值體系，如為絕大多數的社群成員所共有，即構成所謂的政治文化，發生支配行為的作用。

我們在上面強調群體的生活不能無政治，我們也可反過來說，政治生活不能離開群體。據這一意義，經營政治生活的社群乃成為政治體系(political system)。一般說來，人類生活所需的資源，無論是自然的或社會的，皆是有限的。因之，有關資源的分配，在社群成員需求價值的追求下，就會出現競合，甚至衝突的情況。解決之道，就是要建立一套政治的規範，亦即結構，而在結構的基礎上，建立所謂的權威機構，對社群成員的需求價值，做權威性的分配決定，並加以執行。成員需求的提出及分配的接納，皆發生權力的作用。權威機構在各種需求下，做分配的決定與執行，更是權力作用的發揮（胡佛、陳德禹、朱志宏 1978）。在這些交錯的權力作用中，權威機構的決定與執行，具有最高的拘束力。權威的意義實即在此。當然，權威機構的分配會影響到成員需求價值的是否滿足，並進而再影響成員需求價值的提出。這使得從提出，經決定的轉變以達分配的過程，具有連環性。上述的價值分配，可以為經濟的，也可以為社會的、文化的等等，但皆是由

群體的成員在權力規範的結構脈絡上，進行持續而規則性的交互影響。這一過程的政治生活，對社群的整體生活來說，既是必須的，也是無法分割的，而社群在經營如此過程的政治生活時，就不能不成為政治體系(Easton 1953, 1965)。

　　但政治體系中的社群成員對需求價值的提出究具有多大的權力？對分配的接納所具的權力又如何？還有，權威機構的權力究具多大的範圍？這些皆相當程度地取決於政治文化，而影響到政治體系的性質。

二、權力結構的政治文化

　　我們在前面曾指出權力結構是一脈絡，這種脈絡不僅是平面的，也是立體的。不過，就規範價值分配的運作功能看，我們可分劃出四類基本的規範（胡佛、陳德禹、朱志宏　1978:13-18）：

　　1.成員所據的權力地位。這是指成員與成員之間，在體系的運作過程中，無論於需求的提出、分配的接納，以及對權威機構的干預，究處於怎樣的地位。我們可用數項常見的指標加以說明。

　　(1)性別：是否因男、女性別的差異，而在權力的規範上也有所差別呢？在我國傳統的制度與價值的取向，男性是優於女性的，此在以國家為範圍的體系，直到以家庭為範圍的體系，皆是如此。大致說來，女性的地位從屬於男性，比較欠獨立性。以國家看，只有男性可以應科舉及參政，並因此取得社會地位，而女性既無權應科舉試，更不能接受官位，社會地位乃連帶低落。再看家庭，也是男權優越，所謂男先女後，可說明權力地位的差異。現代的政治體系則較傳統注重性別的平等，不做人為的機械劃分，再施以差別的待遇。我們現時的國家、家庭及其他社會團體，無論在制度及觀念上，已趨向男女平等。

　　(2)年齡：在我國傳統的制度與文化，不僅男、女有別，而且長、

幼有序；也就是年長者相對地較年幼者享有優先的請求權、受益權及決定權等。這在家庭的權力關係規範中，尤其明確。家庭內長幼的先後規範延伸到其他社群及國家，而有前輩與後輩之別。延伸後的輩份排比不一定嚴格地按年齡的大小，但迴溯到本源仍具長幼之序的實質或象徵性的代表意義。我們現時的觀念並未盡去，但已較過去逐漸淡化。

(3)知識：知識程度高低的差別是否影響到權力關係的規範？在我國傳統的國家體系是非常明確的。科舉不僅是對知識水準的衡量，也是決定權力差異的標準。考科舉及服官是從政，亦即取得權力的正途，否則乃成為白丁，在政治的影響力上，就小得多了。我國目前的情況是：公職候選人仍須教育的背景，這很明顯地受到傳統的影響。但一般民眾皆有選舉權，不受知識與教育背景的限制。上面所述知識在國家權力規範上所造成的差異，在家庭似不顯著。不過，值得我們注意的是：我國家庭特別重視教育，很可能與重視權力的傳統有關。

(4)職業：我國傳統的職業是具有階層性的，大致分劃為士、農、工、商。這樣的階層分劃，不僅是社會的，更是政治的，因關係到權力的高低。職業的權力階層也對家庭發生影響，所謂「改換門楣」，即是其例。我國現時社會快速流動，權力階層的分劃，已不若過去的僵固與明顯了。

(5)家世：我國傳統的政治體系很注重家世與門第。官宦之家，每享有政治及社會上的特權，也就是在國家及其他社群中具有較高的權力地位。至於皇室享有最高的特權，更是視為當然。我國自推翻專制政體後，家世與門第的特權至少已不見於權力的規範中了。

以上所舉的數項指標，大致可以解說我國權力結構中，對權力地位所做的規範。西方國家尚有種族及宗教等問題，但在我國並不存在，無需多論。權力地位的規範可用各種指標觀察，但我們必須特別指出

的是：這些指標皆集中在一個問題，即應否平權(equalitarianism)。

2.權威機構的權力來源。政治體系的權威機構，根據多種需求進行分配，並加以執行，這當然要具備特殊的約束權力或權威，原是不成問題的。我們現在所注視的也不在此，而在這種權威究來自何處，因來源的問題牽涉到權威的絕對或相對。

在我國的傳統觀念，權威機構的權威則是上接天意，相當具有神權的色彩。我們可以看家庭，父子的關係不僅是血緣的，且是天意的，所以父權是最高而絕對的。再看國家，皇帝是天子，皇權乃成為至高無上，絕對專擅。上述關係，易經的序掛已說得很清楚：「有天地，然後有萬物；有男女，然後有夫婦；有夫婦，然後有父子；有父子，然後有君臣；有君臣，然後有上下；有上下，然後禮義有所措。」這種天道的秩序觀，建立了君君、臣臣、父父、子子的「上下」權力規範，所謂「君要臣死，不得不死；父要子亡，不得不亡」的絕對價值取向，也源此而生。我們由此可知，我國傳統的權力結構是絕對專制的。在下的子或臣對在上的父或君的權威，要絕對尊重及服從，縱使父或君的決定或執行並不是妥當的。

現代的權威觀念則強調相對的關係，注重以個人為中心的人道或人權的精神，縱在家庭，父母也應相對地尊重子女的獨立人格與決定，特別是已成年的子女。至於國家，統治者或權威機構的權力則來自人民的授與及委託；人民才是主權的擁有者，且可隨時行使，作民權的控制。所謂參政權，如選舉、罷免、創制、複決等，皆可視為主權行使的方式。

我國現時有關權威的規範，已由傳統轉向現代。這一問題的中心觀念則在應否自立或自主(sovereignty)。

3.權威機構的權力範圍。這是指政治體系的權威機構在權力行使上應否劃有界限。反過來看，也就是體系的成員應否保有某些權限，

不受權威機構的影響。這一關係的中心觀念是自由(liberalism)與否的問題。

　　就我國傳統的政治體系觀察，不僅在下的需絕對遵從在上的權威者，而且相當缺乏自身所保有的自由。這也就是說，權威機構在權力的行使上，不需具有界限的規範。如家庭的父權既是至高無上，也是無所不在的；國家的皇權更是如此。面對父親或皇權，子女或臣民並無不受干涉的私生活可言。

　　現代以個人為中心的人權觀念，則強調個人的自由權，包括人身、言論，以及集會與結社的自由等。我國在自由的規範方面，正值轉型的階段。一般說來，成年的子女無論於婚姻及就業皆較前自由；民眾的各項基本自由已明訂於憲法，但在價值觀念的共識與共信上，仍待加強，因我們對他人的自由相對地缺乏尊重，且相當倚賴政府的權能，也就是相對地在自治的觀念上，尚嫌薄弱。

　　4.權威機構權力的分配。這是指權威機構在需求價值的決定與執行過程中，內部的權力究應如何加以分配，中心的觀念在集中(concentration)或分立(separation)，此在國家乃成為制衡及分權的問題。

　　我們在前面曾說：我國傳統家庭的父權及政府的皇權是絕對的，不受限制的。現再看另一面，也是相當集中的。換句話說，在權力行使的規範上，既是唯我獨尊，無左右（橫的）的共享與相互的牽制，且是一以貫之，無上下（縱的）的阻隔與層級的分權。家庭內的所謂「女主內，男主外」，不過是分工，並非分權。亦即夫婦不能聯合共享決定權，妻對夫的決定無權加以否決。大家庭中的子媳雖可分擔家務，但也缺乏獨自處理，不受干預的權限。至於國家，在皇權之下，政府權力的行使雖有縱、橫的分工，但皆非分權。

　　現代的觀念則在某種程度上，重視權力的分立，以避免專斷。特別在國家的政府體系，一方面具有橫的制衡（如立法、行政、司法等

三權的分立與制衡），一方面也具有縱的分權（如聯邦制度與地方自治等）。我國的現行憲法即明訂五權分立及省、縣的自治。再看家庭的權力規範，在分工的範圍內，已有分權的趨向。獨立的小家庭也日漸增多。

以上我們將政治體系的權力結構，分割為四類基本的規範。這些規範可在有形的典章制度上，以及在無形的價值信念上，構成我們的政治文化(Almond and Verba 1965)。我們在前面的討論即綜合此二者，現須再做二點說明：(1)在社會變遷及政治變革的時代，形式的典章、制度與實質的價值信念，往往發生差距。因之，政治學者對政治文化的探討多著重在心理上的價值信念，而以大多數人的共同取向，作為文化構成的標準。(2)我國近百年來的政治劇變，已使得傳統的政治文化產生實質的變化。嚴格說來，我們正處在轉型的階段（胡佛 1982；胡佛、徐火炎 1983）。

三、政治文化的學習

我們在前面曾經強調，政治文化的正當信念具有象徵的意義，權力規範才能因此發生作用，社群政治生活的秩序也才能因此得以維持。我們由此可知，政治生活的安定有賴政治文化，而政治文化的能否持續，則又有賴文化的學習。這一學習實際是價值信念的內化過程，主要在使成員遵行權力規範，安適地擔任社群中的角色，所以我們乃稱政治文化的學習為政治社會化(political socialization)的過程(Hyman 1959; Wilson 1970)。

權力價值信念的學習，當然始於家庭。嬰兒開始成長時，即不斷在父母的撫育之下，接受呵護與權威。父母早期的撫育過程往往使權威寓於呵護，形成一種複合的關係，而最易發生接受的效果，成為基

本人格的一環。兒童逐漸具有理解力後，才能學習社群角色的權力規範；最早仍然在家庭，稍後則在小學、中學，以至於大學。師長、同學、歷史人物常爲學習的對象。除此，同輩的團體、大眾媒體的言論與報導，也皆具有學習的功能。在離開學校以後，縱然年事日增，自身所屬的各種職業及社會團體，也皆可成爲學習的場所。

一般說來，早年家庭的學習最爲根本，也最具持久的功效。但所學習的內涵則少能越出家庭權力規範的範圍。至於對國家體系政治規範的學習則大致始於小學，而完成於初中。不過，在政治情勢不斷變遷的國家，如我國，大學往往成爲相當重要的政治社會化場所，且可能造成大學生對權力價值信念的改變（胡佛 1979）。這種改變當然往後會波及到對家庭及其他社群權力規範的信念。

政治文化在社群中所具的正當性，使行爲規範能得一象徵性的學習標準。這就是政治文化所構成的環境，而與所謂的社會政治化息息相關。

四、結　語

政治生活是群體的，但表現在各種權力關係，並在政治體系中進行。這些權力關係可以根據政治系統對成員需求價值的決定及執行過程，分成：(1)成員相互之間的；(2)成員與權威機構或權威當局之間的，此又可再分爲二，即有關權威的來源，以及有關權威的程度及範圍的；(3)權威機構內部或權威當局之間的。以上的三種關係，實際則形成四類基本的權力規範，中心的問題則環繞在平等、自主、自由及分權等價值觀。權力關係的結構性政治文化也就是由此四種價值信念所構成。大致說來，在我國傳統的社會，包括以家庭及國家爲範圍的政治體系，上述四種價值信念都爲負面的趨向。現則轉向於正面，但仍在轉型過

渡的階段(Pye 1968)。權力價值的學習起於幼年,所以我們並不缺乏對正當權威的尊重與接納,但如何在這一根本信念的基礎上,將四種價值信念更向正面推動,超越過渡的階段,則有賴政治社會化的運作,而家庭及學校教育實爲其中重點之所在。 (原載:《社會變遷中的幼兒教育》,豐泰文化基金會出版,1987,頁 31-39。)

參考文獻

胡佛，1979，〈我國大學生對民主的態度：三系學生的研析〉，載：
　　楊國樞、葉啓政編：《當前臺灣社會問題》，臺北，巨流圖書
　　公司，頁 111-133。

胡佛，1982，〈有權與無權：政治價值取向的探討〉，《中央研究院
　　民族學研究所專刊》，乙種之 10，頁 381-416。

胡佛、徐火炎，1983，〈結構性的政治文化：概念、類型及面向的探
　　討〉，《第三次社會指標研討會論文集》，中央研究院三民主
　　義研究所，臺北，頁 47-85。

胡佛、陳德禹、朱志宏，1978，〈權力的價值取向：概念架構的建構
　　與評估〉，《社會科學論叢》，國立臺灣大學法學院印行，27
　　輯，頁 3-38。

Almond, Gabriel A. and Sidney Verba. 1965. *The Civic Culture*. Boston:
　　Little, Brown.

Dahl, Robert A. 1963. *Modern Political Analysis*. Englewood Cliffs, New
　　Jersey: Prentice-Hall.

Easton, David. 1953. *The Political System*. New York: Knopf.

Easton, David. 1965. *A Framework for Political System*. Englewood Cliffs,
　　New Jersey: Prentice-Hall.

Hyman, Herbert H. 1959. *Political Socialization*. New York: Free Press.

Pye, Lucian W. 1968. *The Spirit of Chinese Politics: A Psychocultural Study
　　of Authority Crisis in Political Development*. Cambridge, Mass.:
　　M.I.T. Press.

Wilson, Richard W. 1970. *Learning to be Chinese: The Political Socialization of Children in Taiwan.* Cambridge, Mass.: M.I.T. Press.

論我國傳統文化與政治

一、文化的觀點

在未談到我國傳統文化與政治之前，不妨先講兩則故事。

第一個故事，實際上是我國流行的一則笑話。說是一個吝嗇的主人帶了一個僕從外出，在暮色蒼茫中，途經一所小店，就一同進去，吃了一碗麵，作爲晚餐。僕人見主人在座，當然聽由主人付錢。餐後重又趕路，僕人打了一個燈籠，走在主人的前面照路，主人卻發怒說：「你走在前面，我且不變成你的跟班了？」僕人趕忙退到後面，主人又發怒說：「你走在後面，且不是要我替你開路？」僕人一看不對，祇得跨步上前與主人並列而行，但主人還是發怒說：「你怎可與我並肩偕行？」僕人逼得無法，祇得大著膽子問主人：「走在前不是，走在後不是，並走也不是，倒底怎樣走呢？」主人回答說：「祇要你將剛才吃的那碗麵錢還我，愛怎樣走，就怎麼走。」由此可知，主人的強詞奪理，不過是借題發揮，心中另有其他的原因在。我們從這個風趣的故事中也可發覺，對一個行爲的觀察，必須要注意到內在的價值觀念，情感與認知等，也就是要注意到人格。所謂國民性與「文化模式」(patterns of culture)，不過是眾趨人格(modal personality)的投射與

274 政治學的科學探究（二）：政治文化與政治生活

表現而已。

　　另一則故事就是有關國民性與文化模式方面的。這是我國一位文化人類學者所親自觀察到的實例（李亦園　1966:39）。馬來亞南部柔佛州的馬來(Malays)農民，大多居住在交通不便的山區，以植膠爲生，但所植的膠種產量低落，且所用的割膠及運輸方法皆相當原始傳統，所以生活水準甚低，疾病、貧困成爲普遍的現象。1957 年馬來亞獨立後，政府乃協助膠農改植高產量的膠樹，並開闢公路，改進運輸系統及方法，以發展農村經濟。但等到新樹出膠後，農村經濟並未如預期的改善，且農民生活更形困苦。經過社會學家及人類學家的調查後發現，農民的收入，確較前增多，不過農民並未把增多的收入再作生產，反而全部花到娛樂方面。馬來文化的傳統以享樂爲人生最高境界，現在公路暢通，行動方便，且收入也較前增多，爲什麼不多進城看戲，玩樂呢？爲什麼要把錢存明天而讓今天受苦呢？這種國民性與文化傳統，直接作用到政治上，使得政府的政策受到挫敗。

　　說到這裏，就得先反顧一下我們所置身的社會。社會不僅是人的結合，更要緊的是人與人之間行爲的結合。行爲的結合，才能使社會的「組織」發生作用，產生「功能」，否則社會本身就失去了存在的條件與意義。美國的著名社會學者 Talcott Parsons(1951)曾用社會系統(social system)的觀念，加以解釋。他認爲人群相互間，各以「價值」(value)觀念及行爲規範(norms)爲取向，從事規律性的互動(patterned interaction)，且在某種範圍內(boundaries)具持續性(persistent)而維持一種平衡(equilibrium)的狀態，即構成社會系統。很明顯地，Parsons 的社會系統是建立在人群的價值觀念與規範性的行爲之上，也可以說是建立在文化模式之上。社會的文化固來自人的創造，但也籠罩人的社會生活。所以文化傳統愈是深厚的社會，人的生活也愈受傳統文化的影響。人不僅是生物人，也是社會人與文化人，且文化律常常勝於生

物律。

　　政治不過是社會行為的一種，政治系統(political system)也不過是社會系統內的一個次系統(subsystem)，主要的功能在為社會系統作權威性的決策。所以政治不能不為社會文化的一環，也不能不受社會文化的影響。要探究一個社會的種種政治現象，當然也不能不從文化的觀點出發。美國的著名政治學者 Gabriel A. Almond 即首創「政治文化」(political culture)一詞，主張用政治文化的觀點來說明政府行為的產生、變遷與趨向。他說：「每一個政治系統皆存於對政治行動的一種特別取向的模式中」(1956:396)。這種對政治行動的特別取向模式，就是政治文化。也可以說政治文化是認知，情感及價值觀念所交織而成的一種信念體系，所有的政治活動植根在其中，也運行在其中。

二、民主與專制的分野

　　近百年來，國人覺悟到文化重估與調整的問題，是受西方文化衝擊而來的。因衝擊而比較，從比較而內省，由內省而重行估價並作適度的調整，以適應社會的現代化及國際化的要求，原是人類社會向前邁進所不可避免的步驟。但中國的社會與文化在自我的體系中，自足了二千多年，一旦在外人的洋槍大砲下，被迫對外開放，被迫作重估與調整的工作，這就難免出於被動，在過程上也就顯得迂迴曲折，且纏夾著民族情感，尤其是自尊的成份。民族的自尊存於民族在各方面的成就，而不在自尊一念的本身。要重估及調整中國的傳統文化，用意即在增進民族更大的自尊與更大的成就，雖說在過程中，或有傷民族的情感處，但也不得不為。

　　中國有家庭，有社會團體，有國家與政府，西方國家也是一樣，但維繫其中的文化與社會規範，中西卻不盡相同。這些不同反映到政

治上，就形成政治文化與系統的有別。且舉一例，中國特別注重人與人之間的親疏關係，也就是情的關係，所以在這方面的稱謂既多且嚴。在用字方面，不但哥、弟有別，姊、妹有分，且伯、叔、姑、表，皆代表著特定的親疏關係。英文除父、母用不同的字以外，兄與弟、姊與妹、伯與叔、姑與表，皆各共用一字。親疏關係的注意，必然強調倫理的社會，所謂禮教，就是建立在倫理的基礎上的。反過來看，西方人特別注重人與人之間的權利與義務關係，也就是法的關係，所以在這方面的名詞也多而嚴，甚至使得中文無適當的字可以翻譯。譯了以後，也難明就裡。民法中「禁治產」一詞，就是讀過法律系的也必得「學而時習之」，不然仍會記憶模糊。至於中國字的法，在英文有 law, rule, act, statute, equity 等等，皆各有特定的意義，決非用「法」或「法律」等少數文字，所能說得清楚的。注重權利與義務的關係，當然強調法治。法治與倫理的精神不同，用到政治上，就顯現出民主與專制的分野了。

以親疏關係及倫理文化為中心的中國傳統社會，實是一種「家庭化」的擴大與投射。這對中國政治系統的維持與發展，有著密切的關係，值得作進一步的觀察。

中國的傳統家庭是情與義的發源地。所謂父慈、子孝、兄友、弟恭等倫理的觀念與規範，就是以最內最親的家庭為中心，然後一波一波地向外推延，而淡化在最疏最外的層次。中國人對親長的朋友，稱伯、叔，對平輩的朋友呼弟兄，最高的境界是「四海之內皆兄弟也。」不管在怎樣的場合，祇要「關係不外」，情即包含其中，一切皆可有個照顧，也好有個商量。在政治上，縣官是父母官，要愛民如子。最高的皇帝是所有臣工百姓的君父，要以仁慈治天下。外國是「兄弟之邦」，當然也要講講情義。

「家庭化」被概化到政治上以後，權威的文化與關係出現。中國

傳統的家庭原是權威式的，在父權、男權的主軸上，小輩應絕對服從長輩，否則是不孝。「父要子亡，不得不亡」，是無須置疑的。在家庭中養成權威人格後，據美國心理學家 T. W. Adorno 等人(1950)的觀察，就易於接受權威，倚賴權威及強調權威；另一方面，因欠缺創造力，也易於抱殘守闕，沿襲舊規而厭惡變動。權威的文化來自權威的人格，於是在家庭權威式的基礎上，產生「君要臣死，不得不死」，「忠臣必出於孝子之家」及「移孝作忠」等觀念，家庭的權威很自然地被置於國家的權威之下。這樣一來，獨夫的帝王乃由上層層控制而下，眾多的子民反由下層層順從而上，形成極不平等的專制政治系統。正如父權來自祖宗，專制的君權則來自上天，「天子」的權威是不能懷疑與搖撼的。在權威的政治文化支持下，我國傳統的專制政治系統有相當程度的穩定性，一直維持了二千餘年。但在這段漫長的歲月中，也連帶產生不了平等的觀念，民權的思想與民主的制度。

三、政治系統與文化類型

政治系統的功能，簡單地說，起於「投入」(input)，經過「轉變」(conversion)而發生「產出」(output)。我國的傳統政治文化，既不著重平等的民權，一般人民也就不知以國家主人翁的身份，「投入」政治系統，主動提出政治方面的要求，甚至直接參與政策的決定，反而安於被統治者的地位，祇望政治系統「產出」一個好的政策。在缺乏「投入」的觀念下，我國傳統的政治制度，從無民選的議會來表達人民的需要，也從無民選的官員直接為民服務。「學而優則仕」的知識份子，祇是皇帝腳下的御用官員，並非人民的代表。統治階層所以還要施行「仁政」，不過是對於子民的同情，或在自我實現仁的道德，也並非有懍於「公僕」的責任，去盡服務的義務。Almond(1963)將政治文化

大別爲三型，認爲既不重投入，也不重產出的，是部落性的(parochial)；不重投入，僅重產出的，是子民性的(subject)；既重投入，又重產出的，是參與性的(participant)。我國傳統的政治文化，只能歸入子民性的，而不能進入參與性的，亦即民主性的。

與參與性的政治文化相較，臣屬性的政治文化既不注重投入的功能，於是公民欠缺參與政治活動的慾望與興趣，對自身的政治能力及政府能成功施政及決策的能力，也缺乏信心，常抱著懷疑的態度。一般人民見官低一等，一面因盼望出一個真命天子來施行仁政，一面也怕驚擾官府，抱著「保持距離，以策安全」的態度。在臣屬政治文化下，政治疏離感(alienation)已在不知不覺中埋下了種子。

近數十年來，我國雖引進了不少西方的民主制度，但參與的文化卻未被熱烈地接受，終於弄得表面形似，實質仍非。在基本上，子民文化的特徵隱約可見，如果檢視一下，不禁會令人疑問：在今日有多少人因有政治上的自信，而對政治發生興趣，或覺得政治活動是十分清高？又有多少人不將政治的效能解釋成權威、紀律、服從的產物，而去連接上民主管理的概念？

四、權威的政治文化

如上所述，權威的政治文化，易於使人接受、倚賴及強調權威；子民的政治文化又易於使人不作民主式的參與，助長權威文化的聲勢，也暗伏政治疏離的心態。在另一方面，中國人的隨遇而安，逆來順受，與世無爭，不管閒事等等的和平性格，更進一步地造成了對政治權威的容忍、退讓與疏離。綜合起來看，一個傳統政治文化下的中國人，既認爲政府的權威不可缺，忠君的思想不可無，臣民的分際不可廢，也贊成儘量對政治權威遷就與容忍，甚至想做一個葛天氏之民，「耕

田而食，掘泉而飲，帝力於我何有哉！」

　　中國人的這種和平性格，是對外在環境加以適應的一種特殊態度，且被視爲高尙的道德。大自然在中國人的眼中是和諧的、均衡的及永恆的。人來自天地，也要還諸天地，一切要融和自然，配合自然。「天人合一」與「物我兩忘」的境界是人人所嚮往的。「采菊東籬下，悠然見南山，山氣日益高，飛鳥相與還，此中有真意，欲辨已忘言」。人生在自然的欣賞中，終於逐漸淡化。這不僅是陶淵明的詩，也是一般人內心所嚮往的生活。

　　一切順乎自然，融和自然，就難克服自然，且會養成樂天知命的宿命論。用到社會與政治上，順受、容忍、無爭的觀念，不召自來。運行在這樣政治文化中的政治系統，雖更易維持，但更難變動。自然而和順的文化是藝術的，是「不求甚解」的，我國的政治思想與制度在另一方面，也就不如西方來得縝密而精細。表現在政治的發展上，是：非不得已，得過且過，充滿著空疏的色彩。一個特立獨行之士，很難爲社會接受，甚至故加歪曲而予排斥。

　　現代化的社會是科學知識爆炸的社會，是控制與操縱自然以爲我用的社會，是肯定個人價值與成就的社會。在政治上則是力求適應社會的變遷，而不是「以不變應萬變」。

　　政治上的疏離感和空疏不切實的態度，恐怕也是阻擋政治現代化的主要因素之一。

五、官僚體系與知識份子

　　進入到專制的政治系統，推進「轉變」的功能，以制定或執行政策的知識份子，構成系統內權威式的層級官僚體系。

　　這一些知識份子雖來自社會，但不是人民所推選的代表。他們主

觀地判斷人民的福利，卻並非遵行人民自身對福利的要求。帝王是他們的君父，人民又是他們的子民。至於君父與子民之間，他們將「修身、齊家」與「治國、平天下」的觀念，在實際上相連結。於是經過家庭化了的傳統政治文化，在他們的身上發生主要的作用。

中國的傳統政治體系，同家庭一樣，也是十分重情的，至少要情、理、法三者兼顧。情既放在第一位，往往因為徇情而不能冷靜地講理與嚴格地執法。在機關內，忙著做人比忙著做事，還要重要。人事關係且有時會衝破法的規定，不能等閒忽視。譬加在辦事時有著不外的人情關係，常會以法遷就情，使得一切順適。反過來看，若對毫無人情關係的外人，就會特別冷峻，缺乏服務心。西方文化，比較注重平等、博愛，強調權利與義務之間的關係，所以在政治上，一面注重公德心與服務心，一面尊重法的效力至上，祇有在法的允許下，才有情可見。

既非出於人民的推選，也非全由政府所隨心任命，中國傳統政治系統中的官員是來自考試的選拔。考試的主要內容是儒家的學術，所以中國傳統知識份子的讀書，並不一定是為了求知，而是為了獵取功名，謀求政治上權威的地位。十載寒窗不過是為了提名金榜，白屋中的老書生反多是科場蹭蹬的失意客。功名二字實是中國傳統知識份子的重要取向之一。等到功名有成後，固然仍可堅守儒家「內聖」「外王」的一套理想，但為了保持既得的地位，也不妨犧牲一下理想，以迎合專制的帝王。「中朝大官老於事」，是已將理想的稜角磨光了。

當然，傳統政治文化中的空疏與疏離感也時在這些書生官員的心理中隱現。文人的氣質，常使對政治上的瑣事抱不耐及不屑的態度，因之也不喜作認真與切實的思考。所嚮往的是優游林下，徜徉在青山綠水的大自然中。多一事，真不如少一事。

現代化的政治系統，要求決策的正確、嚴密、切實與敏捷，否則

不能因應快速發展的社會。我國傳統政治文化下的決策體系，距此要求恐尚有距離。時至今日，提高行政效能的呼聲仍不絕於耳，這是文化的調整問題，決不是在制度上能徹底解決得了的。

六、現代化的調整

現代社會至少有幾項取向上的特徵：

1.它是工業化與知識化的社會。要獲致工業的繁榮及正確的知識，「理性化」與「精確化」是必然的結果，實證主義也必然會充實自然與空疏的人生態度。

2.它是法治與民主的社會。經濟的改善、知識的爆發、理性的普及，使得主權在民的思想莫之能禦。大眾的參與是必須，社會活動頻率的增加是必然，對社會秩序的維持就要求具有明確而公平標準的法。在法外不能再適用與法衝突的其他社會規範，法有最高的效力，不但規律人民，也規律政府。

3.它是平等與福利的社會。社會的繁榮與穩定，要建築在全體人民的平等與福利之上，和平的社會主義當然會隨之而來，特權的思想終會遭到淘汰。

4.它是開放與成就的社會。在科學發達，交通便捷，傳播瞬息的情形下，不僅在國內，即在國際，人與人之間的交往大見增加，世界則在日漸縮小。不論何種形態的社會也無法完全閉固。個人地位的取得在於自身的成就(achievement)，而非依賴人情、門第、種族等特殊的及身份的關係(ascription)。人的潛能要不受束縛地自由發揮，以促進社會的流動與進步。

現代社會的趨向如此，作為制定社會政策的政治系統，當然要隨著進化。所以趨向現代化的政治系統也必然具備現代社會的相似特徵，

諸如系統內的組織是精密的，人事的升遷是依成就的，秩序的維持是法治的，政策的決定是理性的，政策的對象是全民的，以及結構的更新是民主的等等。

要步向政治系統的現代化，自須注重政治文化的現代化。以此來看我國，流行在傳統社會的一些權威、子民、重情、距離、空疏等文化，在今日還在不少人的基本人格上存在。據近十年來的實證研究，中國人的權威性格與態度仍然較強(Singh, Hwang and Thompson 1962)，求變的需要還是較弱（黃堅厚 1967），克制自己、遷就社會及溫情化的傾向則始終屹立不移（楊國樞 1972）。在這種文化基礎上，我們很難相信有了憲法，就有法治的文化；有了選舉就有民主的文化。所以一切尚待進一步的調整。調整的基本途徑是將現代化的知識與價值逐漸社會化(socialization)，教育即是其中重要的一環。所以青年人的邁向現代化，真是再重要不過了。（原載《大學雜誌》，64 期，1973，頁：22-25。）

參考文獻

李亦園，1966，《文化與行為》，臺北：商務印書館。

黃堅厚，1967，〈中國大學生在艾德華斯氏個人興趣量表七之反應〉（英文），《心理與教育》，師大教育學系。

楊國樞，1972，〈中國大學生的人生觀〉，載：《中國人的性格》，中央研究院民族學研究所，頁：257-312。

Adorno, T. W., E. Frenkel-Brunswik, D. J. Levison and R. N. Sanfard. 1950. *The Authoritarian Personality*. New York: Harper.

Almond, Gabriel A. 1956. "Comparative Political Systems." *Journal of Politics* 18:391-409.

Almond, Gabriel A. and Sidney Verba. 1963. *The Civic Culture*. Princeton: Princeton University Press.

Parsons, Talcott. 1951. *The Social System*. New York: Free Press.

Singh, P.N., S.C. Hwang and G. C. Thompson. 1962. "A Comparative Study of Selected Attitudes, Values, and Personality Characteristics of American, Chinese, and Indian Students." *Journal of Social Psychology* 57:123-32.

中國人的政治生活

一、政治生活的意義

近世以來，我們中國人的生活，無論是社會的、經濟的，以及政治的，皆歷經著極大的變遷。但有些生活上的變化是很容易看得到的，也是很少受到排拒的，像物質生活或經濟生活在衣、食、住、行等方面的改善即屬；有些生活上的改變，就不是那麼有形，可以看得很清楚，而且常會引起嚴重的爭執，其中最主要的即是政治生活。

剛才說到經濟生活的改善是很少受到排拒的，因為這些生活牽涉到生理的基本需求。人人皆要吃得飽，穿得暖，這是無可爭議，無可例外的。但政治生活就不完全一樣了。在某些人的觀念裡，不是每個人皆可經營政治生活，或是享有某種政治權力的。我國傳統的政治思想，就對女性十分歧視。即使時到今日，我們仍可聽到下面一類的論調：經濟生活已大獲改善，難道還不能滿足，非要去爭自由、搞民主不可嗎？無可諱言地，這種想法相當忽視政治生活的滿足，當然最易引起爭論，甚至導致政治上的衝突。

那麼，政治生活究竟是什麼呢？我們不妨從兩個面向來看：一是工具的，一是目的的。先看工具的，前面提到人人皆有生理上的基本

需求，除此，還有社會及心理上的各種需求。這些需求都是生活之必需，都需要加以滿足。但我們所置身的時、空環境，無論在物質及社會資源的提供上，皆有限度，不可能都像江上的清風，山間的明月一般，取之不盡，用之不竭。因而，在追求這些價值的滿足上，人與人之間不能不謀求一種價值分配的制度，於是建構政體的體系（如國家），並由體系中的權威機構（如政府），對需求價值作所謂的權威性分配，也就是分配的結果，對體系的組成份子或成員具有強制的作用。在這樣的過程中，政治生活實際就是一套權力的影響關係，此包括：體系成員相互之間的影響、成員對權威機構的影響、權威機構對成員的影響，以及權威機構相互之間的影響。很明顯地，這類交互影響的政治生活確實是過程性的及工具性的，目的在：需求價值的分配。不過，我們也必得有一了解，即：權力的影響關係在定了型以後，就成為政治生活的規範，進而對需求價值的分配，產生一定程度的支配力。我們常常可以看到在一個傳統的社會，享有某些特權的階層，總能分配到較多的需求價值。這就是因為有了權，便可掌握到分配的過程與一定的結果。

　　再從目的看，政治生活中的權力，也可直接滿足心理上自尊及自重的感受。這種自尊感及自重感雖不若生理的基本需求來得有形及急迫，但仍是一種需求，也需要相對的滿足。換句話說，權力的本身就是政治生活的目的，不必僅當成一種影響的工具。這樣看來，政治生活既是工具性的，也是目的性的，並且是互為表裡的，而成為人人所追求的對象。

　　我們從上述可知，政治生活具雙重面向，且表裡合一。這當然較僅重視物質或安定的經濟或社會生活複雜多多，而不易看清其中的底蘊。前面所提到的重視經濟生活，但忽視政治生活的論調，就很可能出自對政治生活的認識不足。不過，我們也不否認某些享有特權的既

得利益階層，藉口維護經濟及社會生活的穩定與安定，而刻意壓抑一般民眾的政治生活。不管如何，我們中國人的政治生活在近世已起了變化，那是朝著反對特權、極權與專權的大方向發展，儘管演變的歷史充滿著艱辛與苦難。本文不擬多作歷史性的敘述，祇就政治生活的概念，選擇幾項主要的生活內涵，以國家的政治體系為範疇，對傳統與現代之間的大致情況，作一概括性的探討。

二、傳統政治生活的軌跡

（一）專權的政治

我們在前面曾強調，需求價值的分配，必須經由體系內的權威機構進行，由此可見權威機構在民眾的政治生活中，居於核心的地位。從這個核心，我們首先要看看：我國的權威機構與民眾之間，究具有怎樣的權力關係。

我們都知：直到二十世紀初年清廷被推翻為止，數千年來，我國的權威機構都是專制王朝。這些王朝雖各有興衰，但具有一個共同的特質，即掌有絕對的權力。這種絕對的權力由皇帝層層節制而下，一直施加到民眾的身上。民眾是被統治者，不僅不可反抗皇權，也不容有任何懷疑。皇權是這樣的絕對，任何物質及社會的資源就無不在皇帝的宰割之下，於是「普天之下，莫非王土；率土之濱，莫非王臣。」民眾所分得的資源，不過是來自皇帝的恩賜，甚至自己的生命也是「君要臣死不得不死」的！民眾要層層推心順服而上，愈能絕對地做到，就愈忠。忠是民眾政治生活的美德，也是標準。面對如此絕對的皇權，民眾祇是一批卑微的順民，過著極為貧窮的政治生活。我們現在要問：

爲什麼我們傳統時代的民衆，不能在自尊、自重的心理需求下，追求
較爲尊嚴的政治生活呢？這個問題就值得深長思了。我們不妨這樣看：
我們的先民在有限的知識下，將政治生活與宗教的、家庭的及社會的
生活，相混相糅，不能在觀念上加以分殊化，因而無法擺脫絕對皇權
的籠罩。等到後來制度已成，規範已立，在重重的約制下，那就更難
逃跑了。

我們說政治生活混雜了宗教的觀念，而助長了絕對的皇權，主要
在我國傳統時代的民衆接受皇帝的神格，視皇權爲神權所致。這種神
權的觀念可能是來自帝王的說詞，以鞏固自己的絕對權威；也可能來
自民間對歷史的事後推理，也就是對既成的皇權所做的合理解釋；但
皆對們民衆的政治生活發生了壓抑的作用。我國帝王稱爲天子，史書
上常見帝王的出生或即位，上天會示異兆，賦與神格，以區別普通的
凡人。出現甚早的《詩經》裡記載：「天命玄鳥，降而生湯」（見：
商頌）。再如《呂氏春秋》：「凡帝王之將興也，天必先見祥乎下民。
黃帝之時，天先見大螾、大螻。」（見：「應同」篇）。帝王是龍種，
不是凡物；帝王在天上亮著紫薇星，非比凡人。這些皆是傳統時代的
民衆對帝王神權的信念：神是不可違抗的，帝王當然是至高而必須順
服的。這種具宗教神權色彩的政治文化，到了民國以後的抗戰時期，
也還未完全消失。在鄉野仍時有流傳：紫薇星暗淡，天下必然會大亂
一陣；唯有等待真命天子降世，才可見萬世太平。

我國傳統時代的民衆對絕對的皇權視爲來自天意的神權，在另一
方面，又將家庭中的父子倫理關係，投射進去，於是帝王又成爲君父；
官員是父母官，而民衆則淪爲子民。君君、臣臣、父父、子子的集體
生活觀就進一步建立了起來。這個集體是把君權的絕對連結到父權的
絕對，也就是將忠結上孝。一位最值得稱道的民衆是「忠孝兩全」。
如其間實在不能兼顧時，原則上要「移孝作忠」，因皇權是絕對的絕

對。這套君君、臣臣、父父、子子的集體生活觀，對全盤社會生活來說，即構成社會秩序的主軸。那就是由權力的上下關係，來定各人的位或「份」，以達到「定份止爭」的效果。我們祇要看一段《易經》序卦的解說，就可完全明瞭：「有天地，然後有萬物；有萬物，然後有男女；有男女，然後有夫婦；有夫婦，然後有父子；有父子，然後有君臣；有君臣，然後有上下；有上下，然後禮義有所措。」

我們從上述就可以很清晰地看出：我國民眾的傳統政治生活是蜷伏在絕對的皇權之下，個人毫無自主之可言。人人皆不過是君君、臣臣、父父、子子整體中的一個小部份，而這一個小部份的政治生活又與家庭及社會生活整合在一起，受到既是集體性的，又是整體性的生活約制。這樣性質的政治生活會呈現出若干值得我們重視的特徵：

1.權力本身就成爲一種社會價值，並且是最高的。我們中國人在過年時，常恭喜親友：「升官、發財」。官所代表的是權力，把升官放在發財之前，可見所具價值之高。實際上。做了官就易發財。因如前所述。權力地位對資源的分配即具決定性的影響力。政治權力既然是最高的價值，我國的民眾，尤其是讀書的知識分子，就大多想在皇權的絕對體制中，爭取一較高的權位。如果一朝做成了官，不僅可滿足自己的需求，而且可光宗耀祖，澤被後代。中國讀書人埋首寒窗，還不是爲了獵取功名富貴，作一個帝王所御用的文臣。這就是爲什麼人人從小就懂得讀：「天子重英豪，文章教爾曹，萬般皆下品，唯有讀書高」。我國過去的若干才子佳人的小說，都不外是讀書人文魁星高照，得中科舉，終獲佳人青睞的故事。

2.能夠寒窗十載，經由科舉，進入帝王的權力結構的，仍祇限於少數的「士」。一般農、工、商階層祇能是被統治者。所謂「勞心者治人，勞力者治於人」，實是最佳的寫照。那麼，他們除了接受統治外，還有沒有影響的權力可言呢？在我們看來，他們仍擁有一些非常

消極的權力，即：訴諸官方的同情。我們說是消極的，因他們並無自覺具有正當的權力可以積極地左右政府。訴請祇是期待，一切仍得任官方決定。當然，皇帝也必須重視「天視自我民視，天聽自我民聽」，而要時時以民眾的疾苦為念；在另一面，官員更須一本「內聖外王」的道德觀為君主分憂，為生民解厄。但這些皆是帝王及官員的自我要求，並不是民眾所可強制的。帝王直接負責的對象是天，而天意實在是莫測的。官員則是皇帝的家臣，民眾的父母官，也並非公僕。由此可知，民眾雖可訴請，但仍須碰到好皇帝、好官員才能濟事。好皇帝與好官員實際上都是可遇不可求的，民間的期待也祇好放在包公案、施公案、彭公案這類小說的青天大老爺身上了。

　　3.帝王既具神格，皇權既是絕對，皇帝一開口當然就是「金口玉言」。換句話說，皇帝本身便即是法源，但又超乎其上。再進一步看，法是用來規律他人，但不必用作自律。這樣的法治，實是人治的產物。所謂天子庶民皆要從法，如果這些法是天子定下的，也可由天子改的，那仍舊是人治罷了！管子對這樣的人治，解說得最透徹：「有生法，有守法，有法於法。夫生法者君也，守法者臣也，法於法者民也。君臣上下貴賤皆從法，此謂為大治。……故明主之所操者六：生之，殺之；富之，貧之；貴之，賤之。此六柄者，主之所操也」（見：「任法」篇）。君主生法，並操生、殺等等特權，這樣的法治不過是人治的工具而已。皇帝掌握住這種工具，並透過官僚體系層層統治而下，乃造成一特權社會。在這種社會中，權威在人，而不盡在法。管子所強調的從法，實不易達到。在實際的生活面，民眾所特別重視的則是關係。於是，走權勢者的門路，甚至相互援引接納，造成一個特權集團，進而把持社會及政治的資源，就變成常見了。

　　從上面的特徵可以看到，某些讀書的知識份子，主要的生活目的在追求權位，進入絕對皇權的統治階層，分享某種特權，而一般民眾

呢？祇是被統治的階層，政治權力很微薄，縱可對官方作些消極性的訴請，也不具太多積極的意義。在統治階層的眼中，一般民眾耕者耕、織者織，不要惹事生非，製造官方統治上的麻煩，好好做一個既敬官又孝親的良民孝子最妥。清朝某一縣衙的一副門聯就公然地說道：「勤種地，早完糧，父老有閒常課字；儉用錢，莫爭訟，鄉民無事少來城。」這些話雖是一般父母官的心態，但確實也是一般鄉民大眾政治生活的寫實。

如用現代政治學的語言說，傳統時期的一般民眾，並不是國家的主權者。對權威機構的王朝而言，他們也缺乏政權或民權的行使。他們是法令規章的接受者與支持者，而非參與制定者。他們雖可對「為民父母者」的朝廷做消極的訴請；不過，「為民父母者」是不樂見社會的衝突與爭訟的，從而他們進城提出這類的請求願望也就不強了。

（二）極權的籠罩

在絕對的皇權下，權威機構的權力是由至尊的天子為核心，從內（內臣）到外（外臣），由上（高官）往下（下僚）所組成的一套統治組織。我們無意在本文詳論這一結構的內、外或上、下層次的官制，但要指出其中的一大特色，即運用科舉的制度引進當時社會的所謂菁英份子，使得「天下英雄盡入吾殼中。」我們在前面曾強調權力既具工具性，也具目的性，而絕對皇權中的權力更是社會的最高價值。現科舉制度建立客觀的考試標準，導引社會的菁英在制度的基礎上競逐社會的最高價值，此不僅使絕對皇權的人治機構，因民間菁英的士的參加，趨向穩定，並且將民間菁英的士禁錮在舉子的考場中，壓抑了社會的活力與變遷。這話怎麼說呢？我們在前面也曾提到，傳統的絕對皇權由君權連結到父權，構成集體生活的社會秩序，而社會菁英所

擔任的臣則是其間的環扣。此處又要分成形式與實質的兩層意義來看，在形式的意義上，君權不經臣屬的運轉，即無法發揮；在實質的意義上，君君、臣臣、父父、子子的尊卑體系，如欠缺臣屬的認同與支持，也難能獲得社會一般民眾的尊重。中國傳統的士是讀書人，他們知書達禮，成爲一般民眾的知識象徵，因之，他們的認同與支持，自會影響到社會態度的肯定。在這兩層意義上，社會菁英的士積極加入到皇權的人治結構，對這一結構的建立與鞏固，當然具有關鍵性的作用。

　　我國傳統時代的菁英份子一面鞏固了絕對皇權下的權威機構，另一面也把整體社會凝固在以權力價值爲中心的極權且單元的體制中。如前所述，這些菁英份子的主要追求在做官與權位，具有崇高抱負的，仍不外在實踐儒家所強調的政治理想：內聖外王。他們讀書，考科舉，甚至希聖希賢，皆籠罩在絕對皇權的政治價值之下。菁英份子的政治化到此程度，就會壓抑其他社會價值，導致整體社會的泛政治化。這樣一來，集權的皇權無所不在，社會也無法多元化，整個體系就變得僵固，而難以流動了。

　　我們在上面的分析，如絕對皇權下人治權力結構的穩定，以及社會的僵固等，主要在闡釋：這樣的體制又對傳統時代民眾的政治生活產生了怎樣的影響？大致說來，可得以下各點：

　　1.對作爲菁英份子的士而言，競入仕途可能就是他們生活的主要目的。他們與政治的相連，一方面使他們列爲社會階級的首要（士、農、工、商），享有較高的社會地位及政治特權；另一方面也限制了他們的社會活動。我們社會的遲遲不能現代化，極可能肇因於此。再進一步看，他們的參政，鞏固了人治的權力結構，但對帝王的影響怎樣？且不說一般臣工祇是皇權統治的工具，即是位居高位，而且有理想的，也最多如司馬光所言：「夫君臣之義，人之大倫也。……人臣之義諫於君而不聽，去之可也，死之可也」。這也就是說，他們並不

能真正牽制帝王的權威：帝王是絕對集權的。由此可知，他們的政治生活也真如俗語所云：「伴君如伴虎」，不是很安全的。

2.對一般民眾又如何呢？皇權的無所不在，即表示皇權的沒有範圍。相對地，民眾的個人生活也就劃不出可以免於政治的界限：那就是沒有政治的自由；也就是沒有人權保障的可言。傳統時代的帝王可隨時大興文字獄；可任意運用連坐法，實行族誅。縱然是這樣，民眾還要抱持著：「雷霆雨露皆是春風」的態度。實際上，斗升小民對政治真是既敬且畏。

3.在泛政治化，既極權又單元的社會中，民眾的社會活動也談不上免於政治控制的自由。民眾的「份」是定在集權與整體生活的家庭與國家。個人是從屬的，並不是主體。加上尊卑長幼等一套人際規範的約束，民眾的社會生活已經關閉及僵化在這些格局裡，很難跳得出。絕對的皇權就是要維持這種社會生活的秩序，那能容許個人打破這種機械的秩序，開闢另一片生動、活潑，以個人為主體的生活天地呢？傳統政治生活強調安定、和諧，反對異端、衝突，思想、行為皆要在機械的格局中求一致。選擇的自由，以及以競爭為基調的政治規則，皆不是傳統時代的民眾所能想像的。

我們從上述可知，傳統時期的菁英份子，雖能參政，但祇是權威結構中統治權的鞏固者與執行者，他們並非民眾的代表，對皇權也不構成真正的制衡。一般民眾已缺乏積極的自主權與參與權，現又缺乏個人的與社會的自由，權威結構所表現的是不折不扣的極權政治。

（三）特權的差別

上面已大致談過一般民眾及菁英份子與皇權下權威結構之間的權力關係及所反映的政治生活，現再略述一般民眾之間在這樣關係之下

所處的地位。我們在前面將菁英的士挑了出來，就是因為士的這個階層，相對於農、工、商的其他階層，在參政上具有獨特的地位。這個地位的取得則因士為讀書人，具有考科舉及治理政事的知識。我們可以這麼說：作為傳統菁英份子的士是知識的貴族，政治舞台上的特權者。一般其他階層的所謂平民既非讀書人，也不應舉子試，在政治上的地位就相形見絀了。

與士相似，且也有某種程度的相關，即門第所造成的特殊政治地位。我們除去皇親貴族不說，士作了官後，他們的族就會世代相延，無論在政治上或社會上皆取得較高的地位。所謂「上品無寒門，下品無世族」，大致可以用來描述。當然，正如皇室一樣，世族也有興衰，王謝堂前的雙燕子，的確會飛入尋常百姓之家，但整個世族的特權體制，在傳統時代並無大變。

最後要特別一提的是性別。在傳統時期，政治是男性的特權，女性受到歧視，地位非常低落。社會對女性的要求是三從四德，甚至無才便是德。女子無須讀書識字，更談不到參政，在政治生活上，最多也只是妻以夫為榮，實在缺乏獨立的地位。

我們舉出傳統時代數項重要的政治特權後，也要指出傳統政治並未產生種族及宗教上的特殊歧視。還有，儒家的「有教無類」的觀念，也廣泛為社會所遵奉。這些使得我國傳統的特權問題，不致離開人道的理性過遠，也不致流於感情與信仰上互不相容的激烈衝突。

總括來看，我國傳統時代民眾的政治生活，在政治體系權威機構的關係上，既受專權的層層壓制，不能搖憾，又受無所不在的極權束縛，不得自由。至於相互之間的關係，則為特權分割成差異的等級，不易踰越。像這樣權力關係的政治生活，我們可稱之為傳統。這種傳統生活，如用前述目的性及工具性的雙重政治生活的需求標準來衡量，未免低落。但我國傳統民眾的知識及生活條件還不能跳出神權、禮教

及封建秩序等基層文化及社會建制的籠罩，也就不能不受制而自甘了。數千年來，政治生活與文化、社會、經濟等生活交織成一個整體的規範體制，在相互牽制維繫之間，圓滿自足，如不是近世外力所造成的巨大衝擊，我們很難想像民眾的傳統政治生活會發生變遷的。

　　為什麼外力會造成政治生活的變遷呢？這在歷史上是一非常複雜而曲折的過程，我們現在能說的仍在生活需求的層面。在我們看來，西方的衝擊先是物質的，這是最顯而易見，也是最能符合生理需要，而為朝野所廣泛接受的。但西方的物質文明來自西方的文化與制度，其間也是相互交織，構成一生活的整體的。不過，這方面我國的朝野就不太能夠作深入的了解，或雖有了解，卻難以接受了，此尤以政治為最。何以故呢？現代西方的民主法治是以個人為政治體系的主體，而在民眾的主權、人權及平權的基礎上，建立權力關係的動態秩序，以滿足政治生活在工具及目的上的雙重需求。這與我國政治傳統在集體結構上，以專權、極權、特權的權力關係來「定份止爭」，以維護靜態秩序的安定與滿足，當然大相逕庭。習慣於傳統靜態生活秩序的人士，特別是政治的特權階級與既得利益者，對現代民主政治無法接受，甚或採取堅決反對的態度，實無足怪。這方面有許多說詞，如「中學為體，西學為用」、「經濟建設在於政權鞏固」等等，不一而足，也不須細說。但無論如何，自尊、自重的心理需求是人性中普遍存在著的，這一人性之需求，穿越過近代史上的自強運動、維新運動，以及辛亥革命、抗日戰爭、動員戡亂等艱困的時代，不斷地推動政治生活的傳統軌跡走上現代。

三、現代政治生活的轉型

（一）民權的動力

　　在近世，我們民眾的政治生活確實歷經著巨變，方向是：由傳統朝往現代。我們可以說，這樣的變，直到現時，仍在迂迴曲折地進行著，我們正處在一個轉型期。這個轉型期仍是表現在政治生活的各類權力關係上：有的變得多一些，快一些；有些則變得少一些，慢一些。我們可以先看看權威結構。

　　自從清廷在一九一一年被推翻後，我國數千年的專制王朝與絕對皇權也就從此落幕，不能再現。不過，值得我們注意的是，帝王雖去，強人則接踵而來，所擁的權力仍是相當絕對的，所形成的統治體制也是相當人治的。過去皇權的絕對連結到天意的神權、家庭的倫理與上、下階層的社會秩序，後來的強人也還是具有某種程度的連結，不過，性質已起了變化。現看神權，任何皇帝皆是龍種，在天上皆有顆紫薇星。換句話說，皇帝的神格是真實的，且來自特殊的血緣。強人呢？則將神格移射到個人的自身。強人不是真實的神，但因超凡絕代，在人間為不世出，而具有擬制的神格。再看家庭倫理，強人也從「君父」的君君、臣臣、父父、子子的關係，移來大家長的倫理。至於社會秩序，強人則以個人的優越地位代替皇權，並層層節制而下，來「定份止爭」。一言以蔽之，強人的絕對權力建築在個人的崇拜之上，而非皇室的崇拜之上，這可能就是由絕對的皇權走向相對的民權的一種過渡形態罷！

　　強人的絕對權力源於個人崇拜，那就難免「人存政舉，人亡政息」，而在本質上，不能維持永久。在另一方面，傳統專權的結構畢竟已經鬆動，在民權觀念日益滋長的威脅下，強人政治也只能在壓制與放鬆的推移中進行，無法獲致長期的穩定。有人曾指出強人政治是傳統轉

向現代所難以避免的階段，我們對此不擬多論，但所要強調的是：民眾的政治生活則隨著上述的推移過程，一面受到專權的統治，一面也有民權的發揮。這正如一個舊都市的現代建設，既有傳統的小街陋巷，也有現代的林蔭大道。但從整體的結構看，兩者皆呈現消長的互動關係，尚未定型，仍在不斷地變遷中，這使得民眾的政治生活也時處不安定的狀態。我們對這一轉型的結構，可舉出幾項重要的特徵，作進一步的說明：

　　1.前面說過強人的統治在於個人的超凡絕代，他由此所取得的絕對權威，在實際上，縱非形式上，超越法制的規範而上，建立另一方式的人治體系。與傳統的人治相比，這一方式不是透過考中科舉，基於儒家內聖外王的臣屬理念，而在以個人為中心的政治集團，無論是政黨的形式或其他政治組合。政黨原發源在西方的民主國家，在那些國家，政黨的主要功能不過在提供公職候選人（民意代表及政府首長等）及政綱來贏取選舉，掌握政權。選舉過後，即以公職當選人組織黨的領導階層，推動政務。換句話說，黨的領導與運作是在政府之內，特別是在議會黨團，我們因稱這樣的政黨為「內在政黨」。但強人政治下的政黨，則具有嚴密的組織與紀律：以強人的黨魁為領袖，以強人的意志為意志，並以黨的組織領政、領軍。公職當選人也不過是黨的從政同志、領袖的追隨者，並不能在政府內組織黨的領導階層。這也就是說，黨的領導與運作是在政府之外，我們因稱之為「外在政黨」。實際上，外在政黨就是政府之上的政府；不過，不是經由民眾的選舉產生而已。這樣的外在政黨就很難釐清黨、政與黨、國的界限。叛黨的嚴重性，猶如叛國。任何反對者或反對黨的出現，皆會被看成分歧的異端。

　　在上述強人政治的權力結構下，我們菁英份子又將如何參政呢？他們的政治生活又如何呢？菁英份子當然可以透過各種管道，包括最

正式而合法的考試，進入政府的公務體系。不過，如欠缺執政黨的身份及地位，恐怕也難以進入到較高的層次罷！在民主的國度，文官及軍事體系是超出政黨之外的，此在外在政黨的強人政治，皆仍屬黨的領導與運作的範圍。那麼，黨的地位又怎樣取得？最不可或缺的條件，仍在忠之一字，對領袖、對黨的絕對忠貞不二，要較個人自身的其他條件與成就，如學識、品德等，更為重要。這種傳統的政治倫理在現時還是相當地發生作用。我們不是常可以看到若干身登權威結構的廟堂之上或在四周徘迴的讀書人，刻意表現出這樣的倫理麼？

談到此，我們就要回顧一下政治生活的權力價值。在傳統時代，權力不僅是社會價值中最高的，而且是菁英份子的士所終身追求的唯一價值。但近三十餘年來，臺灣地區進入工業化的社會，不但階層流動，結構日趨多元化，社會價值也呈現多元的發展，不再為政治價值所壟斷。菁英份子雖仍存有「學而優則仕」的觀念，但也不局限於此，且愈來愈益追求工、商及其他社會價值。因之，社會的菁英份子已相當分殊化，參政已不復是唯一的價值了。

2.我們在前面曾指出，在進入強人政治的轉型期，也有民權的發揮。這一發揮，就是選舉。國人的推翻數千年專制王朝，主要的目的是為了民權。後來雖出現強人政治，但已無法否定民權的正當性。既不能否定，就須證明所推行的人治與黨治是受到民意的支持與擁戴的，確是具有合法的基礎的。要達到這一效果，一面開放選舉，一面再加控制，應是最佳的選擇。我國近四十年來在臺灣地區所進行的選舉，由地方到中央，由行政法規到中央立法，皆相當出於上述合法性的考慮。但在開放的同時，即極重控制：我們今日中央民意代表的增選名額，仍授權總統，也就是執政黨的黨魁決定。規範選舉的法規，對選舉活動亦作極為苛嚴的限制，甚至違反憲政法理於不顧。這些都不外在維護黨政絕對權力結構的安定。本文的目的並不在選舉體制的分析，

但要說明的是：我國菁英份子的政治生活已因選舉開拓了一片廣闊的新天地，突破了傳統以來以作官或進入公務體系爲主的參政途徑。

　　選舉使得菁英份子變成各項公職的候選人，他們如果受到選民的肯定，就可代表民意施政或加以監督。但如前所述。選舉是由強人政治下的執政黨所開放、規劃，且作嚴格的控制，因之，早期的選舉幾乎都由執政黨掌握優勢。一個菁英份子如要經選舉而成功地參與到權力結構，最好仍是先入黨，並表現出忠貞的黨性，再做好人際關係，如此才易獲得黨的提名與支持，步入從政的坦途。

　　不過，選舉的過程是不是永能像早年一樣，由執政黨牢牢掌握呢？答案是：不盡然。由於公職的位置有限，再加上黨內欠缺民主的提名制度，未獲執政黨提名的參選者，在失望及激憤之下，乃有所謂的違紀競選及脫黨競選，使選情變得複雜化。同時，獨立及反對人士也逐漸加入選戰，且能獲得選民的支持而當選。執政黨就不能再予取予求，主宰選舉資源分配了。這樣一來，我們可以看到選舉鼓動了若干反對的政治菁英。他們與執政黨籍候選人之間的競爭，當選後在議會對政府的責難，以至組織反對的黨派，不僅使得菁英份子的政治生活也趨向多元化，而且對強人政治的絕對權力結構，造成極大的衝擊。執政黨及政府近年來的一連串開放政策，如宣布解嚴、開放黨禁等等，實可看作一種自我調整的嘗試。在政治發展上，這類調整似乎朝現代民權的方向，又邁了一步。然而，嚴格看來，強人政治的絕對權力，以及以黨領政、領軍的專權結構，在本質上尚未能大變，民眾的政治生活還是停留在轉型中。

　　至於那一些菁英份子進入到這一參與的過程，這與整體的社會變遷有關。在傳統時代，書生可以經由科舉問政，但現要參選，就要考慮到本身的社會性格、經濟力量，以及社會基礎，這就不是一般書生所能具備的了。由此可進一步看到社會及菁英份子的分殊化。實際上，

參選的菁英份子之間，也隨著時代及社會的變遷而變化。以省議員看，在民國四十年，醫師、律師等專業人員共佔 31.48%；到了民國七十年，下降到只佔 1.35%。在另一面。以政治（包括省議員本身）為專業的省議員，在民國四十年只佔 1.85%，到了民國七十年，則上升到 35.14%。由此可見民意代表也逐漸趨向專業化。他們服務選民，周旋於政黨或地方派系之間，在議會則問政質詢，目的呢？或為了經營自己更遠大的前程，或為了施展自己的抱負與理想，甚或為了一己的私利。不管如何，他們是新出現的，而且是過著某種特殊政治生活的政治人。

3.在選舉開放及實施的過程中，選民的投票則最具民權的意義。一般民眾有了這一票，也就提高了地位，多少嘗到做國家主人的滋味，儘管某些絕對權威者，僅把投票看成對強人政治的擁戴與肯定。如前所述，到目前，黨政專權的結構仍未能大變，且執政黨尚可以外在政黨的組織，運用及掌握選舉的優勢。大多當選的民意代表，還不過是從政黨員。但執政黨要維持這一優勢，就不能忽視選民，不能不為他們的利益，多做一點事。自從反對的團體出現後，競爭激烈，選民的重要性更日益提升。平時我們可以看到民意代表為選區民眾「跑腿」，在選季來臨，更可看到政府的舖橋補路，這些皆是拜一票之賜。與傳統時代相比，一般民眾無論如何因選舉對權威機構產生了某些積極性的影響，那不是子民的期待，而是民權的發揮，政治生活確較享有更多權力上的滿足。

在多年選舉下來，選民又如何投出這種政治生活上的一票呢？現以民國七十二年臺灣地區增額立法委員的選舉為例，選民以候選人的條件為考慮的最多，達 71.1%；次多的為候選人的政見，達 30.2%；再次為政團的關係，達 26.4%；私人關係雖較少，但亦達 23.4%。由此可見，我們的民眾較多對人，而較少對事，這可能與我國重視人的傳統文化有點關係罷！

4.選舉是定期舉行的，民眾屆時集體一次投票，對象也限少數幾個候選人。因之，儘管選舉發揮了某些積極性的民權作用，但仍然受到上述選舉特性的限制，無法運用到民眾個人在平時的需要。那麼，在平時民眾就個人的需要對權威機構具有怎樣的影響力呢？前面談到民意代表爲民眾「跑腿」，這雖是一法，但偏向私人協助，至於能否發生效果，還要看民意代表本身的政治地位與是否真正熱心而定。實際上，民意代表除掉運用這一身份私下協助外，隸屬執政黨籍的，在議會就成爲從政黨員，必須接受黨紀的約束，甚難主動爲民眾提出法案。少數反對團體的民意代表雖能提，但絕難通過。在另一面，強人政治的權威機構必須強調領導的睿智與無誤。領導階層縱然仍要以民眾的福利爲依歸，但如何認定及怎樣執行，皆自作決定。因之，一經決定之後，就不容反對，否則，即恐有損所強調的睿智與無誤的形象。黨固領政、領軍，另對大眾媒體、社會結社，甚至教育機構也要加以加控制，其中主要的原因，就是要維持這種形象而阻絕反對。這樣一來，民眾的利益果如受損，除尋求私人協助外，既少有有效的管道可用，對權威機構的影響力也就顯得低落。如前所述，最近幾年來，社會日趨開放流動，民眾的民權意識大增，再加上選舉的帶動，我們已可看到街頭的遊行請願及民眾的自力救濟事件。權威機構雖抱怨公權力的受損，但也不能不加重視，有所妥協。根據民國七十四年的一項研究，臺灣地區的民眾在一項自主民權的價值取向上，採取積極態度的超過半數，達 54.2%；對政府的決定自覺有權請求改革或提出自己的主張的，也分別高達 82.3%及 89.0%。但其中值得注意的是：只有22.4%的民眾覺得在政府決定規範、施政及人事時，有權加以影響。很顯然地，這與民眾敬畏政府絕對權力的傳統有關。不過，從上述最近發生的遊行請願及自力救濟等事件看，民眾對政府決策過程的影響力，也已日顯，這可能意味著民眾政治參與的生活已有著進一步的發

展了。

　　以上是從統治階層的權力結構、菁英份子的參政及民眾的參與來說明政治生活在權力關係上的變遷與轉型。我們大致可知，絕對的皇權雖去，但代之而起的強人政治則仍掌有相當的絕對權力，並運用現代的政治機器：政黨，層層節制而下，維持專權的統治。但民眾的民權意識已日益提升，無法否定，而對這一專權體制造成衝擊，使無法長期穩定。菁英份子雖仍具仕進的傳統觀念，但因社會價值的分殊化，已不再以進入政府的公務體系作爲唯一的價值。民權推動選舉，也帶來新的政治階層：民選的公職人員。他們必須服務選民、尊重民意。他們一方面配合專權的權力結構而出現，一方面則是民權的產品，本身即推動這一結構的轉型。民眾也還需生活在強人政治的專權下，但因選舉已對權威結構產生某種程度的影響，最近更有干預政府決策過程的趨勢，這就進一步影響到專權體制的結構了。整體看來。強人政治的專權體制正遭受衝擊，而民眾影響權威結構的民權則相對地日增。

（二）人權的限制

　　皇權推翻後，我國的社會、經濟及政治等皆亟待現代化的改革與建設。強人政治在這一變遷的轉型期中出現，一面強調個人的超絕而專權；一面爲了控制變動的世局，推動現代工業化的建設，也就是爲了專權之下所謂的安定與繁榮，則將權威機構的權力推展到社會的各階層，形成社會的泛政治化。在這種泛政治化的威權體制下，民眾的自由人權當然會受到相對的限制。但與前述的民權一般，自由人權到了這一時期，亦日益滋長，不容否定。威權機構的限制也只能把理由放在反共戡亂的緊急狀態，以及維持安定與繁榮的建設。政府於民國三十八年宣布戒嚴，軍事最高司令官可隨時凍結憲法保障基本人權的

條款，但後來我們主觀及客觀的情形皆有相當的演變：經濟及社會生活的滿足，更促進民眾爭取政治生活的改進，以滿足自尊、自重的心理需求。在另一面，反共戡亂已是長期的對峙之局，軍事的緊急戒嚴體制不僅無需，且影響到國際的形象與國內社會的正常發展。這些皆使得長期的戒嚴體制受到挑戰與攻擊，終於無法維持，我們現正處在這樣的一個轉捩點。本文也不擬對戒嚴體制的轉變及因此所引發的爭論與衝突，多所析述，我們所著重的仍在民眾的政治生活，現分數點做一概略的說明：

1.選舉推動民權，也帶動人權。近幾年來，反對人士參入選舉，使得選戰激烈，過去對選舉活動所做的若干苛嚴的限制，皆遭到衝擊，如同潰堤。參選的菁英份子早年甚少可能抨擊強人政治，現則較少顧忌，可見言論自由的突進。候選人的政見發表會雖仍受時間及場次的限制，但民眾可自由前往參加、聆聽，且偶會突破遊行的禁令。執法的人士曾一再強調：戒嚴時刻並無法治的假期，但很多候選人及社會人士卻以戒嚴爲攻擊對象與話題，民眾實際上皆享有著民主假期的生活樂趣。選舉機關現已必得考慮修改有關法律，放寬選舉活動的規範，賦予候選人及民眾較多的自由了。我們由此可以看到選舉對民眾的政治生活所提供的貢獻。

2.選舉雖帶動自由人權，但長期的戒嚴體制仍對民眾的基本人權做了若干束縛。就人身自由看，一直到解嚴之前的三十餘年，若干重大的刑案，皆由軍事法庭用一審一核的程序審判，得不到司法機關經三審程序的獨立裁決。言論自由無論在形式上及實質上也皆受到限制，報禁始終維持，廣播及電視台亦未開放。這些大眾媒體大都置於強人政治的權力結構之內。在另一面，新聞從業人員必須考慮所謂的新聞尺度，民眾所看到的言論報導仍大都是尺量下的產物。對黨政權力結構持反對態度的言論，是不易公之於眾的，而自由主義在這一結構某

些領導人士的眼中，根本就是敵我之分下的仇敵。現政府一方面在解嚴後，恢復重大刑案的司法審判，另一方面也解除報禁，這些措施對基本人權的促進，都會帶來助益。至於黨政的權力結構，現仍維持以黨領政、領軍及控制傳播媒體的路線。然則，目前的開放，究竟是逼於情勢的暫時讓步呢？還是改建真正現代民主體制的前奏呢？這實在是非常值得我們關注的。

3.與人身自由及言論自由相似，民眾的集會、結社、遊行、請願等社會自由，在長期的戒嚴體制下，也受到嚴格的限制。但如前述，近年來的情勢發展，已使戒嚴不能維持，反對人士在去年更突破組黨的禁令，順利組成反對黨，並在中央民意代表的增選中，贏得若干席位，而對執政黨的權力結構造成極大的挑戰。執政黨及政府現已正式宣布解除黨禁，但對未來政黨的組織與活動，以及集會、遊行的規範等，正擬立法，加以限制，我們在目前還不悉其詳。不過，可以預見的是：上述的黨政權力結構縱能領政、領軍，並透過黨的運作，對民眾絕大部分的社會生活，加以控制，恐在反對黨的日增壓力下，無法像過去那樣的順利而為所欲為。無疑地，民眾社會生活的自由正不斷地擴大及分殊化。

我們從上述可知，無論在個人及社會的自由方面，民眾的政治生活皆較過去充實，且仍在變遷中。但我們要進一步追問的是：我國民眾在這樣的轉型過程中，對權威結構及相互之間究持怎樣的生活態度呢？根據我們的研究，一般民眾還是相當受到傳統時代對權威機構敬畏及依賴的影響，大多數覺得政府仍應掌有大權，不必受太多限制。在態度上則顯示：肯定政府不可侵犯自己的個人自由權及社會自由權的，並不過高，祇分別得 20.4%及 18.2%。但大專學生較能擺脫傳統的影響，在兩項的態度上分別提升到 46.1%及 33.9%。這樣看來，我國民眾對個人自由及社會自由的認知及取向，似尚欠深入與堅持。再

看相互之間的態度，我們尚無確切的資料可按，但從一般觀察，我國民眾也受到傳統權威性格的相當影響。他們不一定在強調自己的自由人權之餘，也能同樣的對待旁人。我們的社會比較缺乏公共道德，也比較不能善自經營民主的社團生活，恐皆以此。我們不是常看到為了個人權力，不惜分裂團體的衝突嗎？這恐怕也是轉型期的主要特徵罷！

（三）特權的反對

在強人政治的黨政權力結構下，民眾相互之間所處的權力地位又怎樣呢？我們在前面已經提到：菁英份子如具有執政黨黨員的身份既易於參政，也易於參選。參政是進入政府的公務體系，這在現代的民主國家，係超出黨派之外，不受影響的。但不可諱言地，我們現在的公務體制實際上仍不能免於黨派的特權，且愈接近領導階層愈甚，此在軍事體系尤為明顯。在不少人的觀念中，黨政與黨國的關係仍是分不開的。再看參選，政黨提名黨員，並運用黨的組織與資源加以輔選，原是常規，但我們在長期的戒嚴階段，則禁止新黨的成立，反對的人士就無法組黨，像執政黨一樣地輔選，而不受到不平等的待遇。目前黨禁已開，惟政黨的地位還未有定，將來或可獲得一些改善。

除掉政黨的特權外，傳統時代的門第觀念及特權，仍在黨政的權力結構中流行。多年來我們時常聽到所謂的權貴子弟在政壇昇騰活躍的故事，而這些故事都牽連到他們特殊的家庭背景及因此而來的特殊際遇。前面說過，強人政治也是人治的政治，權力的地位常因特殊的關係而取得，也因此而傳承。這就會造就他們這類的新政治貴族及周遭幫閒的政治逐利者。當然，如果特殊的關係發生了瑕疵，維持不下去了，不管本人具有怎樣的才能，也會從青雲端裡跌下來。再進一步看，權貴子弟的活躍並不限於政壇，他們也會藉著政治的特殊背景伸

展到經濟及社會的領域，而享有異於一般人的特權。我們今日的政界及社會常要講關係，比門路，這與人治下的門第特權總是脈絡相通，交互爲用的。

以上兩項特權多少與傳統時代的專權與人治的觀念有關，但另有一項則大異其趣，那就是性別。在傳統的政治生活，女性受到嚴重的歧視，已見前述。到了轉型時期，女性已從傳統的的歧視與束縛中，逐步解脫而出。目前在社會生活上雖然還有新女性主義的倡導，如追求更完整、自主尊嚴的人格等，但女性已可與男性一樣地自由參政及參選，而且，進入公務體系的及當選公職人員的，不僅人數日益增多，在成就上也不讓男性專美。爲什麼女性的地位會有這樣的轉變呢？我們還要再作深入的探討，這大概與我國傳統文化的理性精神及不妨害專權及極權的權力結構有些關係。

我國現時雖尙流行某種政治特權，但根據我們的研究，一般民眾在心態上反對特權的，已佔有一半(49.8%)，其中大專學生更高達81.8%。在知識份子的反對下，政治特權的未來前途，絕對是無望的。

整體來看，民眾的政治生活進入到轉型期後，民權及人權的觀念已日益滋長，不容否定，但在另一方面則仍受制於強人政治的專權及極權統治。早期，兩者之間雖可在這一權力結構控制下的選舉取得平衡，但選舉的不斷進行，推動了民權與人權的進展，對強人政治的權力結構造成日增的衝擊，而必須減低專權及極權的統治，如解除戒嚴、開放黨禁、報禁等，以謀取平衡。這是一動態的過程，只要未來選舉不停舉辦，必然會帶來新的轉振點，進一步推動民眾政治生活的民權與人權。我們曾強調強人政治的本質既不能維持永久，也不易獲致長期的穩定，我們從上述互動的變遷過程中，更可以發覺到轉型期是變、是動，方向是現代，我們民眾的政治生活正在經歷著。

四、結論：朝向現代

　　現代的政治生活究竟是什麼呢？在我們看來，那是平權的、民權的、人權的與分權的。要達到這樣現代的政治生活，民眾在爭取的過程中，必然要反特權、反專權、反極權與反集權，而這些所要反的，都根植在數千年傳統的土壤中，受到各種牽制，包括文化的、社會的及經濟的。由此可知，政治生活的變遷，怎麼能不經歷那麼大的困阻，那麼多的爭論與衝突呢？從而，國人對變遷中政治生活的省察，也就不是那麼容易看得清楚與真切了。但我們認為政治生活總是要朝向現代發展的，祇要認識到：現代的政治生活既會增加我們的權力，以追求物質與社會生活的需要，更會帶給我們自尊、自重的感受，那是心理上必須追求的另一種基本需要。既然如此，還有什麼人可以阻擋得了民眾向現代政治生活的道路邁進呢？（原載：文崇一、蕭新煌編，《中國人：觀念與行為》，臺北：巨流圖書公司，1988，頁 89-112。）